中国科学院统计年鉴

STATISTICAL YEARBOOK OF
THE CHINESE ACADEMY OF SCIENCES

1992

中国科学院计划局 编

科学出版社

1992

（京）新登字092号

中国科学院统计年鉴

STATISTICAL YEARBOOK OF

THE CHINESE ACADEMY OF SCIENCES

1992

中国科学院计划局 编

科学出版社出版

北京东黄城根北街16号

邮政编吗：100707

北京市华星计算机公司激光照排

中国科学院印刷厂印刷

新华书店北京发行所发行　各地新华书店经售

*

1992年12月第一版　开本：787×1092 1/16

1992年12月第一次印刷　印张：24

印数：1—700　字数：548 000

ISBN 7-03-003416-3/Z·195

定价：70.00元

《中国科学院统计年鉴》
编委会和编辑人员

前　言

中国科学院是我国自然科学的综合研究中心，历来重视科技统计工作，最早可追溯到五十年代。随着事业的不断发展，特别是科技体制改革以来，对决策和管理科学化的重视程度不断提高，科技统计工作进一步得到加强。从一九七八年以来，连续多年出版了《中国科学院统计资料汇编》，为科研管理和决策做出了积极贡献。

当前，随着改革、开放的深入发展，科技统计在决策、管理中的作用日显重要。为了适应改革和发展新形势的需要，给国内外人士了解中国科学院提供一个窗口，扩大交流，加强合作，我们从一九九二年起，出版《中国科学院统计年鉴》，以中英文合版的形式，在国内外交流。

本书是一部资料性年刊，反映我院科技工作和事业发展各个方面的情况，包括学部、机构、人员、经费、基本建设、科研机构的科技活动、科技企业开发经营活动、成果、专利、国际交流、人才培养、文献情报、图书出版等内容。由于本书系首版，我们经验不足，如有不当之处，恳请读者指正。

本书由中国科学院计划局会同院机关有关部门共同完成。编辑出版过程中，得到了各方面的支持和帮助，在此一并致谢。

编委会

PREFACE

Being a national comprehensive research center in the natural sciences, the Chinese Academy of Sciences (CAS) has always paid great attention to scientific and technological statistical work, which can be traced back to the early 1950s.

Since the reform of the science and technology system, which has led to an increasing awareness of the importance of the scientific approach toward policy-making and management, CAS's statistics work has been further strengthened. Since 1978, the CAS has published in succession "The Corpus of Statistical Data of the Chinese Academy of Sciences".

With the further developmant of the reform and of opening to the outside world is further implemented, the role of scientific and technological statistics has become more and more important. To meet the needs of the new situation of reform and development, and to provide a window for those who are concerned with the development of the CAS so that exchange and collaboration can be expanded, it has been decided that beginning in 1992, "The Statistical Yearbook of the Chinese Academy of Sciences", a Chinese-English bilingual version, will be regularly published and distributed both at home and abroad.

The Yearbook is an informational almanac which describes every major aspect related to CAS's scientific and technological activities and its development of the year, including statistics on its academic divisions, institutes, personnel, funds and expenditures, capital construction, scientific research activities, business activities of CAS S&T companies, achievements, patents, international cooperation, talent training, documentation and information, and publication. Information concerning technological development will be added in the future. Although our intent is to provide as accurate data as possible in the compilation of the Yearbook, it is inevitable that errors might occur since it is the first edition of its kind. Therefore, suggestions are welcome.

The Yearbook was completed by the Bureau of Planning in cooperation with relevant departments of the Head Office of the Academy. The Editorial Committee extends its gratitude to those who have rendered their valuable support and assistance.

Editorial Committee

目　录

一、学　　部

历届学部委员人数按学部分布 …………………………………………………… (3)
本届学部委员人数按部门分布 …………………………………………………… (3)

二、机　　构

院属独立事业单位一览表（1991年） ……………………………………………… (7)
开放实验室（所、站）一览表（1991年） ………………………………………… (13)
院管公司一览表（1991年） ………………………………………………………… (20)

三、人员

固定、合同制职工分类情况 ………………………………………………………… (25)
固定、合同制职工分类情况（1991年） …………………………………………… (26)

四、经费、基本建设

全院科学事业总经费收入 …………………………………………………………… (53)
全院科学事业总经费支出 …………………………………………………………… (53)
全院基本建设 ………………………………………………………………………… (54)
全院基本建设（1991年） …………………………………………………………… (54)

五、科技活动

科研机构与人员概况 ………………………………………………………………… (57)
科研机构职工基本情况（1991年） ………………………………………………… (58)
科研机构从事科技活动人员概况（1991年） ……………………………………… (68)
科研机构人员按学位和学历分类（1991年） ……………………………………… (88)
科研机构经常费收、支情况 ………………………………………………………… (89)
科研机构经常费收入情况（1991年） ……………………………………………… (90)
科研机构经常费支出情况（1991年） ……………………………………………… (112)
科研机构当年收入中转拨外单位科研经费情况 …………………………………… (122)
科研机构当年收入中转拨外单位科研经费情况（1991年） ……………………… (123)
科研机构基本建设投资及完成情况 ………………………………………………… (124)
科研机构基本建设投资及完成情况（1991年） …………………………………… (125)
科研机构固定资产情况（1991年） ………………………………………………… (127)
科研机构课题基本情况 ……………………………………………………………… (129)

科研机构研究与发展（R & D）活动基本情况 …………………………………… (129)
科研机构课题按活动类型分类（一）（1991年） …………………………………… (130)
科研机构课题按活动类型分类（二）（1991年） …………………………………… (152)
科研机构课题综合情况按学科领域分类（1991年） …………………………………… (156)
科研机构课题综合情况（1991年） …………………………………… (160)
科研机构 R&D 课题数按社会经济目标分类（1991年） …………………………………… (171)
科研机构 R&D 课题投入经费按社会经济目标分类（1991年） …………………………………… (172)
科研机构 R&D 课题投入人员按社会经济目标分类（1991年） …………………………………… (173)
科研机构技术领域课题数按八大领域分类（1991年） …………………………………… (174)
科研机构技术领域课题投入经费按八大领域分类（1991年） …………………………………… (176)
科研机构技术领域课题投入人员按八大领域分类（1991年） …………………………………… (178)
科研机构科技著述 …………………………………… (180)
科研机构科技论文按学科领域分类（一）（1991年） …………………………………… (181)
科研机构科技论文按学科领域分类（二）（1991年） …………………………………… (183)
科研机构科技著作（1991年） …………………………………… (185)
科研机构科技著作按学科领域分类（一）（1991年） …………………………………… (187)
科研机构科技著作按学科领域分类（二）（1991年） …………………………………… (189)
科研机构获奖成果（1991年） …………………………………… (191)
科研机构横向技术合同项数按受让方分类（1991年） …………………………………… (202)
科研机构横向技术合同成交额按受让方分类（1991年） …………………………………… (204)
开放实验室(所、站) 人员情况 …………………………………… (206)
开放实验室(所、站) 经费来源情况（1991年） …………………………………… (214)
开放实验室(所、站) 课题情况 …………………………………… (222)
开放实验室(所、站) 科技成果情况 …………………………………… (230)

六、科技企业开发经营活动

各类科技开发公司主要统计指标 …………………………………… (241)
科技开发公司人员文化程度 …………………………………… (242)
科技开发公司研究课题活动 …………………………………… (242)
科技开发公司成果与产品获奖情况 …………………………………… (243)
科技开发公司规模按人员分组 …………………………………… (243)
科技开发公司规模按经营额分组 …………………………………… (244)
科技开发公司规模按年创利税额分组 …………………………………… (244)
院管科技开发公司支撑机构 …………………………………… (245)
院管科技开发公司主要指标 …………………………………… (246)

七、获奖成果、专利

获国家自然科学奖科技成果 …………………………………… (253)
获国家科技进步奖科技成果 …………………………………… (253)
获国家发明奖科技成果 …………………………………… (254)

专利情况(按地区分)(1985 — 1990 年) ……………………………………………………… (255)
专利情况(按学科分)(1985 — 1990 年) ……………………………………………………… (256)
专利情况(按单位分)(1985 — 1990 年) ……………………………………………………… (257)
专利情况(按地区分)(1991 年) …………………………………………………………… (266)
专利情况(按学科分)(1991 年) …………………………………………………………… (267)
专利情况(按单位分)(1991 年) …………………………………………………………… (268)

八、国际交流

国际合作交流邀请项目(一)(1991 年) ……………………………………………………… (279)
国际合作交流邀请项目(二)(1991 年) ……………………………………………………… (282)
国际合作交流邀请项目(三)(1991 年) ……………………………………………………… (285)
国际合作交流派出项目(一)(1991 年) ……………………………………………………… (288)
国际合作交流派出项目(二)(1991 年) ……………………………………………………… (291)
国际合作交流派出项目(三)(1991 年) ……………………………………………………… (294)

九、人才培养

人才培养综合情况 ……………………………………………………………………… (298)
中国科技大学本、专科学生数（1991年） ……………………………………………… (302)
培养研究生情况（1991年） ……………………………………………………………… (303)
授予硕士、博士学位情况（1991年） …………………………………………………… (312)
博士后流动站情况（1984—1991年） …………………………………………………… (320)
派往国外留学人员情况（1991年） ……………………………………………………… (324)
职工教育情况（1991年） ………………………………………………………………… (328)

十、文献、情报

文献情报系统馆藏图书、期刊情况（1991） ……………………………………………… (334)
文献情报系统馆藏印刷型特种文献情况（1991年） …………………………………… (335)
文献情报系统馆藏非印刷型特种文献情况（1991年） ………………………………… (335)
文献情报系统文献服务情况（1991年） ………………………………………………… (336)
文献情报系统情报加工与服务情况（1991年） ………………………………………… (336)

十一、图书出版

图书出版学科分类情况（1991年） ……………………………………………………… (338)
图书出版书类分类情况（1991年） ……………………………………………………… (338)
科学出版社期刊分类情况（1991年） …………………………………………………… (340)
自然科学期刊分类情况（1991年） ……………………………………………………… (342)
新创办的自然科学期刊一览表（1991年） ……………………………………………… (344)

附录：主要指标解释 ……………………………………………………………………… (346)

CONTENTS

1. Academic Divisions

Distribution of the Previous Academic Division Members, by Division .... (3)
Distribution of the Current Academic Division Members, by Institution .... (3)

2. Organizations

CAS Independent Units: 1991 .... (7)
CAS Open Laboratories (Institutes and Stations): 1991 .... (13)
CAS-Run Companies: 1991 .... (20)

3. Personnel

Classification of CAS Permanent and Contract Staff .... (25)
Classification of CAS Permanent and Contract Staff: 1991 .... (26)

4. Funds and Capital Construction

Total Income of CAS Scientific Operating Funds .... (53)
Total Expenditure of CAS Scientific Operating Funds .... (53)
Statistics of CAS Capital Construction .... (54)
Statistics of CAS Capital Construction: 1991 .... (54)

5. Scientific and Technological Activities

Statistics of CAS Research Units and Staff .... (57)
Personnel Statistics of CAS Research Units: 1991 .... (58)
S&T Activity Personnel in CAS Research Units: 1991 .... (68)
Total Staff in CAS Research Units, by Academic Degrees and Qualifications: 1991 .... (88)
Total Current Intramural Income and Expenditures in CAS Research Units .... (89)
Total Current Intramural Income in CAS Research Units: 1991 .... (90)
Total Current Intramural Expenditures in CAS Research Units: 1991 .... (112)
Total Scientific Research Funds Transferred to Other Institutions by CAS Research Units from the Income in the Reference Year .... (122)
Total Scientific Research Funds Transferred to Other Institutions by CAS Research Units from the Income in the Reference Year: 1991 .... (123)
Capital Investment and Expenditures in CAS Research Units .... (124)
Capital Investment and Expenditures in CAS Research Units: 1991 .... (125)

Statistics of Fixed Assets in CAS Research Units: 1991 ························ (127)
Basic Statistics of Research Projects in CAS Research Units ························ (129)
Basic Statistics of R&D Activities in CAS Research Units ························ (129)
Total Research Projects in CAS Research Units, by Type of Research (1): 1991 ························ (130)
Total Research Projects in CAS Research Units, by Type of Research (2): 1991 ························ (152)
Statistics of Research Projects in CAS Research Units, by Field of Study: 1991 ························ (156)
Statistics of Research Projects in CAS Research Units: 1991 ························ (160)
R&D Projects in CAS Research Units, by Socio-Economic Objectives: 1991 ························ (171)
Fund Input for R&D Projects in CAS Research Units, by Socio-Economic Objectives: 1991 ························ (172)
Personnel Input for R&D Projects in CAS Research Units, by Socio-Economic Objectives: 1991 ························ (173)
Technological Projects in CAS Research Units, by Field: 1991 ························ (174)
Fund Input for Technological Projects in CAS Research Units, by Field: 1991 ························ (176)
Personnel Input for Technological Projects in CAS Research Units, by Field: 1991 ························ (178)
S&T Works and Papers Published by CAS Research Units ························ (180)
S&T Papers Published by CAS Research Units, by Field (1): 1991 ························ (181)
S&T Papers Published by CAS Research Units, by Field (2): 1991 ························ (183)
S&T Works Published by CAS Research Units: 1991 ························ (185)
S&T Works Published by CAS Research Units, by Field (1): 1991 ························ (187)
S&T Works Published by CAS Research Units, by Field (2): 1991 ························ (189)
Award-Winning Achievements Made by CAS Research Units: 1991 ························ (191)
Number of Lateral Technology Contracts Signed by CAS Research Units, by Type of Transferee: 1991 ························ (202)
Volume of Lateral Technology Transfer Made by CAS Research Units, by Type of Transferee: 1991 ························ (204)
Basic Statistics of Staff in the Open Laboratories (Institues and Stations) ························ (206)
Statistics of Funding Sources for CAS Open Laboratories Institues and stations: 1991 ························ (214)
Basic Statistics of Research Projects Conducted by the Open Laboratories (Institutes and Stations) ························ (222)
Basic Statistics of S&T Achievements Made by the Open Laboratories (Institutes and Stations) ························ (230)

6. Business Activities of CAS S&T Companies

Major Statistical Indices of Various Types of S&T Companies ························ (241)
Educational Background of the Staff in CAS S&T Companies ························ (242)
Research Projects Undertaken by CAS S&T Companies ························ (242)
Award-Winning Achievements and Products Made by CAS S&T Companies ························ (243)
Size of CAS S&T Companies, by Number of People ························ (243)
Size of CAS S&T Companies, by Business Value ························ (244)

Size of CAS S&T Companies, by Annual Profit Made and Tax Paid …… (244)
CAS S&T Development Supporting Organizations …… (245)
Major Indices of CAS-Run S&T Companies …… (246)

7. Patents and Award-Winning Achievements

S&T Achievements Gaining National Natural Science Awards …… (253)
S&T Achievements Gaining National S&T Progress Awards …… (253)
S&T Achievements Gaining National Invention Awards …… (254)
Patenting Statistics, by Region: 1985—1990 …… (255)
Patenting Statistics, by Field of Study: 1985—1990 …… (256)
Patenting Statistics, by Institution: 1985—1990 …… (257)
Patenting Statistics, by Region: 1991 …… (266)
Patenting Statistics, by Field of Study: 1991 …… (267)
Patenting Statistics, by Institution: 1991 …… (268)

8. International Cooperation

Statistics of Foreign Visitors Hosted by CAS (1): 1991 …… (279)
Statistics of Foreign Visitors Hosted by CAS (2): 1991 …… (282)
Statistics of Foreign Visitors Hosted by CAS (3): 1991 …… (285)
Statistics of CAS Staff Sent Abroad (1): 1991 …… (288)
Statistics of CAS Staff Sent Abroad (2): 1991 …… (291)
Statistics of CAS Staff Sent Abroad (3): 1991 …… (294)

9. Talent Training

Statistics of Talent Training …… (298)
Undergraduate Student Enrollment in the University of Science and Technology of China: 1991 …… (302)
Statistics of Graduate Student Training: 1991 …… (303)
Number of Master's and Doctoral Degrees Granted: 1991 …… (312)
Post-doctoral Research Centers: 1984—1991 …… (320)
Statistics of Students and Visiting Scholars Sent Abroad: 1991 …… (324)
Statistics of Personnel Training: 1991 …… (328)

10. Documentation and Information

Statistics of Books and Periodicals Collected by CAS Documentation and Information System: 1991 …… (334)
Statistics of Printed Special Documents Collected by CAS Documentation and Information System: 1991 …… (335)
Statistics of Non-printed Special Documents Collected by CAS Documentation and Information System: 1991 …… (335)

Documentation Services Provided by CAS Documentation and Information
System: 1991 .... (336)
Information Processes and Services Provided by CAS Documentation and Information
System: 1991 .... (336)

11. Publication

Classification of Books Published, by Field: 1991 .... (338)
Classification of Books Published, by Type: 1991 .... (338)
Classification of Periodicals Published by Science Press: 1991 .... (340)
Classification of Periodicals in Natural Sciences: 1991 .... (342)
Periodicals in Natural Science Which Started Publication in 1991 .... (344)

Appendix: Explanatory Notes on Key Indicators .... (346)

一、学　部

ACADEMIC DIVISIONS

历届学部委员人数按学部分布

Distribution of the Previous Academic Division Members, by Division

	合计 Total	数学物理学部 Division of mathematics and physics	化学部 Division of chemistry	生物学部 Division of biological sciences	地学部 Division of earth sciences	技术科学学部 Division of technological sciences
1955年	172	30	22	60	24	36
1957年	190	36	24	65	27	38
1980年	402	81	67	89	26	89
1991年	509	105	86	91	92	135

本届学部委员人数按部门分布

Distribution of the Current Academic Division Members, by Institution

	合计 Total	数学物理学部 Division of mathematics and physics	化学部 Division of chemistry	生物学部 Division of biological sciences	地学部 Division of earth sciences	技术科学学部 Division of technological sciences
研究机构 Research Institutions	244	62	38	64	39	41
高等学校 Institutions of High Learning	179	38	41	25	20	55
产业部门 Industrial sectors	86	5	7	2	33	39
合计 Total	509	105	86	91	92	135

二、机　　构

ORGANIZATIONS

院属独立事业单位一览表（1991 年）

CAS Independent Units：1991

序 No.	单 位 名 称 Unit	序 No.	单 位 名 称 Unit
	合计：159 个 **Total**	13	生态环境研究中心 Research Center for Eco-Environmental Sciences
	北京市：53 个 Beijing	14	化工冶金研究所 Inst. of Chemical Metallurgy
1	数学研究所 Inst. of Mathematics	15	地理研究所 Inst. of Geography
2	应用数学研究所 Inst. of Applied Mathematics	16	地质研究所 Inst. of Geology
3	系统科学研究所 Inst. of Systems Science	17	地球物理研究所 Inst. of Geophysics
4	物理研究所 Inst. of Physics	18	古脊椎动物与古人类研究所 Inst. of Vertebrate Paleontology and Paleoanthropology
5	声学研究所 Inst. of Acoustics	19	大气物理研究所 Inst. of Atmospheric Physics
6	理论物理研究所 Inst. of Theoretical Physics	20	遥感应用研究所 Inst. of Remote Sensing Application
7	低温技术实验中心 Cryogenic Laboratory	21	自然资源综合考察委员会 Commission for Integrated Surveys of Natural Resources
8	高能物理研究所 Inst. of High Energy Physics	22	植物研究所 Inst. of Botany
9	北京天文台 Beijing Astronomical Observatory	23	动物研究所 Inst. of Zoology
10	力学研究所 Inst. of Mechanics	24	心理研究所 Inst. of Psychology
11	化学研究所 Inst. of Chemistry	25	微生物研究所 Inst. of Microbiology
12	感光化学研究所 Inst. of Photographic Chemistry	26	生物物理研究所 Inst. of Biophysics

续上表

序 No.	单位名称 Unit	序 No.	单位名称 Unit
27	遗传研究所 Inst. of Genetics	43	北京科学仪器研制中心 Beijing Scientific Instrument Development Center
28	发育生物学研究所 Inst. of Developmental Biology	44	中国科学院机关 CAS Head Office
29	计算技术研究所 Inst. of Computing Technology	45	行政管理局 Bureau of Management and Administration
30	计算中心 Computing Center	46	信息咨询中心 Center for Information and Consultation
31	软件研究所 Inst. of Software	47	中国科学技术大学研究生院 Graduate School of the University of Science and Technology of China
32	北京软件工程研制中心 Beijing Software Engineering Center	48	管理干部学院 College for Training Managerial Cadres
33	半导体研究所 Inst. of Semiconductors	49	中国科学院文献情报中心 CAS Documentation and Information Center
34	微电子中心 Microelectronics R&D Center	50	中国科学报社 Chinese Science News
35	电子学研究所 Inst. of Electronics	51	科学出版社 Science Press
36	电工研究所 Inst. of Electric Engineering	52	中国科学院印刷厂 CAS Printing House
37	工程热物理研究所 Inst. of Engineering Thermophysics	53	北京建筑设计研究院 Beijing Inst. of Architectural Designing
38	空间科学与应用研究中心 Space Science and Technology Center		河北省：1个 Hebei Province
39	自动化研究所 Inst. of Automation	54	石家庄农业现代化研究所 Shijiazhuang Inst. of Agricultural Modernization
40	遥感卫星地面站 Remote Sensing Satellite Ground Station		山西省：1个 Shanxi Province
41	自然科学史研究所 Inst. of History of Natural Sciences	55	山西煤炭化学研究所 Shanxi Inst. of Coal Chemistry
42	科技政策与管理科学研究所 Inst. of Science Policy and Management		辽宁省：8个 Liaoning Province

续上表

序 No.	单 位 名 称 Unit
56	大连化学物理研究所 Dalian Inst. of Chemical Physics
57	沈阳应用生态研究所 Shenyang Inst. of Applied Ecology
58	沈阳计算技术研究所 Shenyang Inst. of Computing Technology
59	沈阳自动化研究所 Shenyang Inst. of Automation
60	金属研究所 Inst. of Metals Research
61	金属腐蚀与防护研究所 Inst. of Corrosion and Protection of Metals
62	沈阳科学仪器研制中心 Shenyang Research Center for Scientific Equipment
63	中国科学院沈阳分院 CAS Shenyang Branch
	吉林省：6 个 Jilin Province
64	长春物理研究所 Changchun Inst. of Physics
65	长春人造卫星观测站 Changchun Satellite Observation Station
66	长春应用化学研究所 Changchun Inst. of Applied Chemistry
67	长春地理研究所 Changchun Inst. of Geography
68	长春光学精密机械研究所 Changchun Inst. of Optics and Fine Mechanics
69	中国科学院长春分院 CAS Changchun Branch
	黑龙江省：1 个 Heilongjiang Province
70	黑龙江农业现代化研究所 Heilongjiang Inst. of Agricultural Modernization
	上海市：17 个 Shanghai
71	上海原子核研究所 Shanghai Inst. of Nuclear Research
72	上海天文台 Shanghai Observatory
73	上海硅酸盐研究所 Shanghai Inst. of Ceramics
74	上海有机化学研究所 Shanghai Inst. of Organic Chemistry
75	上海植物生理研究所 Shanghai Inst. of Plant Physiology
76	上海昆虫研究所 Shanghai Inst. of Entomology
77	上海药物研究所 Shanghai Inst. of Materia Medica
78	上海生理研究所 Shanghai Inst. of Physiology
79	上海生物化学研究所 Shanghai Inst. of Biochemistry
80	上海细胞生物学研究所 Shanghai Inst. of Cell Biology
81	上海脑研究所 Shanghai Inst. of Brain Research
82	上海生物工程研究中心 Shanghai Bioengineering Research Center
83	上海冶金研究所 Shanghai Inst. of Metallurgy
84	上海光学精密机械研究所 Shanghai Inst. of Optics and Fine Mechanics

序 No.	单位名称 Unit
85	上海技术物理研究所 Shanghai Inst. of Technical Physics
86	中国科学院上海分院 CAS Shanghai Branch
87	上海文献情报中心 Shanghai Center for Documentation and Information
	江苏省：6个 Jiangsu Province
88	紫金山天文台 Purple Mountain Observatory
89	南京天文仪器研制中心 Nanjing R&D Center for Astronomical Instruments
90	南京地理与湖泊研究所 Nanjing Inst. of Geography and Limnology
91	南京地质古生物研究所 Nanjing Inst. of Geology and Palaeontology
92	南京土壤研究所 Nanjing Inst. of Soil Science
93	中国科学院南京分院 CAS Nanjing Branch
	安徽省：6个 Anhui Province
94	固体物理研究所 Inst. of Solid State Physics
95	等离子体物理研究所 Hefei Inst. of Plasma Physics
96	合肥智能机械研究所 Hefei Inst. of Intelligent Machines
97	安徽光学精密机械研究所 Anhui Inst. of Optics and Fine Mechanics
98	中国科学院合肥分院 CAS Hefei Branch
99	中国科学技术大学 University of Science and Technology of China
	福建省：1个 Fujian Province
100	福建物质结构研究所 Fujian Inst. of Research on the Structure of Matter
	江西省：1个 Jiangxi Province
101	庐山疗养院 Lushan Sanatorium
	山东省：2个 Shandong Province
102	海洋研究所 Inst. of Oceanology
103	青岛疗养院 Qingdao Sanatorium
	河南省：2个 Henan Province
104	新乡科学仪器研制中心 Xinxiang R&D Center for Scientific Instruments
105	开封印刷厂 Kaifeng Printing House
	湖北省：9个 Hubei Province
106	武汉数学物理研究所 Wuhan Inst. of Mathematical Physics
107	武汉物理研究所 Wuhan Inst. of Physics
108	武汉岩土力学研究所 Wuhan Inst. of Rock and Soil Mechanics
109	测量与地球物理研究所 Inst. of Geodesy and Geophysics

续上表

序 No.	单位名称 Unit	序 No.	单位名称 Unit
110	武汉植物研究所 Wuhan Inst. of Botany	124	中国科学院广州分院 CAS Guangzhou Branch
111	水生生物研究所 Inst. of Hydrobiology		四川省：8个 Sichuan Province
112	武汉病毒研究所 Wuhan Inst. of Virology	125	成都有机化学研究所 Chengdu Inst. of Organic Chemistry
113	中国科学院武汉分院 CAS Wuhan Branch	126	成都山地灾害与环境研究所 Chengdu Inst. of Mountain Hazards and Environment
114	武汉文献情报中心 Wuhan Center for Documentation and Information	127	成都计算机应用研究所 Chengdu Inst. of Computer Application
	湖南省：2个 Hunan Province	128	成都生物研究所 Chengdu Inst. of Biology
115	长沙大地构造研究所 Changsha Inst. of Geotectonics	129	光电技术研究所 Inst. of Optics and Electronics
116	长沙农业现代化研究所 Changsha Inst. of Agricultural Modernization	130	成都科学仪器研制中心 Chengdu R&D Center for Scientific Instruments
	广东省：8个 Guangdong Province	131	中国科学院成都分院 CAS Chengdu Branch
117	广州人造卫星观测站 Guangzhou Satellite Observation Station	132	成都文献情报中心 Chengdu Documentation and Information Center
118	广州化学研究所 Guangzhou Inst. of Chemistry		贵州省：1个 Guizhou Province
119	广州地质新技术研究所 Inst. of New Geotechnology	133	贵阳地球化学研究所 Guiyang Inst. of Geochemistry
120	南海海洋研究所 South China Sea Inst. of Oceanology		云南省：5个 Yunnan Province
121	华南植物研究所 South China Inst. of Botany	134	云南天文台 Yunnan Observatory
122	广州电子研究所 Guangzhou Inst. of Electronic Technology	135	昆明植物研究所 Kunming Inst. of Botany
123	广州能源研究所 Guangzhou Inst. of Energy Conversion	136	昆明生态研究所 Kunming Inst. of Ecology

续上表

序 No.	单位名称 Unit	序 No.	单位名称 Unit
137	昆明动物研究所 Kunming Inst. of Zoology	149	中国科学院兰州分院 CAS Lanzhou Branch
138	中国科学院昆明分院 CAS Kunming Branch	150	兰州文献情报中心 Lanzhou Center for Documentation and Information
	陕西省：4个 Shaanxi Province		青海省：2个 Qinghai Province
139	陕西天文台 Shaanxi Observatory	151	青海盐湖研究所 Qinghai Inst. of Saline Lakes
140	西北水土保持研究所 Northwest Inst. of Soil and Water Conservation	152	西北高原生物研究所 Northwest Inst. of Plateau Biology
141	西安光学精密机械研究所 Xi'an Inst. of Optics and Fine Mechanics		新疆维吾尔自治区：6个 Xinjiang Uygur Autonomous Region
142	中国科学院西安分院 CAS Xi'an Branch	153	新疆物理研究所 Xinjiang Inst. of Physics
	甘肃省：8个 Gansu Province	154	乌鲁木齐天文工作站 Urumqi Astronomic Working Station
143	近代物理研究所 Inst. of Modern Physics	155	新疆化学研究所 Xinjiang Inst. of Chemistry
144	兰州化学物理研究所 Lanzhou Inst. of Chemical Physics	156	新疆生物土壤沙漠研究所 Xinjiang Inst. of Biology，Pedology and Desert Research
145	兰州冰川冻土研究所 Lanzhou Inst. of Glaciology and Geocryology	157	新疆地理研究所 Xinjiang Inst. of Geography
146	兰州沙漠研究所 Lanzhou Inst. of Desert Research	158	中国科学院新疆分院 CAS Xinjiang Branch
147	兰州地质研究所 Lanzhou Inst. of Geology		海南省：1个 Hainan Province
148	兰州高原大气物理研究所 Lanzhou Inst. of Plateau Atmospheric Physics	159	中国科学院海南分院（筹备组） CAS Hainan Branch (Preparatory Group)

注：Inst. ——Institute. R&D——Research and Development.

开放实验室（所、站）一览表（1991 年）

CAS Open Laboratories（Institutes and Stations）：1991

序号 No.	实验室（所、站）名称 Laboratories（Institutes and Stations）
1	中国科学院武汉物理研究所波谱与原子分子物理国家重点实验室 State Key Laboratory of Magnetic Resonance and Atomic and Molecular Physics，Wuhan Institute of Physics，CAS
2	中国科学院物理研究所、半导体研究所表面物理国家重点实验室 State Key Laboratory for Surface Physics，Institute of Physics and Institute of Semiconductors，CAS
3	中国科学院声学研究所声场与声信息国家重点实验室 State Key Laboratory of Acoustics，Speech and Signal Processing，Institute of Acoustics，CAS
4	中国科学院物理研究所超导国家重点实验室 State Key Laboratory for Superconductivity，Institute of Physics，CAS
5	中国科学院数学研究所 Institute of Mathematics，CAS
6	中国科学院理论物理研究所 Institute of Theoretical Physics，CAS
7	中国科学院固体物理研究所、中国科学技术大学内耗与固体缺陷实验室 Laboratory of Internal Friction and Defects in Soilds，Hefei Institute of Solid State Physics，CAS and University of Sciences and Technology of China
8	中国科学技术大学结构分析实验室 Laboratory of Structure Analysis，University of Science and Technology of China
9	中国科学院物理研究所磁学国家重点实验室 State Key Laboratory of Magnetism，Institute of Physics，CAS
10	中国科学院力学研究所非线性连续介质力学实验室 Laboratory for Nonlinear Mechanics of Continuous Media，Institute of Mechanics，CAS
11	管理、决策与信息系统实验室（中国科学院系统科学研究所等 3 所联合） Laboratory of Management，Decision and Information System，Institute of Systems Science，etc.，CAS
12	中国科学院长春物理研究所激发态物理实验室 Laboratory of Excited State Processes，Changchun Institute of Physics，CAS
13	中国科学院上海原子核研究所辐射化学实验室 Laboratory of Radiation Chemistry，Shanghai Institute of Nuclear Research，CAS
14	中国科学院北京天文台、上海天文台、云南天文台光学天文联合实验室 United Laboratory for Optical Astronomy，Beijing Astronomical Observatory，Shanghai Observatory and Yunnan Observatory，CAS

序号 No.	实验室（所、站）名称 Laboratories (Institutes and Stations)
15	中国科学院紫金山天文台、上海天文台、北京天文台射电天文联合实验室 United Laboratory for Radio Astronomy, Purple Mountain Observatory, Shanghai Observatory and Beijing Astronomical Observatory, CAS
16	核分析技术实验室（中国科学院上海原子核研究所、高能物理研究所） Laboratory of Nuclear-Analysis Techniques, Shanghai Institute of Nuclear Research and Institute of High Energy Physics, CAS
17	中国科学院大连化学物理研究所催化基础国家重点实验室 State Key Laboratory of Catalysis, Dalian Institute of Chemical Physics, CAS
18	分子动态与稳态结构国家重点实验室（中国科学院化学研究所、北京大学） State Key Laboratory for Structural Chemistry of Unstable and Stable Species, Institute of Chemistry, CAS, and Peking University
19	中国科学院上海有机化学研究所生命有机化学国家重点实验室 State Key Laboratory of Bio-organic and Natural Products Chemistry, Shanghai Institute of Organic Chemistry, CAS
20	中国科学院大连化学物理研究所、化学研究所分子反应动力学国家重点实验室 State Key Laboratory of Molecular Reaction Dynamics, Dalian Institute of Chemical Physics and Institute of Chemistry , CAS
21	中国科学院福建物质结构研究所结构化学国家重点实验室 State Key Laboratory of Structural Chemistry, Fujian Institute of Research on the Structure of Matter , CAS
22	中国科学院化工冶金研究所多相反应实验室 Multiphase Reaction Laboratory, Institute of Chemical Metallurgy, CAS
23	中国科学院长春应用化学研究所稀土化学与物理实验室 Laboratory of Rare Earth Chemistry and Physics, Changchun Institute of Applied Chemistry, CAS
24	中国科学院兰州化学物理研究所固体润滑实验室 Laboratory of Solid Lubrication, Lanzhou Institute of Chemical Physics, CAS
25	上海硅酸盐研究所高性能陶瓷和超微结构国家重点实验室 State Key Laboratory of High Performance Ceramics & Superfine Microstructure, Shanghai Institute of Ceramics, CAS
26	中国科学院长春应用化学研究所电分析化学实验室 Laboratory of Electroanalytical Chemistry, Changchun Institute of Applied Chemistry, CAS
27	中国科学院广州化学研究所纤维素化学实验室 Laboratory of Cellulose and Lignocellulosics, Guangzhou Institute of Chemistry, CAS
28	中国科学院化工冶金研究所、上海有机化学研究所计算机化学实验室 Laboratory of Computer Chemistry, Institute of Chemical Metallurgy and Shanghai Institute of Organic Chemistry, CAS

续上表

序号 No.	实验室（所、站）名称 Laboratories (Institutes and Stations)
29	高分子物理联合实验室（中国科学院化学研究所、长春应用化学研究所） Polymer Physics Laboratory，Institute of Chemistry and Changchun Institute of Applied Chemistry，CAS
30	中国科学院上海有机化学研究所金属有机化学实验室 Laboratory of Organometallic Chemistry，Shanghai Institute of Organic Chemistry，CAS
31	中国科学院感光化学研究所光化学实验室 Laboratory of Photochemistry，Institute of Photographic Chemistry，CAS
32	中国科学院大气物理研究所大气科学及地球流体力学数值模拟国家重点实验室 State Key Laboratory of Numerical Modeling for Atmospheric Sciences and Geophysical Fluid Dynamics，Institute of Atmospheric Physics，CAS
33	中国科学院地球化学研究所有机地球化学国家重点实验室 State Key Laboratory of Organic Geochemistry，Institute of Geochemistry，CAS
34	中国科学院地理研究所资源与环境信息系统国家重点实验室 State Key Laboratory of Resources and Environment Information System，Institute of Geography，CAS
35	中国科学院兰州冰川冻土研究所冻土工程国家重点实验室 State Key Laboratory of Frozen Soil Engineering，Lanzhou Institute of Glaciology and Geocryology，CAS
36	中国科学院兰州地质研究所气体地球化学国家重点实验室 State Key Laboratory of Gas Geochemistry，Lanzhou Institute of Geology ，CAS
37	中国科学院地质研究所工程地质力学实验室 Engineering Geomechanics Laboratory，Institute of Geology，CAS
38	中国科学院西安分院黄土与第四纪地质实验室 Xi'an Laboratory of Loess and Quaternary Geology，Xi'an Branch，CAS
39	中国科学院海洋研究所实验海洋生物学实验室 Experimental Marine Biology Laboratory，Institute of Oceanology，CAS
40	中国科学院南京土壤研究所土壤圈物质循环实验室 Laboratory of Material Cyclings in Pedosphere，Nanjing Institute of Soil Science，CAS
41	中国科学院生态环境研究中心系统生态实验室 Laboratory of Systems Ecology，Research Center for Eco-Environmental Sciences，CAS
42	中国科学院测量与地球物理研究所动力大地测量学实验室 Laboratory of Dynamical Geodesy，Institute of Geodesy and Geophysics，CAS
43	中国科学院南京地质古生物研究所现代古生物和地层学实验室 Laboratory of Paleobiology and Stratigraphy，Nanjing Institute of Geology and Paleontology，CAS

续上表

序号 No.	实验室（所、站）名称 Laboratories (Institutes and Stations)
44	中国科学院地球化学研究所矿床地球化学实验室 Laboratory of Ore Deposit Geochemistry, Institute of Geochemistry, CAS
45	中国科学院地质研究所岩石圈构造演化实验室 Laboratory of Lithosphere Tectonic Evolution, Institute of Geology, CAS
46	中国科学院南京地理与湖泊研究所湖泊沉积与环境实验室 Laboratory of Lake Sedimentation and Environment, Nanjing Institute of Geography and Limnology, CAS
47	中国科学院地球物理研究所地球动力学高温高压实验室 Laboratory of Geodynamics Under High Temperature and High Pressure, Institute of Geophysics, CAS
48	中国科学院南京土壤研究所封丘农业生态实验站 Fengqiu Agroecological Experimental Station, Nanjing Institute of Soil Science, CAS
49	中国科学院地理研究所禹城综合试验站 Yucheng Comprehensive Experimental Station, Institute of Geography, CAS
50	中国科学院兰州冰川冻土研究所天山冰川观测试验站 Tianshan Experimental Station of Glaciology, Lanzhou Institute of Glaciology and Cryopedology, CAS
51	中国科学院成都山地研究所东川泥石流观测研究站 Dongchuan Observation and Research Station of Debris Flow, Chengdu Institute of Mountain Hazards and Environment, CAS
52	中国科学院西北高原生物研究所海北高寒草甸生态系统定位站 Haibei Alpine Meadow Ecosystem Research Station, Northwest Institute of Plateau Biology, CAS
53	中国科学院植物研究所内蒙古草原生态系统定位研究站 Inner Mongolia Grassland Ecosystem Research Station, Institute of Botany, CAS
54	中国科学院沈阳应用生态研究所长白山森林生态系统定位研究站 Changbaishan Research Station of Forest Ecosystem, Shenyang Institute of Applied Ecology, CAS
55	中国科学院长春分院长春净月潭遥感实验站 Remote Sensing Test Site of Jingyuetan in Changchun, Changchun Branch, CAS
56	中国科学院南京土壤研究所红壤生态实验站 Ecological Experimental Station of Red Soil, Nanjing Institute of Soil Science, CAS
57	中国科学院南海海洋研究所大亚湾海洋生物综合实验站 Marine Biology Research Station at Dayawan, South China Sea Institute of Oceanology, CAS
58	中国科学院兰州沙漠研究所沙坡头沙漠试验研究站 Shapotou Desert Experimental Research Station, Lanzhou Institute of Desert Research, CAS

续上表

序号 No.	实验室（所、站）名称 Laboratories (Institutes and Stations)
59	中国科学院生物物理研究所生物大分子国家重点实验室 State Key Laboratory of Biomacromolecules, Institute of Biophysics, CAS
60	中国科学院上海生物化学研究所分子生物学国家重点实验室 State Key Laboratory of Molecular Biology, Shanghai Institute of Biochemistry, CAS
61	中国科学院上海植物生理研究所植物分子遗传国家重点实验室 State Key Laboratory of Plant Molecular Genetics, Shanghai Institute of Plant Physiology, CAS
62	中国科学院水生生物研究所淡水生态与生物技术国家重点实验室 State Key Laboratory of Freshwater Ecology and Biotechnology, Institute of Hydrobiology, CAS
63	中国科学院生物膜与膜生物工程国家重点实验室（中国科学院动物研究所、清华大学、北京大学） State Key Laboratory of Biomembrane and Membrane Biotechnology, Institute of Zoology, CAS, and Tsinghua University, Peking University
64	中国科学院动物研究所计划生育生殖生物学国家重点实验室 State Key Laboratory of Reproductive Biology, Institute of Zoology, CAS
65	中国科学院微生物研究所真菌、地衣系统学实验室 Systematic Mycology and Lichenology Laboratory, Institute of Microbiology, CAS
66	中国科学院植物研究所系统与进化植物学实验室 Laboratory of Systematic and Evolutionary Botany, Institute of Botany, CAS
67	中国科学院昆明植物研究所植物化学实验室 Laboratory of Phytochemistry, Kunming Institute of Botany, CAS
68	上海生命科学联合实验室（上海细胞生物学研究所等5所联合） Shanghai Joint Laboratory of Life Science, Shanghai Institute of Cell Biology, etc., CAS
69	中国科学院上海生理研究所低氧生理实验室 Hypoxia Physiology Laboratory, Shanghai Institute Physiology, CAS
70	中国科学院植物研究所植被数量生态学实验室 Laboratory of Quantitative Vegetation Ecology, Institute of Botany, CAS
71	中国科学院生物物理研究所视觉信息加工实验室 Laboratory of Visual Information Processing , Institute of Biophysics, CAS
72	中国科学院上海药物研究所新药研究国家重点实验室 State Key Laboratory of Drug Research, Shanghai Institute of Materia Medica, CAS
73	中国科学院遗传研究所、微生物所植物生物技术实验室 Laboratory of Plant Biotechnology, Institute of Genetics, Institute of Microbiology, CAS

续上表

序号 No.	实验室（所、站）名称 Laboratories (Institutes and Stations)
74	中国科学院昆明动物研究所细胞与分子进化实验室 Laboratory of Cellular and Molecular Evolution, Kunming Institute of Zoology, CAS
75	中国科学院上海技术物理研究所红外物理国家重点实验室 State Key Laboratory for Infrared Physics, Shanghai Institute of Technical Physics, CAS
76	中国科学院上海冶金研究所、电子研究所传感技术国家重点实验室 State Key Laboratory of Transducer Technology, Shanghai Institute of Metallury and Institute of Electronics, CAS
77	中国科学院长春光学精密机械研究所应用光学国家重点实验室 State Key Laboratory of Applied Optics, Changchun Institute of Optics and Fine Mechanics, CAS
78	中国科学院自动化研究所模式识别国家重点实验室 State Key Laboratory of Pattern Recognition, Institute of Automation, CAS
79	中国科学院金属研究所材料疲劳与断裂国家重点实验室 State Key Laboratory for Fatigue and Fracture of Materials, Institute of Metals Research, CAS
80	中国科学院半导体研究所半导体超晶格国家重点实验室 State Key Laboratory of Superlattices and Microstructures, Institute of Semiconductors, CAS
81	中国科学技术大学研究生院信息安全国家重点实验室 State Key Laboratory of Information Security, Graduate School of The University of Science and Technology of China
82	集成光电子学国家重点实验室（清华大学、吉林大学、中科院半导体研究所） State Key Laboratory of Integrated Photoelectronics, Tsinghua University, Jilin University and Institute of Semiconductors, CAS
83	中国科学院金属研究所固体原子象实验室 Laboratory of Atom Image of Solids, Shenyang Institute of Metals Research, CAS
84	中国科学院上海冶金研究所离子束实验室 Ion Beam Laboratory, Shanghai Institute of Metallurgy, CAS
85	中国科学院安徽光学精密机械研究所激光光谱学实验室 Laboratory of Laser Spectroscopy, Anhui Institute of Optics and Fine Mechanics, CAS
86	中国科学院北京科学仪器研制中心北京电子显微镜实验室 Beijing Laboratory of Electron Microscopy, Beijing R&D Center for Scientific Instrument, CAS
87	中国科学院北京科学仪器研制中心北京真空物理实验室 Beijing Laboratory of Vacuum Physics, Beijing R&D Center for Scientific Instrument, CAS
88	中国科学院金属腐蚀与防护研究所腐蚀科学实验室 Corrosion Science Laboratory, Institute of Corrosion and Protection of Metals, CAS

续上表

序号 No.	实验室（所、站）名称 Laboratories (Institutes and Stations)
89	中国科学院计算技术研究所 CAD 实验室 CAD Laboratory, Institute of Computing Technology, CAS
90	中国科学技术大学认知科学实验室 Beijing Laboratory of Cognitive Science, University of Science and Technology of China
91	中国科学院上海光学精密机械研究所量子光学实验室 Quantum Optics Laboratory, Shanghai Institute of Optics and Fine Mechanics, CAS
92	中国科学院沈阳自动化研究所机器人学实验室 Robotics Laboratory, Shenyang Institute of Automation, CAS
93	中国科学院沈阳金属研究所快速凝固非平衡合金国家重点实验室 State Key Laboratory of Rapid Solidified Non-Equilibrium Alloy, Shenyang Institute of Metals Research, CAS
94	中国科学院沈阳计算技术研究所现代制造的 CAD/CAM 技术实验室 Laboratory of CAD/CAM Technology for Advanced Manufacturing, Shenyang Institute of Computing Technology, CAS
95	中国科学院上海光学精密机械研究所激光技术实验室 Laboratory of Laser Technology, Shanghai Institute of Optics and Fine Mechanics, CAS
96	中国科学院半导体研究所半导体材料实验室 Laboratory of Semiconductor Materials Science, Institute of Semiconductors, CAS

院管公司一览表（1991年）

CAS-Run Companies：1991

序 No.	公 司 名 称 Name of company	序 No.	公 司 名 称 Name of company
	北京市：24个 Beijing	12	北京百泰生物技术公司 Beijing Biotech Technology Corporation
1	东方科学仪器进出口公司 Oriental Scientific Instrument Import and Export Corporation	13	中国联合新材料开发公司 China Joint Corporation for New Materials Development
2	北京科理高技术公司 Beijing Keli High Technology Corporation	14	北京科进技术装备器材公司 Beijing Kejin Technical Equipment and Instruments Corporation
3	北京希望电脑公司 Beijing Hope Computer Corporation	15	北京信通集团公司 Beijing Syntone Group Corporation
4	北京科海高技术（集团）公司 Beijing Kehai High Technology Group Corporation	16	中国新技术发展贸易有限公司 China New-Technology Development and Trade Corporation
[illegible]	北京科辐辐射技术公司 Beijing Kefu Radiation Technology Incorporation	17	中国科技财务公司 China Scientific and Technological Finance Corporation
6	北京联想计算机集团公司 Beijing Legend Computer Group Corporation	18	北京集成电路制版服务中心 Beijing IC Mask-Making Service Center
7	北京三环新材料高技术公司 Beijing Sanhuan New Materials R&D Incorporation	19	北京科能能源与动力研究发展中心 Beijing Academia Energetics R&D Center
8	北京远望技术公司 Beijing Outlook Technical Corporation	20	北京凯思软件工程公司 Beijing CAS Software Engineering Corporation
9	中国大通电子有限公司 China Datong Electronics Corporation	21	北京群星科技开发公司 Beijing Galaxy Incorporation
10	北京中科建设工程承发包总公司 Beijing Construction Undertaking Corporation	22	北京农村经济科技发展部 Beijing Department of Rural Economy and Technology Development
11	中国大恒公司 China Daheng Corporation	23	北京中科卫星通信技术有限公司 Beijing Satellite Communication Technology Company

续上表

序 No.	公 司 名 称 Name of company	序 No.	公 司 名 称 Name of company
24	中国科技促进经济发展基金会 China Foundation of S&T for Development	26	中国科健有限公司 China Kejian Ltd.
	湖北省：1个 Hubei Province	27	深圳科技工业园总公司 Shenzhen Science and Industry Park Corporation
25	武汉波谱公司 Wuhan Spectroscopy Company	28	深圳科深科技咨询开发公司 Shenzhen Keshen S&T Consultation and Development Corporation
	广东省：3个 Guangdong Province		

三、人　　员

PERSONNEL

固定、合同制职工分类情况

Classification of CAS Permanent and Contract Staff

单位：人

年份 Year	总计 Total	其中：女性 Of which: Female	干部 Cadres						工人 Workers
			合计 Total	各类专业技术人员 Various kinds of professional and technical staff				行政干部 Adminis-trative staff	
				小计 Subtotal	高级 Senior	中级 Middle-level	初级及未定 Junior and others		
1986	82326	28484	57363	49865	8358	22716	18791	7498	24963
1987	82721	28624	59667	52628	10638	23138	18852	7039	23054
1988	83969	29248	62328	55910	12010	24413	19487	6418	21641
1989	84287	29157	63499	57550	13280	24328	19942	5949	20788
1990	84848	29031	64554	59028	14574	25043	19411	5526	20294
1991	84909	29088	65179	59800	14810	24621	20369	5379	19730

地区及单位 Region and unit	总计 Total	其中：女性 Of which: Female
总计 Total	**84909**	**29088**
北京市 Beijing	30024	11108
数学研究所 Inst. of Mathematics	151	41
应用数学研究所 Inst. of Applied Mathematics	142	27
系统科学研究所 Inst. of Systems Science	163	38
物理研究所 Inst. of Physics	893	293
声学研究所 Inst. of Acoustics	940	261
理论物理研究所 Inst. of Theoretical Physics	55	17
低温技术实验中心 Cryogenic Laboratory	292	95
高能物理研究所 Inst. of High Energy Physics	1833	716
北京天文台 Beijing Astronomical Observatory	482	158
力学研究所 Inst. of Mechanics	806	256
化学研究所 Inst. of Chemistry	845	334
感光化学研究所 Inst. of Photographic Chemistry	413	165
生态环境研究中心 Research Center for Eco-Environmental Sciences	503	194
化工冶金研究所 Inst. of Chemical Metallurgy	479	155
地理研究所 Inst. of Geography	651	195

职工分类情况（1991 年）

Permanent and Contract Staff：1991

单位：人

干部 Cadres						工人 Workers
合计 Total	各类专业技术人员 Various kinds of professional and technical staff				行政干部 Administrative staff	
	小计 Subtotal	高级 Senior	中级 Middle-level	初级及未定 Junior and others		
65179	**59800**	**14810**	**24621**	**20369**	**5379**	**19730**
23633	21928	6100	8606	7222	1705	6391
137	128	70	30	28	9	14
128	122	44	31	47	6	14
154	144	69	43	32	10	9
739	716	279	284	153	23	154
797	752	204	347	201	45	143
52	50	30	13	7	2	3
174	140	30	57	53	34	118
1431	1333	372	514	447	98	402
405	371	89	157	125	34	77
696	671	243	209	219	25	110
750	711	253	256	202	39	95
361	331	108	141	82	30	52
443	421	125	190	106	22	60
404	382	94	198	90	22	75
598	576	209	209	158	22	53

地区及单位 Region and unit	总　计 Total	其中： 女性 Of which: Female
遥感应用研究所 Inst. of Remote Sensing Application	288	90
地质研究所 Inst. of Geology	510	159
地球物理研究所 Inst. of Geophysics	351	108
古脊椎动物与古人类研究所 Inst. of Vertebrate Paleontology and Paleoanthropology	247	70
大气物理研究所 Inst. of Atmospheric Physics	569	192
自然资源综合考察委员会 Commission for Integrated Surveys of Natural Resources	368	96
植物研究所 Inst. of Botany	756	315
动物研究所 Inst. of Zoology	597	234
心理研究所 Inst. of Psychology	165	74
微生物研究所 Inst. of Microbiology	511	244
生物物理研究所 Inst. of Biophysics	706	299
遗传研究所 Inst. of Genetics	478	198
发育生物学研究所 Inst. of Developmental Biology	138	52
计算技术研究所 Inst. of Computing Technology	1362	536
计算中心 Computing Center	471	164
软件研究所 Inst. of Software	357	131
北京软件工程研制中心 Beijing Software Engineering Center	168	51
半导体研究所 Inst. of Semiconductors	1206	461

续上表

干部 Cadres						工人 Workers
合计 Total	各类专业技术人员 Various kinds of professional and technical staff				行政干部 Administrative staff	
	小计 Subtotal	高级 Senior	中级 Middle-level	初级及未定 Junior and others		
269	251	50	89	112	18	19
457	434	144	220	70	23	53
310	286	70	121	95	24	41
212	186	57	71	58	26	35
484	458	102	184	172	26	85
336	303	87	127	89	33	32
623	568	195	191	182	55	133
550	531	163	170	198	19	47
151	143	53	45	45	8	14
467	440	135	165	140	27	44
607	580	166	236	178	27	99
435	417	117	118	182	18	43
108	101	26	25	50	7	30
985	947	261	437	249	38	377
415	377	112	132	133	38	56
337	334	64	139	131	3	20
163	159	16	58	85	4	5
837	782	221	277	284	55	369

地区及单位 Region and unit	总 计 Total	其中： 女性 Of which： Female
微电子中心 Microelectronics R&D Center	859	386
电子学研究所 Inst. of Electronics	1125	426
自动化研究所 Inst. of Automation	555	162
电工研究所 Inst. of Electric Engineering	620	220
工程热物理研究所 Inst. of Engineering Thermophysics	248	69
空间科学与应用研究中心 Space Science and Technology Center	748	271
遥感卫星地面站 Remote. Sensing Satellite Ground Station	180	57
自然科学史研究所 Inst. of History of Natural Sciences	128	42
科技政策与管理科学研究所 Inst. of Science Policy and Management	121	48
中国科学技术大学研究生院 Graduate School of the University of Science and Technology of China	592	224
管理干部学院 College for Training Managerial Cadres	278	108
中国科学院文献情报中心 Documentation and Information Center of the Chinese Academy of Sciences	415	237
中国科学报社 Chinese Science News	50	21
科学出版社 Science Press	539	258
中国科学院印刷厂 CAS Printing House	1012	401
北京器材供应站 Beijing Instrument Supply Station	126	42
北京科学仪器研制中心 Beijing R&D Center for Scientific Instruments	755	312
北京建筑设计研究院 Inst. of Architectural Designing	167	72

续上表

干部 Cadres							工人 Workers
合计 Total	各类专业技术人员 Various kinds of professional and technical staff					行政干部 Administrative staff	
	小计 Subtotal	高级 Senior	中级 Middle-level	初级及未定 Junior and others			
526	466	88	202	176		60	333
951	920	197	399	324		31	174
477	453	123	187	143		24	78
503	465	134	171	160		38	117
228	218	60	93	65		10	20
678	637	139	342	156		41	70
155	144	27	53	64		11	25
120	109	42	40	27		11	8
112	106	28	46	32		6	9
470	419	152	166	101		51	122
206	186	40	63	83		20	72
357	332	57	127	148		25	58
46	46	11	21	14		0	4
491	463	116	142	205		28	48
161	88	2	22	64		73	851
83	68	5	33	30		15	43
444	414	77	174	163		30	311
157	153	41	65	47		4	10

地区及单位 Region and unit	总 计 Total	其中： 女性 Of which: Female
行政管理局 Bureau of Management and Administration	1002	431
信息咨询中心 Center for Information and Consultation	24	14
中国科学院本部（含下属单位） CAS Head Office	1160	457
东方科学仪器进出口公司 Oriental Scientific Instrument Import and Export Corporation	130	53
中国科技促进经济发展基金会 China Foundation of S&T for Development	26	10
北京科理高技术公司 Beijing Keli High Technology Corporation	167	49
北京希望电脑公司 Beijing Hope Computer Corporation	93	31
北京科海高技术（集团）公司 Beijing Kehai High Technology Group Corporation	199	55
北京三环新材料高技术公司 Beijing San Huan New Materials R&D Incorporation	93	20
北京远望技术公司 Beijing Outlook Technical Corporation	45	12
中国大通电子有限公司 China Datong Electronics Corporation	66	18
北京科辐辐射技术公司 Beijing Kefu Radiation Technology Incorporation	47	7
北京信通集团公司 Beijing Syntone Group Corporation	86	26
中国大恒公司 China Daheng Corporation	164	47
中国联合新材料开发公司 China Joint Corporation for New Materials Development	23	7
北京集成电路制版服务中心 Beijing IC Mask-Making Service Center	6	4
北京中科建设工程承发包总公司 Beijing Construction Undertaking Corporation	43	14
北京百泰生物技术公司 Beijing Biotech Technology Corporation	32	11

续上表

干部 Cadres							工人 Workers
合计 Total	各类专业技术人员 Various kinds of professional and technical staff					行政干部 Administrative staff	
	小计 Subtotal	高级 Senior	中级 Middle-level	初级及未定 Junior and others			
427	319	25	85	209		108	575
21	20	7	5	8		1	3
765	563	200	242	121		202	395
114	106	22	41	43		8	16
26	24	7	9	8		2	0
145	143	36	59	48		2	22
73	73	15	27	31		0	20
175	175	48	51	76		0	24
73	73	28	27	18		0	20
43	43	13	14	16		0	2
59	58	8	19	31		1	7
44	37	10	4	23		7	3
82	82	13	52	17		0	4
129	116	28	38	50		13	35
18	16	4	5	7		2	5
6	6	0	1	5		0	0
37	36	10	12	14		1	6
29	28	11	9	8		1	3

地区及单位 Region and unit	总 计 Total	其中：女性 Of which: Female
北京科能能源与动力研究发展中心 Beijing Academia Energetics R&D Center	20	4
北京中科卫星通信技术有限公司 Beijing Satellite Communication Technology Company	5	2
北京群星科技开发公司 Beijing Galaxy Incorporation	11	4
中国科技财务公司 China Scientific and Technological Finance Corporation	63	23
北京联想计算机集团公司 Beijing Legend Computer Group Corporation	66	17
北京农村经济科技发展部 Department of Rural Economy and Technology Development	14	6
中国新技术发展贸易有限公司 China New Technology Development and Trade Corporation	25	11
河北省 Hebei Province	184	53
石家庄农业现代化研究所 Shijiazhuang Inst. of Agricultural Modernization	184	53
山西省 Shanxi Province	843	309
山西煤炭化学研究所 Shanxi Inst. of Coal Chemistry	843	309
辽宁省 Liaoning Province	5456	1554
大连化学物理研究所 Dalian Inst. of Chemical Physics	1399	427
沈阳应用生态研究所 Shenyang Inst. of Applied Ecology	588	192
沈阳计算技术研究所 Shenyang Inst. of Computing Technology	577	169
沈阳自动化研究所 Shenyang Inst. of Automation	837	226
金属研究所 Inst. of Metals Research	1177	308
金属腐蚀与防护研究所 Inst. of Corrosion and Protection of Metals	229	53

续上表

干部 Cadres						工人 Workers
合计 Total	各类专业技术人员 Various kinds of professional and technical staff				行政干部 Administrative staff	
	小计 Subtotal	高级 Senior	中级 Middle-level	初级及未定 Junior and others		
20	20	5	5	10	0	0
3	3	0	0	3	0	2
11	6	1	3	2	5	0
53	53	1	29	23	0	10
66	65	7	27	31	1	0
11	11	2	5	4	0	3
23	20	2	7	11	3	2
175	169	54	74	41	6	9
175	169	54	74	41	6	9
633	592	151	220	221	41	210
633	592	151	220	221	41	210
4423	4032	1097	1728	1207	391	1033
1188	1085	294	511	280	103	211
527	477	138	187	152	50	61
481	443	115	189	139	38	96
704	656	178	280	198	48	133
920	845	253	334	258	75	257
209	191	46	80	65	18	20

地区及单位 Region and unit	总计 Total	其中：女性 Of which：Female
沈阳科学仪器研制中心 Shenyang Research Center for Scientific Equipment	506	143
中国科学院沈阳分院 CAS Shenyang Branch	143	36
吉林省 Jilin Province	5784	1762
长春物理研究所 Changchun Inst. of Physics	740	236
长春人造卫星观测站 Changchun Satellite Observation Station	62	10
长春应用化学研究所 Changchun Inst. of Applied Chemistry	1371	460
长春地理研究所 Changchun Inst. of Geography	315	86
长春光学精密机械研究所 Changchun Inst. of Optics and Fine Mechanics	3205	944
中国科学院长春分院 CAS Changchun Branch	91	26
黑龙江省 Heilongjiang Province	157	49
黑龙江农业现代化研究所 Heilongjiang Inst. of Agricultural Modernization	157	49
上海市 Shanghai	11675	4009
上海原子核研究所 Shanghai Inst. of Nuclear Research	1277	324
上海天文台 Shanghai Observatory	377	125
上海硅酸盐研究所 Shanghai Inst. of Ceramics	1092	361
上海有机化学研究所 Shanghai Inst. of Organic Chemistry	1328	465
上海植物生理研究所 Shanghai Inst. of Plant Physiology	489	180
上海昆虫研究所 Shanghai Inst. of Entomology	221	67

干部 Cadres						工人 Workers
合计 Total	各类专业技术人员 Various kinds of professional and technical staff				行政干部 Administrative staff	
	小计 Subtotal	高级 Senior	中级 Middle-level	初级及未定 Junior and others		
273	239	43	116	80	34	233
121	96	30	31	35	25	22
4270	3853	835	1724	1294	417	1514
618	558	124	282	152	60	122
54	47	5	23	19	7	8
1102	1033	268	450	315	69	269
275	236	71	79	86	39	40
2140	1920	346	867	707	220	1065
81	59	21	23	15	22	10
135	126	25	62	39	9	22
135	126	25	62	39	9	22
8301	7624	1755	3373	2496	677	3374
890	835	223	360	252	55	387
315	282	79	144	59	33	62
785	712	165	288	259	73	307
840	788	203	351	234	52	488
394	370	92	166	112	24	95
192	177	35	69	73	15	29

地区及单位 Region and unit	总计 Total	其中：女性 Of which: Female
上海药物研究所 Shanghai Inst. of Materia Medica	584	243
上海生理研究所 Shanghai Inst. of Physiology	342	121
上海生物化学研究所 Shanghai Inst. of Biochemistry	621	264
上海细胞生物学研究所 Shanghai Inst. of Cell Biology	376	165
上海脑研究所 Shanghai Inst. of Brain Research	78	19
上海生物工程研究中心 Shanghai Bioengineering Research Center	268	101
上海冶金研究所 Shanghai Inst. of Metallurgy	1260	408
上海光学精密机械研究所 Shanghai Inst. of Optics and Fine Mechanics	1461	462
上海技术物理研究所 Shanghai Inst. of Technical Physics	995	349
上海文献情报中心 Shanghai Center for Documentation and Information	150	84
中国科学院上海分院 CAS Shanghai Branch	756	271
江苏省 Jiangsu Province	2107	694
紫金山天文台 Purple Mountain Observatory	429	139
南京天文仪器研制中心 Nanjing R&D Center for Astronomical Instruments	541	215
南京地理与湖泊研究所 Nanjing Inst. of Geography and Limnology	280	90
南京地质古生物研究所 Nanjing Inst. of Geology and Palaeontology	316	82
南京土壤研究所 Nanjing Inst. of Soil Science	481	153
中国科学院南京分院 CAS Nanjing Branch	60	15

续上表

干部 Cadres						工人 Workers
合计 Total	各类专业技术人员 Various kinds of professional and technical staff				行政干部 Administrative staff	
	小计 Subtotal	高级 Senior	中级 Middle-level	初级及未定 Junior and others		
484	458	114	207	137	26	100
276	246	54	93	99	30	66
473	431	109	187	135	42	148
303	288	62	109	117	15	73
71	67	18	28	21	4	7
195	180	26	49	105	15	73
876	819	211	405	203	57	384
940	867	198	425	244	73	521
735	682	112	348	222	53	260
129	119	8	40	71	10	21
403	303	46	104	153	100	353
1705	1569	546	632	391	136	402
381	360	106	163	91	21	48
261	229	51	117	61	32	280
263	251	89	89	73	12	17
297	275	107	99	69	22	19
450	411	182	143	86	39	31
53	43	11	21	11	10	7

地区及单位 Region and unit	总计 Total	其中：女性 Of which: Female
安徽省 Anhui Province	5927	2021
固体物理研究所 Inst. of Solid State Physics	154	45
等离子体物理研究所 Hefei Inst. of Plasma Physics	584	152
合肥智能机械研究所 Hefei Inst. of Intelligent Machines	188	51
安徽光学精密机械研究所 Anhui Inst. of Optics and Fine Mechanics	1039	366
中国科学技术大学 University of Science and Technology of China	3462	1175
中国科学院合肥分院 CAS Hefei Branch	500	232
福建省 Fujian Province	588	153
福建物质结构研究所 Fujian Inst. of Research on the Structure of Matter	588	153
江西省 Jiangxi Province	51	20
庐山疗养院 Lushan Sanatorium	51	20
山东省 Shandong Province	1135	274
海洋研究所 Inst. of Oceanology	1073	247
青岛疗养院 Qingdao Sanatorium	62	27
河南省 Henan Province	1036	408
新乡科学仪器研制中心 Xinxiang R&D Center for Scientific Instruments	388	153
开封印刷厂 Kaifeng Printing House	648	255
湖北省 Hubei Province	2549	832

续上表

干部 Cadres						工人 Workers
合计 Total	各类专业技术人员 Various kinds of professional and technical staff				行政干部 Administrative staff	
	小计 Subtotal	高级 Senior	中级 Middle-level	初级及未定 Junior and others		
4693	4411	1107	1830	1474	282	1234
132	125	21	64	40	7	22
476	452	108	177	167	24	108
174	167	33	68	66	7	14
733	687	131	314	242	46	306
2834	2692	759	1069	864	142	628
344	288	55	138	95	56	156
523	471	95	194	182	52	65
523	471	95	194	182	52	65
23	15	2	3	10	8	28
23	15	2	3	10	8	28
922	849	164	431	254	73	213
889	825	162	418	245	64	184
33	24	2	13	9	9	29
246	110	7	32	71	136	790
124	77	6	27	44	47	264
122	33	1	5	27	89	526
2020	1810	379	698	733	210	529

地区及单位 Region and unit	总 计 Total	其中： 女性 Of which： Female
武汉数学物理研究所 Wuhan Inst. of Mathematical Physics	63	15
武汉物理研究所 Wuhan Inst. of Physics	459	126
武汉岩土力学研究所 Wuhan Inst. of Rock and Soil Mechanics	511	147
测量与地球物理研究所 Inst. of Geodesy and Geophysics	184	55
武汉植物研究所 Wuhan Inst. of Botany	251	97
水生生物研究所 Inst. of Hydrobiology	440	123
武汉病毒研究所 Wuhan Inst. of Virology	276	113
武汉文献情报中心 Wuhan Center for Documentation and Information	110	54
中国科学院武汉分院 CAS Wuhan Branch	255	102
湖南省 Hunan Province	287	83
长沙大地构造研究所 Changsha Inst. of Geotectonics	106	26
长沙农业现代化研究所 Changsha Inst. of Agricultural Modernization	181	57
广东省 Guangdong Province	3012	934
广州人造卫星观测站 Guangzhou Satellite Observation Station	67	18
广州化学研究所 Guangzhou Inst. of Chemistry	488	176
广州地质新技术研究所 Inst. of New Geotechnology	378	151
南海海洋研究所 South China Sea Inst. of Oceanology	705	176
华南植物研究所 South China Inst. of Botany	533	181

续上表

干部 Cadres						工人 Workers
合计 Total	各类专业技术人员 Various kinds of professional and technical staff				行政干部 Administrative staff	
	小计 Subtotal	高级 Senior	中级 Middle-level	初级及未定 Junior and others		
59	53	12	12	29	6	4
378	347	82	149	116	31	81
328	285	61	130	94	43	183
163	142	24	48	70	21	21
179	159	30	70	59	20	72
374	353	83	126	144	21	66
238	223	52	75	96	15	38
100	93	10	31	52	7	10
201	155	25	57	73	46	54
258	242	49	110	83	16	29
96	89	23	42	24	7	10
162	153	26	68	59	9	19
2540	2360	570	919	871	180	472
57	46	6	20	20	11	10
419	400	81	150	169	19	69
358	343	112	144	87	15	20
608	562	119	225	218	46	97
378	340	84	114	142	38	155

地区及单位 Region and unit	总 计 Total	其中： 女性 Of which： Female
广州电子研究所 Guangzhou Inst. of Electronic Technology	416	112
广州能源研究所 Guangzhou Inst. of Energy Conversion	205	64
中国科学院广州分院 CAS Guangzhou Branc	95	23
中国科健有限公司 China Kejian Ltd.	102	26
深圳科技工业园总公司 Shenzhen Science and Industry Park Corporation	22	7
深圳科深科技咨询开发公司 Shenzhen Keshen S&T Consultation and Development Corporation	1	0
四川省 Sichuan Province	4559	1672
成都有机化学研究所 Chengdu Inst. of Organic Chemistry	448	172
成都山地灾害与环境研究所 Chengdu Inst. of Mountain Hazards and Environment	384	109
成都生物研究所 Chengdu Inst. of Biology	439	170
成都计算机应用研究所 Chengdu Inst. of Computer Application	372	124
光电技术研究所 Inst. of Optics and Electronics	2032	676
成都文献情报中心 Chengdu Documentation and Information Center	93	39
成都科学仪器研制中心 Chengdu R&D Center for Scientific Instruments	468	218
中国科学院成都分院 CAS Chengdu Branch	323	164
贵州省 Guizhou Province	494	134
贵阳地球化学研究所 Guiyang Inst. of Geochemistry	494	134
云南省 Yunnan Province	1555	527

续上表

干部 Cadres						工人 Workers
合计 Total	各类专业技术人员 Various kinds of professional and technical staff				行政干部 Administrative staff	
	小计 Subtotal	高级 Senior	中级 Middle-level	初级及未定 Junior and others		
364	351	81	147	123	13	52
176	169	49	58	62	7	29
82	53	16	26	11	29	13
80	80	20	26	34	0	22
17	16	2	9	5	1	5
1	0	0	0	0	1	0
3126	2775	534	1201	1040	351	1433
409	387	98	187	102	22	39
350	306	77	119	110	44	34
393	363	75	169	119	30	46
328	303	64	146	93	25	44
1075	932	132	366	434	143	957
89	81	13	34	34	8	4
216	184	22	84	78	32	252
266	219	53	96	70	47	57
417	387	86	165	136	30	77
417	387	86	165	136	30	77
1263	1133	223	410	500	130	292

地区及单位 Region and unit	总　计 Total	其中：女性 Of which: Female
云南天文台 Yunnan Observatory	333	94
昆明植物研究所 Kunming Inst. of Botany	680	261
昆明生态研究所 Kunming Inst. of Ecology	167	48
昆明动物研究所 Kunming Inst. of Zoology	290	102
中国科学院昆明分院 CAS Kunming Branch	85	22
陕西省 Shaanxi Province	2239	732
陕西天文台 Shaanxi Observatory	714	215
西北水土保持研究所 Northwest Inst. of Soil and Water Conservation	370	110
西安光学精密机械研究所 Xi'an Inst. of Optics and Fine Mechanics	1079	389
中国科学院西安分院 CAS Xi'an Branch	76	18
甘肃省 Gansu Province	3198	1089
近代物理研究所 Inst. of Modern Physics	915	270
兰州化学物理研究所 Lanzhou Inst. of Chemical Physics	688	246
兰州冰川冻土研究所 Lanzhou Inst. of Glaciology and Geocryology	400	105
兰州沙漠研究所 Lanzhou Inst. of Desert Research	301	90
兰州地质研究所 Lanzhou Inst. of Geology	192	56
兰州高原大气物理研究所 Lanzhou Inst. of Plateau Atmospheric Physics	239	78
兰州文献情报中心 Lanzhou Center for Documentation and Information	126	63

续上表

干　部 Cadres						工人 Workers
合计 Total	各类专业技术人员 Various kinds of professional and technical staff				行政干部 Administrative staff	
	小计 Subtotal	高级 Senior	中级 Middle-level	初级及未定 Junior and others		
291	271	49	129	93	20	42
512	451	92	130	229	61	168
141	134	28	48	58	7	26
248	226	44	77	105	22	42
71	51	10	26	15	20	14
1535	1397	277	594	526	138	704
459	401	48	206	147	58	255
309	286	56	98	132	23	61
693	638	154	262	222	55	386
74	72	19	28	25	2	2
2653	2413	483	1049	881	240	545
741	685	155	307	223	56	174
567	505	98	224	183	62	121
351	324	81	140	103	27	49
264	248	43	115	90	16	37
172	162	33	75	54	10	20
211	187	36	58	93	24	28
103	96	12	35	49	7	23

地区及单位 Region and unit	总 计 Total	其中：女性 Of which：Female
中国科学院兰州分院 CAS Lanzhou Branch	337	181
青海省 Qinghai Province	698	211
青海盐湖研究所 Qinghai Inst. of Saline Lakes	426	129
西北高原生物研究所 Northwest Inst. of Plateau Biology	272	82
新疆维吾尔自治区 Xinjiang Uygur Autonomous Region	1351	460
新疆物理研究所 Xinjiang Inst. of Physics	258	73
乌鲁木齐天文工作站 Urumqi Astronomic Working Station	105	35
新疆化学研究所 Xinjiang Inst. of Chemistry	173	61
新疆地理研究所 Xinjiang Inst. of Geography	170	48
新疆生物土壤沙漠研究所 Xinjiang Inst. of Biology，Pedology and Desert Research	289	95
中国科学院新疆分院 CAS Xinjiang Branch	356	148

注：北京器材供应站为非独立机构.

Note：The Beijing Instrument Supply Station is a non-independent unit.

续上表

干部 Cadres						工人 Workers
合计 Total	各类专业技术人员 Various kinds of professional and technical staff				行政干部 Administrative staff	
	小计 Subtotal	高级 Senior	中级 Middle-level	初级及未定 Junior and others		
244	206	25	95	86	38	93
572	515	111	180	224	57	126
320	287	69	95	123	33	106
252	228	42	85	101	24	20
1113	1019	160	386	473	94	238
234	226	34	98	94	8	24
95	93	8	37	48	2	10
153	145	25	55	65	8	20
153	142	22	55	65	11	17
251	233	54	82	97	18	38
227	180	17	59	104	47	129

四、经费、基本建设

FUNDS AND CAPITAL CONSTRUCTION

全院科学事业总经费收入

Total Income of CAS Scientific Operating Funds

单位：千元（thousand yuan）

年份 Year	合计 Total	事业费拨款 Operating funds	三项费用拨款 Three sums of S&T funds	科学基金拨款 Scientific foundation funds	"863"项目拨款 "863" project funds	其他收入 Other income	
1986	865025	646979	58575	10656		148815	其他收入含国外订货转帐及横向收入 Other income here includes accounts transferred from foreign orders and lateral income.
1987	1018170	674090	97160	16240		230680	其他收入含国外订货转帐 Other income here includes accounts transferred from foreign orders.
1988	1265700	740530	134520	32100		358550	
1989	1310260	737310	155140	39910	68920	308980	
1990	1492520	855140	137670	43540	65350	390820	
1991	1510037	872684	112021	40708	66890	417733	

全院科学事业总经费支出

Total Expenditure of CAS Scientific Operating Funds

单位：千元（thousand yuan）

年份 Year	合计 Total	人员费用支出 Personnel expenditure	公用费用支出 Public expenditure	科研费用支出 Scientific research expenditure	其中购置仪器设备 Of which: expenditure for purchasing equipment and instruments
1986	784676	163287	129608	491781	186923
1987	933000	196070	120360	616570	154910
1988	1041030	210040	160030	670960	80710
1989	1155300	233390	207580	714330	105060
1990	1320410	266660	222570	831170	117980
1991	1455792	297607	258955	899229	90630

全院基本建设

Statistics of CAS Capital Construction

年份 Year	完成投资（万元） Investment completed (ten thousand yuan)	自筹 Self-raised	竣工面积（平方米） Floor space completed (square meter)	自筹 Self-raised
1986	21908	252	283026	7559
1987	27412	281	203111	10345
1988	28266	240	247028	14449
1989	29384	240	298743	6407
1990	23484	240	373626	11910
1991	30306	1971	231729	28336

全院基本建设（1991年）

Statistics of CAS Capital Construction：1991

	单位	总计 Total	自筹 Self-raised
本年完成投资 Investment	万元 Ten thousand yuan	30306	1971
本年施工面积 Floor space started	平方米 Square meter	751402	98270
本年竣工面积 Floor space completed	平方米 Square meter	231729	28336
其中 住宅 Of which：residence	平方米 Square meter	118349	20423
科研用房 Research buildings	平方米 Square meter	92102	6913

五、科技活动

SCIENTIFIC AND TECHNOLOGICAL ACTIVITIES

科研机构与人员概况

Statistics of CAS Research Units and Staff

年 份 Year	机构数 （个） Institutions	职工数（人）staff			
		合 计 Total	从事科技活动人员 S&T activity personnel	科学家、工程师 Scientists & engineers	其他科技人员 Other S&T personnel
1985	122	69650	58220	32174	8828
1986	122	70510	60107	34495	8777
1987	123	66855	53727	35034	8239
1988	123	67554	56939	36648	9078
1989	123	67451	56895	37587	8757
1990	123	67547	56199	38133	8442
1991	123	67558	56029	37668	8750

注：S &T—Science and Technology.

科研机构职工基本情况（1991年）

Personnel Statistics of CAS Research Units：1991

单位：人

地区、学科及科研单位 Region，field and institute	职工总数 Total staff	科学家工程师 Scientists & engineers	其他科技人员 Other S&T personnel	女性 Female	专业技术干部 Professional and technical personnel	科学家工程师 Scientists & engineers	其他科技人员 Other S&T personnel
总计 Total	**67558**	**41521**	**11185**	**22505**	**49832**	**41184**	**8546**
一、按地区分 By region							
北京地区 Beijing	22480	15192	3275	8132	17663	15035	2539
沈阳分院 Shenyang Branch	4807	3124	717	1375	3697	3107	589
长春分院 Changchun Branch	5693	3006	1032	1736	3794	2991	802
上海分院 Shanghai Branch	10769	6078	1591	3654	7202	6029	1170
南京分院 Nanjing Branch	1506	1093	231	461	1297	1093	204
合肥分院 Hefei Branch	1965	1144	671	727	1431	1140	291
武汉分院 Wuhan Branch	2471	1483	464	759	1804	1475	323
广州分院 Guangzhou Branch	2792	1783	490	878	2211	1777	434
成都分院 Chengdu Branch	3675	1858	581	1251	2291	1848	443
昆明分院 Kunming Branch	1470	765	361	505	1082	765	317
西安分院 Xi'an Branch	2163	1052	439	714	1325	1017	308
兰州分院 Lanzhou Branch	3433	2118	614	1056	2626	2102	523
新疆分院 Xinjiang Branch	995	709	167	312	839	703	136
其他地区 Other regions	3339	2116	552	945	2570	2102	467
二、按学科分 By field							
数学、物理 Mathematics & physics	12805	7947	1986	4036	9493	7839	1583

续上表

地区、学科及科研单位 Region, field and institute	职工总数 Total staff	科学家工程师 Scientists & engineers	其他科技人员 Other S&T personnel	女性 Female	专业技术干部 Professional and technical personnel	科学家工程师 Scientists & engineers	其他科技人员 Other S&T personnel
化学与化工 Chemistry & chemical engineering	11084	6992	1661	3807	8250	6910	1340
地学 Earth sciences	8521	5847	1449	2446	6973	5827	1137
生物学 Biological sciences	11928	7639	2124	4462	9329	7569	1740
技术科学 Technological sciences	22971	12897	3936	7664	15572	12840	2730
其他 Others	249	199	29	90	215	199	16
三、按科研单位分 By institute							
北京市 Beijing	22480	15192	3275	8132	17663	15035	2539
数学研究所 Inst. of Mathematics	151	119	13	41	128	118	10
应用数学研究所 Inst. of Applied Mathematics	142	120	11	27	122	120	2
系统科学研究所 Inst. of Systems Science	163	136	12	38	144	135	9
物理研究所 Inst. of Physics	893	661	67	293	716	661	55
声学研究所 Inst. of Acoustics	940	661	109	261	752	661	89
理论物理研究所 Inst. of Theoretical Physics	55	46	4	17	50	46	4
低温技术实验中心 Cryogenic Laboratory	292	118	41	95	140	113	26
高能物理研究所 Inst. of High Energy Physics	1833	1067	311	716	1333	1005	268
北京天文台 Beijing Astronomical Observatory	482	314	71	158	371	307	60
力学研究所 Inst. of Mechanics	806	592	97	256	671	589	82
化学研究所 Inst. of Chemistry	845	651	105	334	711	621	90

地区、学科及科研单位 Region，field and institute	职工总数 Total staff	科学家工程师 Scientists & engineers	其他科技人员 Other S&T personnel	女性 Female	专业技术干部 Professional and technical personnel	科学家工程师 Scientists & engineers	其他科技人员 Other S&T personnel
感光化学研究所 Inst. of Photographic Chemistry	413	306	46	165	331	302	29
生态环境研究中心 Research Center for Eco-Environmental Sciences	503	376	65	194	421	376	45
化工冶金研究所 Inst. of Chemical Metallurgy	479	341	62	155	382	340	42
地理研究所 Inst. of Geography	651	501	80	195	576	499	69
遥感应用研究所 Institute of Remote Sensing Application	288	209	52	90	251	207	44
地质研究所 Inst. of Geology	510	397	51	159	434	396	37
地球物理研究所 Inst. of Geophysics	351	236	115	108	286	236	50
古脊椎动物与古人类研究所 Inst. of Vertebrate Paleontology and Paleoanthropology	247	166	36	70	186	165	21
大气物理研究所 Inst. of Atmospheric Physics	569	382	82	193	458	382	76
自然资源综合考察委员会 Commission for Integrated Surveys of Natural Resources	368	273	52	98	303	267	36
植物研究所 Inst. of Botany	756	470	122	315	568	469	99
动物研究所 Inst. of Zoology	597	437	105	234	531	436	93
心理研究所 Inst. of Psychology	165	119	29	74	143	108	25
微生物研究所 Inst. of Microbiology	511	380	68	244	440	380	60
生物物理研究所 Inst. of Biophysics	706	498	101	299	580	498	82
遗传研究所 Inst. of Genetics	478	335	123	198	417	333	84
发育生物学研究所 Inst. of Developmental Biology	138	76	31	52	101	76	25
计算技术研究所 Inst. of Computing Technology	1362	868	92	536	947	867	80

续上表

地区、学科及科研单位 Region, field and institute	职工总数 Total staff	科学家工程师 Scientists & engineers	其他科技人员 Other S&T personnel	女性 Female	专业技术干部 Professional and technical personnel		
						科学家工程师 Scientists & engineers	其他科技人员 Other S&T personnel
计算中心 Computing Center	471	324	90	164	377	320	57
软件研究所 Inst. of Software	357	297	56	131	334	297	37
半导体研究所 Inst. of Semiconductors	1206	614	234	461	782	610	172
微电子中心 Microelectronics R&D Center	859	344	149	386	466	344	122
电子学研究所 Inst. of Electronics	1125	746	205	426	920	744	176
自动化研究所 Inst. of Automation	555	398	64	182	453	397	56
电工研究所 Inst. of Electric Engineering	620	385	126	220	465	384	81
工程热物理研究所 Inst. of Engineering Thermophysics	248	188	40	67	218	187	31
自然科学史研究所 Inst. of History of Natural Sciences	128	101	16	42	109	101	8
科技政策与管理科学研究所 Inst. of Science Policy and Management	121	98	13	48	106	98	8
北京软件工程研制中心 Beijing Software Engineering Center	168	154	9	51	159	154	5
空间科学与应用研究中心 Space Science and Technology Center	748	574	84	271	637	573	64
遥感卫星地面站 Remote-Sensing Satellite Ground Station	180	114	36	68	144	113	30
河北省 Hebei Province	184	156	16	53	169	154	14
石家庄农业现代化研究所 Shijiazhuang Inst. of Agricultural Modernization	184	156	16	53	169	154	14
山西省 Shanxi Province	843	447	161	309	592	447	145

地区、学科及科研单位 Region, field and institute	职工总数 Total staff	科学家工程师 Scientists & engineers	其他科技人员 Other S&T personnel	女性 Female	专业技术干部 Professional and technical personnel	科学家工程师 Scientists & engineers	其他科技人员 Other S&T personnel
山西煤炭化学研究所 Shanxi Inst. of Coal Chemistry	843	447	161	309	592	447	145
辽宁省 Liaoning Province	4807	3124	717	1375	3697	3107	589
大连化学物理研究所 Dalian Inst. of Chemical Physics	1399	930	185	427	1085	928	157
沈阳应用生态研究所 Shenyang Inst. of Applied Ecology	588	390	119	192	477	379	97
沈阳计算技术研究所 Shenyang Inst. of Computing Technology	577	364	95	169	443	362	81
沈阳自动化研究所 Shenyang Inst. of Automation	837	567	115	226	656	566	90
金属研究所 Inst. of Metals Research	1177	707	159	308	845	707	138
金属腐蚀与防护研究所 Inst. of Corrosion and Protection of Metals	229	166	44	53	191	165	26
吉林省 Jilin Province	5693	3006	1032	1736	3794	2991	802
长春物理研究所 Changchun Inst. of Physics	740	474	120	236	558	469	89
长春人造卫星观测站 Changchun Satellite Observation Station	62	36	13	10	47	36	11
长春应用化学研究所 Changchun Inst. of Applied Chemistry	1371	858	216	460	1033	855	178
长春地理研究所 Changchun Inst. of Geography	315	190	73	86	236	190	46
长春光学精密机械研究所 Changchun Inst. of Optics and Fine Mechanics	3205	1448	610	944	1920	1441	478
黑龙江省 Heilongjiang Province	157	106	26	49	126	103	23
黑龙江农业现代化研究所 Heilongjiang Inst. of Agricultural Modernization	157	106	26	49	126	103	23

续上表

地区、学科及科研单位 Region，field and institute	职工总数 Total staff	科学家工程师 Scientists & engineers	其他科技人员 Other S&T personnel	女性 Female	专业技术干部 Professional and technical personnel	科学家工程师 Scientists & engineers	其他科技人员 Other S&T personnel
上海市 Shanghai	10769	6078	1591	3654	7202	6029	1170
上海原子核研究所 Shanghai Inst. of Nuclear Research	1277	658	205	324	835	658	177
上海天文台 Shanghai Observatory	377	255	39	125	282	254	27
上海硅酸盐研究所 Shanghai Inst. of Ceramics	1092	610	171	361	712	584	128
上海有机化学研究所 Shanghai Inst. of Organic Chemistry	1328	653	173	465	788	652	136
上海植物生理研究所 Shanghai Inst. of Plant Physiology	489	332	51	180	370	332	38
上海昆虫研究所 Shanghai Inst. of Entomology	221	150	32	67	177	148	29
上海药物研究所 Shanghai Inst. of Materia Medica	584	384	92	243	458	382	76
上海生理研究所 Shanghai Inst. of Physiology	342	207	56	121	246	206	40
上海生物化学研究所 Shanghai Inst. of Biochemistry	621	362	101	264	431	359	70
上海细胞生物学研究所 Shanghai Inst. of Cell Biology	376	236	58	165	288	236	52
上海脑研究所 Shanghai Inst. of Brain Research	78	58	12	19	67	58	9
上海生物工程研究中心 Shanghai Bioengineering Research Center	268	146	53	101	180	141	39
上海冶金研究所 Shanghai Inst. of Metallurgy	1260	734	127	408	819	731	88
上海光学精密机械研究所 Shanghai Inst. of Optics and Fine Mechanics	1461	750	264	462	867	748	119
上海技术物理研究所 Shanghai Inst. of Technical Physics	995	543	157	349	682	540	142
江苏省 Jiangsu Province	1506	1093	231	461	1297	1093	204

地区、学科及科研单位 Region, field and institute	职工总数 Total staff	科学家工程师 Scientists & engineers	其他科技人员 Other S&T personnel	女性 Female	专业技术干部 Professional and technical personnel	科学家工程师 Scientists & engineers	其他科技人员 Other S&T personnel
紫金山天文台 Purple Mountain Observatory	429	293	79	136	360	293	67
南京地理与湖泊研究所 Nanjing Inst. of Geography and Limnology	280	210	48	90	251	210	41
南京地质古生物研究所 Nanjing Inst. of Geology and Palaeontology	316	226	52	82	275	226	49
南京土壤研究所 Nanjing Inst. of Soil Science	481	364	52	153	411	364	47
安徽省 Anhui Province	1965	1144	671	727	1431	1140	291
固体物理研究所 Inst. of Solid State Physics	154	104	29	45	125	104	21
等离子体物理研究所 Inst. of Plasma Physics	584	364	104	265	452	364	88
合肥智能机械研究所 Hefei Inst. of Intelligent Machines	188	132	43	51	167	132	35
安徽光学精密机械研究所 Anhui Inst. of Optics and Fine Mechanics	1039	544	495	366	687	540	147
福建省 Fujian Province	588	395	111	153	471	386	85
福建物质结构研究所 Fujian Inst. of Research on the Structure of Matter	588	395	111	153	471	386	85
山东省 Shandong Province	1073	691	166	247	825	691	134
海洋研究所 Inst. of Oceanology	1073	691	166	247	825	691	134
湖北省、湖南省 Hubei and Hunan Provinces	2471	1483	464	759	1804	1475	323
武汉数学物理研究所 Wuhan Inst. of Mathematical Physics	63	47	10	15	53	46	7
武汉物理研究所 Wuhan Inst. of Physics	459	285	88	126	347	282	65

续上表

地区、学科及科研单位 Region, field and institute	职工总数 Total staff	科学家工程师 Scientists & engineers	其他科技人员 Other S&T personnel	女性 Female	专业技术干部 Professional and technical personnel	科学家工程师 Scientists & engineers	其他科技人员 Other S&T personnel
武汉岩土力学研究所 Wuhan Inst. of Rock and Soil Mechanics	511	229	104	147	285	229	54
测量与地球物理研究所 Inst. of Geodesy and Geophysics	184	119	33	55	142	117	25
武汉植物研究所 Wuhan Inst. of Botany	251	131	52	97	159	131	28
水生生物研究所 Inst. of Hydrobiology	440	278	84	123	353	277	72
武汉病毒研究所 Wuhan Inst. of Virology	276	183	52	113	223	182	41
长沙大地构造研究所 Changsha Inst. of Geotectonics	106	80	15	26	89	80	9
长沙农业现代化研究所 Changsha Inst. of Agricultural Modernization	181	131	26	57	153	131	22
广东省 Guangdong Province	2792	1783	490	878	2211	1777	434
广州人造卫星观测站 Guangzhou Satellite Observation Station	67	37	16	18	46	34	12
广州化学研究所 Guangzhou Inst. of Chemistry	488	302	109	176	400	301	99
广州地质新技术研究所 Guangzhou Inst. of New Geotechnology	378	308	36	151	343	308	35
南海海洋研究所 South China Sea Inst. of Oceanology	705	435	142	176	562	435	127
华南植物研究所 South China Inst. of Botany	533	281	74	181	340	279	61
广州电子研究所 Guangzhou Inst. of Electronic Technology	416	279	79	112	351	279	72
广州能源研究所 Guangzhou Inst. of Energy Conversion	205	141	34	64	169	141	28

续上表

地区、学科及科研单位 Region, field and institute	职工总数 Total staff	科学家工程师 Scientists & engineers	其他科技人员 Other S&T personnel	女性 Female	专业技术干部 Professional and technical personnel	科学家工程师 Scientists & engineers	其他科技人员 Other S&T personnel
四川省 Sichuan Province	3675	1858	581	1251	2291	1848	443
成都有机化学研究所 Chengdu Inst. of Organic Chemistry	448	344	54	172	387	343	44
成都山地灾害与环境研究所 Chengdu Inst. of Mountain Hazards and Environment	384	245	105	109	306	241	65
成都生物研究所 Chengdu Inst. of Biology	439	286	94	170	363	284	79
成都计算机应用研究所 Chengdu Inst. of Computer Application	372	265	62	124	303	264	39
光电技术研究所 Inst. of Optics and Electronics	2032	718	266	676	932	716	216
贵州省 Guizhou Province	494	321	72	134	387	321	66
贵阳地球化学研究所 Guiyang Inst. of Geochemistry	494	321	72	134	387	321	66
云南省 Yunnan Province	1470	765	361	505	1082	765	317
云南天文台 Yunnan Observatory	333	216	78	94	271	216	55
昆明植物研究所 Kunming Inst. of Botany	680	278	185	261	451	278	173
昆明动物研究所 Kunming Inst. of Zoology	290	169	63	102	226	169	57
昆明生态研究所 Kunming Inst. of Ecology	167	102	35	48	134	102	32
陕西省 Shaanxi Province	2163	1052	439	714	1325	1017	308
陕西天文台 Shaanxi Observatory	714	299	137	215	401	295	106
西北水土保持研究所 Northwest Inst. of Soil and Water Conservation	370	220	101	110	286	204	82
西安光学精密机械研究所 Xi'an Inst. of Optics and Fine Mechanics	1079	533	201	389	638	518	120

续上表

地区、学科及科研单位 Region，field and institute	职工总数 Total staff	科学家工程师 Scientists & engineers	其他科技人员 Other S&T personnel	女性 Female	专业技术干部 Professional and technical personnel	科学家工程师 Scientists & engineers	其他科技人员 Other S&T personnel
甘肃省、青海省 Gansu and Qinghai Provinces	3433	2118	614	1056	2626	2102	523
近代物理研究所 Inst. of Modern Physics	915	542	175	270	685	532	152
兰州化学物理研究所 Lanzhou Inst. of Chemical Physics	688	414	117	246	505	410	95
兰州冰川冻土研究所 Lanzhou Inst. of Glaciology and Geocryology	400	262	74	105	324	262	62
兰州沙漠研究所 Lanzhou Inst. of Desert Research	301	204	48	90	248	204	44
兰州地质研究所 Lanzhou Inst. of Geology	192	131	38	56	162	130	32
兰州高原大气物理研究所 Lanzhou Inst. of Plateau Atmospheric Physics	239	142	53	78	187	142	45
青海盐湖研究所 Qinghai Inst. of Saline Lakes	426	242	58	129	287	242	45
西北高原生物研究所 Northwest Inst. of Plateau Biology	272	181	51	82	228	180	48
新疆维吾尔自治区 Xinjiang Uygur Autonomous Region	995	709	167	312	839	703	136
新疆物理研究所 Xinjiang Inst. of Physics	258	205	26	73	226	203	23
乌鲁木齐天文站 Urumqi Working Station of Astronomy	105	69	27	35	93	69	24
新疆化学研究所 Xinjiang Inst. of Chemistry	173	123	28	61	145	123	22
新疆地理研究所 Xinjiang Inst. of Geography	170	119	26	48	142	118	24
新疆生物土壤沙漠研究所 Xinjiang Inst. of Biology，Pedology and Desert Research	289	193	60	95	233	190	43

地区、学科及科研单位 Region, field and institute	从事科技活动人员 S&T activity personnel	科学家工程师 Scientists & engineers	其他科技人员 Other S&T personnel	科技管理人员 S&T Management personnel	科学家工程师 Scientists & engineers	其他科技人员 Other S&T personnel
总计 Total	**56029**	**37668**	**8750**	**5585**	**3198**	**1627**
一、按地区分 By region						
北京地区 Beijing	18873	13680	2476	1805	1064	449
沈阳分院 Shenyang Branch	3784	2730	567	375	211	118
长春分院 Changchun Branch	4287	2734	728	370	228	102
上海分院 Shanghai Branch	9279	5630	1274	839	419	242
南京分院 Nanjing Branch	1351	1043	215	147	93	49
合肥分院 Hefei Branch	1702	1014	531	151	83	66
武汉分院 Wuhan Branch	1910	1320	337	213	110	74
广州分院 Guangzhou Branch	2453	1713	427	306	188	95
成都分院 Chengdu Branch	3105	1708	439	277	148	75
昆明分院 Kunming Branch	1123	704	290	146	88	47
西安分院 Xi'an Branch	1971	1003	404	212	108	78
兰州分院 Lanzhou Branch	2782	1850	531	388	223	132
新疆分院 Xinjiang Branch	885	668	139	101	57	39
其他地区 Other regions	2524	1871	392	255	178	61
二、按学科分 By field						
数学、物理 Mathematics & physics	10858	7041	1588	987	573	262
化学与化工 Chemistry & chemical engineering	8949	6319	1368	797	487	243

活动人员概况（1991 年）

in CAS Research Units ：1991　　　　单位：人

课题活动人员 S&T project activity personnel	科学家工程师 Scientists & engineers	其他科技人员 Other S&T personnel	科技服务人员 S&T service personnel	科学家工程师 Scientists & engineers	其他科技人员 Other S&T personnel
37134	**30095**	**4439**	**13310**	**4375**	**2684**
13534	11314	1346	3534	1302	681
2593	2108	294	816	411	155
2482	2084	283	1435	422	343
5791	4581	710	2649	630	322
967	824	102	237	126	64
1048	802	208	503	129	257
1362	1106	165	335	104	98
1621	1324	182	526	201	150
1562	1258	210	1266	302	154
792	567	173	185	49	70
1073	735	178	686	160	148
1933	1416	306	461	211	93
666	555	59	118	56	41
1710	1421	223	559	272	108
7534	5831	910	2337	637	416
6121	5060	739	2031	772	386

地区、学科及科研单位 Region, field and institute	从事科技活动人员 S&T activity personnel	科学家工程师 Scientists & engineers	其他科技人员 Other S&T personnel	科技管理人员 S&T management personnel	科学家工程师 Scientists & engineers	其他科技人员 Other S&T personnel
地学 Earth sciences	7046	5463	1135	900	531	265
生物学 Biological sciences	10134	7210	1801	1147	623	378
技术科学 Technological sciences	18830	11456	2829	1732	963	478
其他 Others	212	179	29	22	21	1
三、按科研单位分 By institute						
北京市 Beijing	18873	13680	2476	1805	1064	449
数学研究所 Inst. of Mathematics	137	118	12	20	15	5
应用数学研究所 *Inst. of Applied Mathematics*	122	115	4	13	10	2
系统科学研究所 Inst. of Systems Science	152	136	11	20	11	6
物理研究所 Inst. of Physics	790	636	66	59	37	18
声学研究所 Inst. of Acoustics	822	561	87	70	46	16
理论物理研究所 Inst. of Theoretical Physics	53	37	4	12	4	3
低温技术实验中心 Cryogenic Laboratory	223	113	27	17	14	3
高能物理研究所 Inst. of High Energy Physics	1576	793	222	162	62	29
北京天文台 Beijing Astronomical Observatory	303	229	42	32	18	14
力学研究所 Inst. of Mechanics	791	591	95	38	24	11
化学研究所 Inst. of Chemistry	660	564	79	57	41	13
感光化学研究所 Inst. of Photographic Chemistry	318	280	24	33	23	10
生态环境研究中心 Research Center for Eco-Environmental Sciences	368	303	65	27	17	10

续上表

课题活动人员 S&T project activity personnel	科学家工程师 Scientists & engineers	其他科技人员 Other S&T personnel	科技服务人员 S&T Service personnel	科学家工程师 Scientists & engineers	其他科技人员 Other S&T personnel
5068	4421	546	1078	511	324
7018	5759	983	1969	828	440
11225	8872	1245	5873	1621	1106
168	152	16	22	6	12
13534	11314	1346	3534	1302	681
90	90		27	13	7
99	99		10	6	2
119	118	1	13	7	4
623	555	36	108	44	12
636	474	58	116	41	13
28	28		13	5	1
133	82	20	73	17	4
978	684	129	436	47	64
209	182	20	62	29	8
590	505	60	163	62	24
566	497	56	37	26	10
230	219	10	55	38	4
291	246	45	50	40	10

地区、学科及科研单位 Region, field and institute	从事科技活动人员 S&T activity personnel	科学家工程师 Scientists & engineers	其他科技人员 Other S&T personnel	科技管理人员 S&T management personnel	科学家工程师 Scientists & engineers	其他科技人员 Other S&T personnel
化工冶金研究所 Inst. of Chemical Metallurgy	442	321	56	56	26	12
地理研究所 Inst. of Geography	565	458	69	56	32	8
遥感应用研究所 Inst. of Remote Sensing Application	243	201	42	27	19	8
地质研究所 Inst. of Geology	432	358	39	37	26	7
地球物理研究所 Inst. of Geophysics	286	236	50	33	25	8
古脊椎动物与古人类研究所 Inst. of Vertebrate Paleontology and Paleoanthropology	233	166	23	44	21	11
大气物理研究所 Inst. of Atmospheric Physics	457	342	82	46	29	17
自然资源综合考察委员会 Commission for Integrated Surveys of Natural Resources	345	252	52	52	22	9
植物研究所 Inst. of Botany	623	470	116	51	32	19
动物研究所 Inst. of Zoology	478	386	68	31	21	5
心理研究所 Inst. of Psychology	148	119	29	15	9	6
微生物研究所 Inst. of Microbiology	417	347	51	34	19	12
生物物理研究所 Inst. of Biophysics	579	419	81	38	30	4
遗传研究所 Inst. of Genetics	441	321	102	45	21	24
发育生物学研究所 Inst. of Developmental Biology	130	75	30	18	8	10
计算技术研究所 Inst. of Computing Technology	1187	808	73	139	103	18
计算中心 Computing Center	409	324	74	57	27	19

续上表

课题活动人员 S&T project activity personnel	科学家工程师 Scientists & engineers	其他科技人员 Other S&T personnel	科技服务人员 S&T Service personnel	科学家工程师 Scientists & engineers	其他科技人员 Other S&T personnel
269	232	28	117	63	16
458	402	56	51	24	5
198	168	30	18	14	4
348	302	21	47	30	11
227	196	31	26	15	11
105	105		84	40	12
348	291	57	63	22	8
249	214	35	44	16	8
498	399	77	74	39	20
376	320	48	71	45	15
106	96	10	27	14	13
295	275	14	88	53	25
429	366	47	112	23	30
435	397	38	61	20	6
35	28	7	5	2	3
798	693	103	163	37	80
168	151	7	61	18	32

地区、学科及科研单位 Region, field and institute	从事科技活动人员 S&T activity personnel	科学家工程师 Scientists & engineers	其他科技人员 Other S&T personnel	科技管理人员 S&T management personnel	科学家工程师 Scientists & engineers	其他科技人员 Other S&T personnel
软件研究所 Inst. of Software	254	237	17	18	10	8
半导体研究所 Inst. of Semiconductors	856	530	135	89	44	11
微电子中心 Microelectronics R&D Center	664	199	121	56	22	34
电子学研究所 Inst. of Electronics	1015	746	99	49	20	11
自动化研究所 Inst. of Automation	471	387	58	81	54	18
电工研究所 Inst. of Electric Engineering	532	384	123	30	23	6
工程热物理研究所 Inst. of Engineering Thermophysics	226	186	25	34	18	7
自然科学史研究所 Inst. of History of Natural Sciences	109	89	16	9	8	1
科技政策与管理科学研究所 Inst. of Science Policy and Management	103	90	13	13	13	0
北京软件工程研制中心 Beijing Software Engineering Center	161	154	7	13	10	3
空间科学与应用研究中心 Space Science and Technology Center	608	548	51	51	40	8
遥感卫星地面站 Remote-Sensing Satellite Ground Station	144	51	36	23	10	5
河北省 Hebei Province	143	123	14	19	14	4
石家庄农业现代化研究所 Shijiazhuang Inst. of Agricultural Modernization	143	123	14	19	14	4
山西省 Shanxi Province	579	383	111	44	36	8
山西煤炭化学研究所 Shanxi Inst. of Coal Chemistry	579	383	111	44	36	8
辽宁省 Liaoning Province	3784	2730	567	375	211	118

续上表

课题活动人员 S&T project activity personnel	科学家工程师 Scientists & engineers	其他科技人员 Other S&T personnel	科技服务人员 S&T Service personnel	科学家工程师 Scientists & engineers	其他科技人员 Other S&T personnel
1046	815	128	1145	345	222
93	68	21	16	12	3
93	68	21	16	12	3
5791	4581	710	2649	630	322
649	512	98	362	97	78
237	215	19	61	10	4
551	469	70	303	66	30
698	519	79	343	68	42
314	281	21	79	14	8
130	114	13	29	3	10
348	291	46	125	51	24
209	184	25	42	1	2
309	263	34	217	77	40
202	165	30	101	41	14
52	48	4	13	3	3
111	73	26	95	59	16
735	625	54	168	60	24

地区、学科及科研单位 Region, field and institute	从事科技活动人员 S&T activity personnel	科学家工程师 Scientists & engineers	其他科技人员 Other S&T personnel	科技管理人员 S&T management personnel	科学家工程师 Scientists & engineers	其他科技人员 Other S&T personnel
大连化学物理研究所 Dalian Inst. of Chemical Physics	1015	797	112	63	46	10
沈阳应用生态研究所 Shenyang Inst. of Applied Ecology	503	375	105	58	32	20
沈阳计算技术研究所 Shenyang Inst. of Computing Technology	435	310	95	66	36	30
沈阳自动化研究所 Shenyang Inst. of Automation	771	439	115	79	34	20
金属研究所 Inst. of Metals Research	838	646	112	63	35	28
金属腐蚀与防护研究所 Inst. of Corrosion and Protection of Metals	222	163	28	46	28	10
吉林省 Jilin Province	4287	2734	728	370	228	102
长春物理研究所 Changchun Inst. of Physics	555	460	60	59	43	16
长春人造卫星观测站 Changchun Satellite Observation Station	47	36	11	7	6	1
长春应用化学研究所 Changchun Inst. of Applied Chemistry	1035	781	206	74	51	23
长春地理研究所 Changchun Inst. of Geography	257	190	46	28	21	7
长春光学精密机械研究所 Changchun Inst. of Optics and Fine Mechanics	2393	1267	405	202	107	55
黑龙江省 Heilongjiang Province	131	100	26	22	20	2
黑龙江农业现代化研究所 Heilongjiang Inst. of Agricultural Modernization	131	100	26	22	20	2
上海市 Shanghai	9279	5630	1274	839	419	242

续上表

课题活动人员 S&T project activity personnel	科学家工程师 Scientists & engineers	其他科技人员 Other S&T personnel	科技服务人员 S&T Service personnel	科学家工程师 Scientists & engineers	其他科技人员 Other S&T personnel
683	543	60	490	64	20
563	279	131	221	16	7
967	824	102	237	126	64
308	218	51	49	27	10
170	147	22	41	27	10
158	157	1	76	42	34
331	302	28	71	80	10
329	275	54	67	25	24
72	55	12	40	12	8
583	519	19	465	186	36
298	283	15	54	14	40
229	222	7	7	5	2
543	424	101	224	62	23
505	171	60	103	6	27
798	724	57	168	2	31

地区、学科及科研单位 Region, field and institute	从事科技活动人员 S&T activity personnel	科学家工程师 Scientists & engineers	其他科技人员 Other S&T personnel	科技管理人员 S&T management personnel	科学家工程师 Scientists & engineers	其他科技人员 Other S&T personnel
上海原子核研究所 Shanghai Inst. of Nuclear Research	1056	640	188	45	31	12
上海天文台 Shanghai Observatory	326	243	30	28	18	7
上海硅酸盐研究所 Shanghai Inst. of Ceramics	942	574	128	88	39	28
上海有机化学研究所 Shanghai Inst. of Organic Chemistry	1161	647	170	120	60	49
上海植物生理研究所 Shanghai Inst. of Plant Physiology	442	327	40	49	32	11
上海昆虫研究所 Shanghai Inst. of Entomology	184	134	27	25	17	4
上海药物研究所 Shanghai Inst. of Materia Medica	541	377	84	68	35	14
上海生理研究所 Shanghai Inst. of Physiology	282	201	38	31	16	11
上海生物化学研究所 Shanghai Inst. of Biochemistry	606	361	99	80	21	25
上海细胞生物学研究所 Shanghai Inst. of Cell Biology	362	235	57	59	29	13
上海脑研究所 Shanghai Inst. of Brain Research	77	58	12	12	7	5
上海生物工程研究中心 Shanghai Bioengineering Research Center	231	146	53	25	14	11
上海冶金研究所 Shanghai Inst. of Metallurgy	993	729	103	90	44	25
上海光学精密机械研究所 Shanghai Inst. of Optics and Fine Mechanics	1236	640	91	63	33	11
上海技术物理研究所 Shanghai Inst. of Technical Physics	840	318	154	56	23	16
江苏省 Jiangsu Province	1351	1043	215	147	93	49

续上表

课题活动人员 S&T project activity personnel	科学家工程师 Scientists & engineers	其他科技人员 Other S&T personnel	科技服务人员 S&T Service personnel	科学家工程师 Scientists & engineers	其他科技人员 Other S&T personnel
330	313	17	60	20	23
295	247	39	207	114	78
167	156	10	25	12	8
84	80	4	16	1	11
84	72	12	6	5	1
145	143	2	3	1	2
469	445	18	88	63	25
105	40	30	16	1	1
83	75	8	41	34	2
83	75	8	41	34	2
433	313	91	102	34	12
433	313	91	102	34	12
2593	2108	294	816	411	155
791	680	72	161	71	30
337	268	66	108	75	19
257	233	24	112	41	41

地区、学科及科研单位 Region, field and institute	从事科技活动人员 S&T activity personnel	科学家工程师 Scientists & engineers	其他科技人员 Other S&T personnel	科技管理人员 S&T management personnel	科学家工程师 Scientists & engineers	其他科技人员 Other S&T personnel
紫金山天文台 Purple Mountain Observatory	389	263	74	32	18	13
南京地理与湖泊研究所 Nanjing Inst. of Geography and Limnology	251	205	41	40	31	9
南京地质古生物研究所 Nanjing Inst. of Geology and Palaeontology	264	215	49	30	16	14
南京土壤研究所 Nanjing Inst. of Soil Science	447	360	51	45	28	13
安徽省 Anhui Province	1702	1014	531	151	83	66
固体物理研究所 Inst. of Solid State Physics	132	98	22	12	6	6
等离子体物理研究所 Inst. of Plasma Physics	525	288	99	42	24	17
合肥智能机械研究所 Hefei Inst. of Intelligent Machines	172	132	33	26	10	15
安徽光学精密机械研究所 Anhui Inst. of Optics and Fine Mechanics	873	496	377	71	43	28
福建省 Fujian Province	562	382	97	46	30	15
福建物质结构研究所 Fujian Inst. of Research on the Structure of Matter	562	382	97	46	30	15
山东省 Shandong Province	727	592	86	70	37	25
海洋研究所 Inst. of Oceanology	727	592	86	70	37	25
湖北省、湖南省 Hubei and Hunan Provinces	1910	1320	337	213	110	74
武汉数学物理研究所 Wuhan Inst. of Mathematical Physics	56	46	7	9	6	2

课题活动人员 S&T project activity personnel	科学家工程师 Scientists & engineers	其他科技人员 Other S&T personnel	科技服务人员 S&T Service personnel	科学家工程师 Scientists & engineers	其他科技人员 Other S&T personnel
547	360	60	145	45	35
513	442	58	262	169	26
148	125	14	28	10	4
2482	2084	283	1435	422	343
1048	802	208	503	129	257
90	82	8	30	10	8
330	229	63	153	35	19
130	114	16	16	8	2
498	377	121	304	76	228
310	261	42	206	91	40
310	261	42	206	91	40
551	493	38	106	62	23
551	493	38	106	62	23
1362	1106	165	335	104	98
40	37	3	7	3	2

地区、学科及科研单位 Region，field and institute	从事科技活动人员 S&T activity personnel	科学家工程师 Scientists & engineers	其他科技人员 Other S&T personnel	科技管理人员 S&T management personnel	科学家工程师 Scientists & engineers	其他科技人员 Other S&T personnel
武汉物理研究所 Wuhan Inst. of Physics	377	267	74	31	26	5
武汉岩土力学研究所 Wuhan Inst. of Rock and Soil Mechanics	281	161	44	26	13	7
测量与地球物理研究所 Inst. of Geodesy and Geophysics	131	101	22	20	7	10
武汉植物研究所 Wuhan Inst. of Botany	191	123	40	34	10	11
水生生物研究所 Inst. of Hydrobiology	422	275	82	35	18	17
武汉病毒研究所 Wuhan Inst. of Virology	227	160	34	24	8	11
长沙大地构造研究所 Changsha Inst. of Geotectonics	88	75	9	14	10	3
长沙农业现代化研究所 Changsha Inst. of Agricultural Modernization	137	112	25	20	12	8
广东省 Guangdong Province	2453	1713	427	306	188	95
广州人造卫星观测站 Guangzhou Satellite Observation Station	40	30	10	7	5	2
广州化学研究所 Guangzhou Inst. of Chemistry	468	297	102	42	29	11
广州地质新技术研究所 Guangzhou Inst. of New Geotechnology	328	294	32	45	29	14
南海海洋研究所 South China Sea Inst. of Oceanology	611	405	115	84	46	29
华南植物研究所 South China Inst. of Botany	408	269	58	37	20	13
广州电子研究所 Guangzhou Inst. of Electronic Technology	404	279	76	68	46	17
广州能源研究所 Guangzhou Inst. of Energy Conversion	194	139	34	23	13	9

续上表

课题活动人员 S&T project activity personnel	科学家工程师 Scientists & engineers	其他科技人员 Other S&T personnel	科技服务人员 S&T Service personnel	科学家工程师 Scientists & engineers	其他科技人员 Other S&T personnel
302	235	50	44	6	19
212	137	23	43	11	14
101	89	10	10	5	2
118	99	17	39	14	12
287	237	45	100	20	20
163	139	11	40	13	12
50	49	1	24	16	5
89	84	5	28	16	12
1621	1324	182	526	201	150
28	24	4	5	1	4
221	191	29	205	77	62
264	251	13	19	14	5
392	323	48	135	36	38
326	222	33	45	27	12
252	197	42	84	36	17
138	116	13	33	10	12

地区、学科及科研单位 Region, field and institute	从事科技活动人员 S&T activity personnel	科学家工程师 Scientists & engineers	其他科技人员 Other S&T personnel	科技管理人员 S&T management personnel	科学家工程师 Scientists & engineers	其他科技人员 Other S&T personnel
四川省 Sichuan Province	3105	1708	439	277	148	75
成都有机化学研究所 Chengdu Inst. of Organic Chemistry	433	344	54	37	22	15
成都山地灾害与环境研究所 Chengdu Inst. of Mountain Hazards and Environment	350	241	103	25	7	12
成都生物研究所 Chengdu Inst. of Biology	371	272	69	43	31	7
成都计算机应用研究所 Chengdu Inst. of Computer Application	319	262	57	32	15	17
光电技术研究所 Inst. of Optics and Electronics	1632	589	156	140	73	24
贵州省 Guizhou Province	382	291	58	54	41	7
贵阳地球化学研究所 Guiyang Inst. of Geochemistry	382	291	58	54	41	7
云南省 Yunnan Province	1123	704	290	146	88	47
云南天文台 Yunnan Observatory	275	203	72	29	18	11
昆明植物研究所 Kunming Inst. of Botany	498	250	155	78	38	31
昆明动物研究所 Kunming Inst. of Zoology	222	161	46	21	14	5
昆明生态研究所 Kunming Inst. of Ecology	128	90	17	18	18	0
陕西省 Shaanxi Province	1971	1003	404	212	108	78
陕西天文台 Shaanxi Observatory	669	290	129	87	49	12
西北水土保持研究所 Northwest Inst. of Soil and Water Conservation	321	220	101	58	17	41
西安光学精密机械研究所 Xi'an Inst. of Optics and Fine Mechanics	981	493	174	67	42	25

续上表

课题活动人员 S&T project activity personnel	科学家工程师 Scientists & engineers	其他科技人员 Other S&T personnel	科技服务人员 S&T Service personnel	科学家工程师 Scientists & engineers	其他科技人员 Other S&T personnel
1562	1258	210	1266	302	154
250	230	20	146	92	19
281	230	51	44	4	40
293	225	59	35	16	3
259	240	19	28	7	21
479	333	61	1013	183	71
240	211	23	88	39	28
240	211	23	88	39	28
792	567	173	185	49	70
186	162	24	60	23	37
361	200	109	59	12	15
164	137	27	37	10	14
81	68	13	29	4	4
1073	735	178	686	160	148
357	182	70	225	59	47
206	167	39	57	36	21
510	386	69	404	65	80

地区、学科及科研单位 Region, field and institute	从事科技活动人员 S&T activity personnel	科学家工程师 Scientists & engineers	其他科技人员 Other S&T personnel	科技管理人员 S&T management personnel	科学家工程师 Scientists & engineers	其他科技人员 Other S&T personnel
甘肃省、青海省 Gansu and Qinghai Provinces	2782	1850	531	388	223	132
近代物理研究所 Inst. of Modern Physics	819	447	150	90	49	27
兰州化学物理研究所 Lanzhou Inst. of Chemical Physics	519	409	110	69	46	23
兰州冰川冻土研究所 Lanzhou Inst. of Glaciology and Geocryology	356	261	74	80	44	23
兰州沙漠研究所 Lanzhou Inst. of Desert Research	255	204	43	43	25	18
兰州地质研究所 Lanzhou Inst. of Geology	160	130	30	23	14	9
兰州高原大气物理研究所 Lanzhou Inst. of Plateau Atmospheric Physics	183	128	46	27	14	10
青海盐湖研究所 Qinghai Inst. of Saline lakes	287	114	32	25	15	7
西北高原生物研究所 Northwest Inst. of Plateau Biology	203	157	46	31	16	15
新疆维吾尔自治区 Xinjiang Uygur Autonomous Region	885	668	139	101	57	39
新疆物理研究所 Xinjiang Inst. of Physics	246	172	25	20	7	13
乌鲁木齐天文站 Urumqi Working Station of Astronomy	96	68	23	20	13	4
新疆化学研究所 Xinjiang Inst. of Chemistry	160	123	22	16	6	9
新疆地理研究所 Xinjiang Inst. of Geography	142	118	24	22	15	7
新疆生物土壤沙漠研究所 Xinjiang Inst. of Biology, Pedology and Desert Research	241	187	45	23	16	6

续上表

课题活动人员 S&T project activity personnel	科学家工程师 Scientists & engineers	其他科技人员 Other S&T personnel	科技服务人员 S&T Service personnel	科学家工程师 Scientists & engineers	其他科技人员 Other S&T personnel
1933	1416	306	461	211	93
539	342	107	190	56	16
378	313	65	72	50	22
246	200	41	30	17	10
169	148	14	43	31	11
120	104	16	17	12	5
137	105	28	19	9	8
208	83	20	54	16	5
136	121	15	36	20	16
666	555	59	118	56	41
211	160	5	15	5	7
70	54	16	6	1	3
127	114	9	17	3	4
88	85	3	32	18	14
170	142	26	48	29	13

科研机构人员按学位和学历分类（1991 年）

Total Staff in CAS Research Units，by Academic Degrees and Qualifications：1991

地区及学科 Region and field	学 位 Academic degrees			学 历 Academic qualifications				
	博士 Ph. D.	硕士 M. S.	学士 Bachelor	研究生 Post graduates	大学 University graduates	大专 Specialized higher school graduates	中专 Specialized secondary school graduates	其他 Others
一、按地区分 By region	1374	5686	6503	7963	21979	8900	5919	22797
北京地区 Beijing	702	2204	2318	3284	8417	2366	1753	6660
沈阳分院 Shenyang Branch	103	496	432	686	1633	743	288	1608
长春分院 Changchun Branch	61	353	390	455	1368	1053	636	2332
上海分院 Shanghai Branch	324	638	930	1154	2919	1517	1095	4235
南京分院 Nanjing Branch	60	173	111	294	666	188	139	370
合肥分院 Hefei Branch	50	171	214	256	630	318	164	748
武汉分院 Wuhan Branch	54	338	269	434	777	481	180	750
广州分院 Guangzhou Branch	52	314	235	401	1080	363	325	774
成都分院 Chengdu Branch	34	256	325	315	1152	452	357	1550
昆明分院 Kunming Branch	27	126	166	166	473	219	162	601
西安分院 Xi'an Branch	27	120	150	162	670	259	266	957
兰州分院 Lanzhou Branch	44	253	522	316	1381	438	287	1162
新疆分院 Xinjiang Branch	23	105	258	139	526	190	48	243
其他地区 Other regions	60	243	339	369	1223	482	271	1145

续上表

地区及学科 Region and field	学位 Academic degrees			学历 Academic qualifications				
	博士 Ph. D.	硕士 M. S.	学士 Bachelor	研究生 Post graduates	大学 University graduates	大专 Specialized higher school graduates	中专 Specialized secondary school graduates	其他 Others
二、按学科分 By field	1374	5686	6503	7963	21979	8900	5919	22797
数学、物理 Mathematics & physics	298	903	1062	1376	4596	1676	1112	4045
化学与化工 Chemistry & chemical engineering	344	831	1042	1333	3620	1582	1036	3664
地学 Earth sciences	227	1103	938	1483	3040	1136	656	2357
生物学 Biological sciences	297	1198	1305	1699	3903	1620	1140	3717
技术科学 Technological sciences	281	1623	2156	2144	7013	2893	1983	9089
其他 Others	22	68	60	108	167	58	12	55

科研机构经常费收、支情况

Total Current Intramural Income and Expenditures in CAS Research Units

单位：千元（thousand yuan）

年份 Year	本年收入合计 Annual income in 1991	政府拨款 Government funds	科学事业费 Operating funds	本年支出合计 Total expenditure in 1991	劳务费 Labor cost	科研业务费 Operating expenses
1986	742066	604279	469271	692860	125436	213407
1987	837122	627784	378934	747813	135795	233492
1988	1027186	670751	334979	877302	158520	318373
1989	1277091	785212	315294	1006867	198136	398556
1990	1353986	878823	342808	1228672	233057	463237
1991	1353897	849180	349476	1229789	255067	447181

注：本年收入合计中不包括基本建设投资，未扣除转拨外单位科研经费.

Note: Annual income in 1991 excludes capital investment, but includes scientific research funds which were transferred to other research institutions.

Total Current Intramural Income

地区、学科及科研单位 Region, field and institute	本年收入合计 Total income in 1991	政府拨款 Government funds	科学事业费 Operating funds	科技专项费 S&T special funds	科学技术基金 S&T funds
总计 Total	**1353897**	**849180**	**349476**	**399978**	**37291**
一、按地区分 By region					
北京地区 Beijing	514040	339467	131255	158929	20114
沈阳分院 Shenyang Branch	127435	69224	23899	41270	2451
长春分院 Changchun Branch	70402	48339	23576	20501	1727
上海分院 Shanghai Branch	229482	136022	52131	67130	4408
南京分院 Nanjing Branch	25629	23569	11314	10706	1542
合肥分院 Hefei Branch	30122	22926	10140	11093	868
武汉分院 Wuhan Branch	37605	29111	13183	13335	1490
广州分院 Guangzhou Branch	57025	34272	15101	16288	1612
成都分院 Chengdu Branch	58342	37061	15774	11545	1262
昆明分院 Kunming Branch	22311	18670	9528	6368	1439
西安分院 Xi'an Branch	35211	22860	10375	11625	755
兰州分院 Lanzhou Branch	77531	50393	19845	27725	1681
新疆分院 Xinjiang Branch	16840	11815	6737	4076	658
其他地区 Other regions	51922	37756	18123	15338	2133
二、按学科分 By field					
数学、物理 Mathematics & physics	273500	180579	76653	79295	5914

经常费收入情况（1991 年）

in CAS Research Units：1991

单位：千元（thousand yuan）

横向技术性收入 Lateral technology related income	技术开发收入 Technology development income	技术转让收入 Technology transfer income	技术咨询及服务收入 Income from technical consultancy and services	非技术性收入 Non-technology related income	银行贷款 Bank loans	其他收入 Other incomes
276406	**186852**	**32965**	**49773**	**46801**	**17827**	**163683**
96620	80704	8921	5176	13355	7200	57398
41606	27130	239	14237	3377	3000	13275
13788	8957	2171	2660	1428	1150	8744
43066	15107	14333	10570	19606	3277	30558
2035	1984	50	1	646	0	2426
2941	2704	163	74	101	0	7201
8554	5891	81	2582	341	600	2046
15961	9637	1323	4266	1846	0	7993
16543	9835	165	5450	3109	2100	2576
3349	2149	323	764	694	0	2645
12561	12382	0	179	371	0	2466
5165	3252	1345	568	1380	0	23640
5537	5156	228	153	319	0	2216
10474	3758	3623	3093	800	500	5439
52107	43793	3656	4372	6903	2050	31861

地区、学科及科研单位 Region, field and institute	本年收入合计 Total income in 1991	政府拨款 Government funds	科学事业费 Operating funds	科技专项费 S&T special funds	科学技术基金 S&T funds
化学与化工 Chemistry &. chemical engineering	209309	129130	56403	57062	5509
地学 Earth sciences	167657	121417	48454	58534	9269
生物学 Biological sciences	193468	143476	67037	60090	10315
技术科学 Technological sciences	504650	279801	101032	148691	7710
其他 Others	5313	7202	4322	2441	439
三、按科研单位分 By institute					
北京市 Beijing	514040	339467	131255	158929	20114
数学研究所 Inst. of Mathematics	3047	2485	885	1227	373
应用数学研究所 Inst. of Applied Mathematics	2758	1730	551	996	121
系统科学研究所 Inst. of Systems Science	4429	3953	695	2986	272
物理研究所 Inst. of Physics	26406	14558	6382	6644	1532
声学研究所 Inst. of Acoustics	27452	22367	5034	2171	230
理论物理研究所 Inst. of Theoretical Physics	1911	1911	431	1155	196
低温技术实验中心 Cryogenic Laboratory	4725	2875	1404	1422	49
高能物理研究所 Inst. of High Energy Physics	51474	34169	8587	24401	55
北京天文台 Beijing Astronomical Observatory	8633	8591	7367		201
力学研究所 Inst. of Mechanics	14514	9440	4474	4134	832
化学研究所 Inst. of Chemistry	16478	15072	5157	5792	721
感光化学研究所 Inst. of Photographic Chemistry	8600	5416	2246	1808	271

续上表

横向技术性收入 Lateral technology related income	技术开发收入 Technology development income	技术转让收入 Technology transfer income	技术咨询及服务收入 Income from technical consultancy and services	非技术性收入 Non-technology related income	银行贷款 Bank loans	其他收入 Other incomes
36290	13670	12388	9623	14788	2000	30148
28315	22768	591	4956	2729	400	17843
24153	16598	3315	3392	5151	100	23635
135829	90311	13015	27430	17404	13277	61386
402	402	0	0	46	0	710
96620	80704	8921	5176	13355	7200	57398
138	138	0	0	44	0	380
136	136	0	0	0	0	892
255	255	0	0	221	0	0
10298	10221	0	77	15	0	1535
4629	4629	0	0	321	0	135
0	0	0	0	0	0	0
367	281	0	68	193	0	1290
15181	15181	0	0	2124	0	0
0	0	0	0	0	0	42
3524	3524	0	0	0	0	1550
783	0	331	331	288	0	335
719	155	0	76	133	0	2332

地区、学科及科研单位 Region, field and institute	本年收入合计 Total income in 1991	政府拨款 Government funds	科学事业费 Operating funds	科技专项费 S&T special funds	科学技术基金 S&T funds
生态环境研究中心 Research Center for Eco-Environmental Sciences	7298	5612	3059	2139	359
化工冶金研究所 Inst. of Chemical Metallurgy	10684	9328	3432	4491	410
地理研究所 Inst. of Geography	17502	8692	4226	3584	882
遥感应用研究所 Inst. of Remote Sensing Application	11139	5100	1421	3566	113
地质研究所 Inst. of Geology	9015	8034	3031	2361	1275
地球物理研究所 Inst. of Geophysics	8060	5788	2572	2138	1078
古脊椎动物与古人类研究所 Inst. of Vertebrate Paleontology and Paleoanthropology	2443	2350	1428	787	135
大气物理研究所 Inst. of Atmospheric Physics	13712	12200	3097	6495	1000
自然资源综合考察委员会 Commission for Integrated Surveys of Natural Resources	8044	3978	2279	1634	65
植物研究所 Inst. of Botany	10645	9650	3819	3987	1844
动物研究所 Inst. of Zoology	9592	9466	5721	2912	753
心理研究所 Inst. of Psychology	2811	1792	530	130	568
微生物研究所 Inst. of Microbiology	10235	4951	2657	1158	1106
生物物理研究所 Inst. of Biophysics	19083	9173	3944	3749	1131
遗传研究所 Inst. of Genetics	6536	6536	2695	3700	141
发育生物学研究所 Inst. of Developmental Biology	2269	1347	894	410	43

续上表

横向技术性收入 Lateral technology related income	技术开发收入 Technology development income	技术转让收入 Technology transfer income	技术咨询及服务收入 Income from technical consultancy and services	非技术性收入 Non-technology related income	银行贷款 Bank loans	其他收入 Other incomes
1576	1552	0	24	38	0	72
998	996	0	2	5	0	353
7390	7390	0	0	394	0	1026
2453	2453	0	0	21	0	3565
675	675	0	0	0	0	306
1456	1456	0	0	116	0	700
0	0	0	0	47	0	46
289	289	0	0	0	0	1223
2158	2158	0	0	435	0	1473
683	566	117	0	143	0	169
0	0	0	0	126	0	0
0	0	0	0	250	0	769
4534	3261	1131	142	0	0	750
775	351	0	424	96	0	9039
0	0	0	0	0	0	0
343	343	0	0	62	0	517

地区、学科及科研单位 Region, field and institute	本年收入合计 Total income in 1991	政府拨款 Government funds	科学事业费 Operating funds	科技专项费 S&T special funds	科学技术基金 S&T funds
计算技术研究所 Inst. of Computing Technology	15916	8634	5512	3044	78
计算中心 Computing Center	8530	4651	2374		258
软件研究所 Inst. of Software	8320	2636	1351	1183	102
半导体研究所 Inst. of Semiconductors	44119	33021	4903	26024	2094
微电子中心 Microelectronics R&D Center	26150	16628	5062	11438	40
电子学研究所 Inst. of Electronics	21751	8778	5010	3373	395
自动化研究所 Inst. of Automation	19398	5853	4470	975	408
电工研究所 Inst. of Electric Engineering	12078	5891	3633	2148	110
工程热物理研究所 Inst. of Engineering Thermophysics	6002	3282	1726	1109	290
自然科学史研究所 Inst. of History of Natural Sciences	2070	1910	1876		34
科技政策与管理科学研究所 Inst. of Science Policy and Management	3243	2807	1561	1214	32
北京软件工程研制中心 Beijing Software Engineering Center	2411	1083	639	420	14
空间科学与应用研究中心 Space Science and Technology Center	10940	6577	4768	1254	473
遥感卫星地面站 Remote-Sensing Satellite Ground Station	13617	11152	352	10770	30
河北省 Hebei Province	1710	1624	937	530	5
石家庄农业现代化研究所 Shijiazhuang Inst. of Agricultural Modernization	1710	1624	937	530	5
山西省 Shanxi Province	10246	7683	3841	1947	88

续上表

横向技术性收入 Lateral technology related income	技术开发收入 Technology development income	技术转让收入 Technology transfer income	技术咨询及服务收入 Income from technical consultancy and services	非技术性收入 Non-technology related income	银行贷款 Bank loans	其他收入 Other incomes
5451	2718	2407	326	538	0	1293
1032	977	0	55	347	0	2500
3521	3521	0	0	0	0	2163
5012	1804	3045	163	2508	0	3578
891	30	0	861	2676	500	5455
7869	4919	0	1758	358	0	4746
5159	4587	500	72	176	6700	1510
2807	1344	1376	87	1035	0	2345
1421	1334	0	87	343	0	956
0	0	0	0	2	0	158
264	264	0	0	0	0	172
595	575	14	6	0	0	733
2639	2580	0	59	276	0	1448
599	41	0	558	24	0	1842
86	53	26	7	0	0	0
86	53	26	7	0	0	0
1247	604	114	529	2	0	1314

地区、学科及科研单位 Region, field and institute	本年收入合计 Total income in 1991	政府拨款 Government funds	科学事业费 Operating funds	科技专项费 S&T special funds	科学技术基金 S&T funds
山西煤炭化学研究所 Shanxi Inst. of Coal Chemistry	10246	7683	3841	1947	88
辽宁省 Liaoning Province	127435	69224	23899	41270	2451
大连化学物理研究所 Dalian Inst. of Chemical Physics	25758	17958	6152	11143	663
沈阳应用生态研究所 Shenyang Inst. of Applied Ecology	6988	5712	2972	1847	219
沈阳计算技术研究所 Shenyang Inst. of Computing Technology	16967	7569	2436	4930	3
沈阳自动化研究所 Shenyang Inst. of Automation	33242	14236	3754	10470	12
金属研究所 Inst. of Metals Research	39489	17738	6133	10070	895
金属腐蚀与防护研究所 Inst. of Corrosion and Protection of Metals	4991	3526	1567	1583	286
吉林省 Jilin Province	70402	48339	23576	20501	1727
长春物理研究所 Changchun Inst. of Physics	8784	7585	4116	2453	377
长春人造卫星观测站 Changchun Satellite Observation Station	762	700	538	162	
长春应用化学研究所 Changchun Inst. of Applied Chemistry	24235	17186	6982	8649	660
长春地理研究所 Changchun Inst. of Geography	5516	4173	1834	1179	159
长春光学精密机械研究所 Changchun Inst. of Optics and Fine Mechanics	31105	16210	9221	6831	158
黑龙江省 Heilongjiang Province	1768	1473	1104	369	

续上表

横向技术性收入 Lateral technology related income	技术开发收入 Technology development income	技术转让收入 Technology transfer income	技术咨询及服务收入 Income from technical consultancy and services	非技术性收入 Non-technology related income	银行贷款 Bank loans	其他收入 Other incomes
1247	604	114	529	2	0	1314
41606	27130	239	14237	3377	3000	13275
4766	1318	0	3448	1858	0	1176
653	653	0	0	0	0	623
3819	3819	0	0	456	3000	2123
16631	16631	0	0	736	0	1639
14684	4226	239	10219	246	0	6821
915	345	0	570	37	0	513
13788	8957	2171	2660	1428	1150	8744
12	0	0	12	22	1150	15
0	0	0	0	0	0	62
2714	498	2108	108	735	0	3600
292	110	0	182	139	0	912
10632	8211	63	2358	488	0	3775
195	0	0	195	0	100	0

地区、学科及科研单位 Region, field and institute	本年收入合计 Total income in 1991	政府拨款 Government funds	科学事业费 Operating funds	科技专项费 S&T special funds	科学技术基金 S&T funds
黑龙江农业现代化研究所 Heilongjiang Institute of Agricultural Modernization	1768	1473	1104	369	
上海市 Shanghai	229482	136022	52131	67130	4408
上海原子核研究所 Shanghai Inst. of Nuclear Research	17092	8082	4955	2298	532
上海天文台 Shanghai Observatory	7527	7119	5106	1946	67
上海硅酸盐研究所 Shanghai Inst. of Ceramics	26430	8632	4469	2880	509
上海有机化学研究所 Shanghai Inst. of Organic Chemistry	31933	12016	4973	5877	472
上海植物生理研究所 Shanghai Inst. of Plant Physiology	7066	6138	2354	3355	324
上海昆虫研究所 Shanghai Inst. of Entomology	3522	1809	1155	599	55
上海药物研究所 Shanghai Inst. of Materia Medica	9043	4463	2810	1498	155
上海生理研究所 Shanghai Inst. of Physiology	5627	5394	1798	3331	265
上海生物化学研究所 Shanghai Inst. of Biochemistry	12306	9178	3382	5378	418
上海细胞生物学研究所 Shanghai Inst. of Cell Biology	5970	4861	2255	2180	199
上海脑研究所 Shanghai Inst. of Brain Research	1543	1121	616	395	40
上海生物工程研究中心 Shanghai Bioengineering Research Center	3943	2912	1255	1649	8
上海冶金研究所 Shanghai Inst. of Metallurgy	38500	23955	5954	16919	365
上海光学精密机械研究所 Shanghai Inst. of Optics and Fine Mechanics	18263	13872	6485	5040	467

续上表

横向技术性收入 Lateral technology related income	技术开发收入 Technology development income	技术转让收入 Technology transfer income	技术咨询及服务收入 Income from technical consultancy and services	非技术性收入 Non-technology related income	银行贷款 Bank loans	其他收入 Other incomes
195	0	0	195	0	100	0
43066	15107	14333	10570	19606	3277	30558
3799	135	2090	1306	3383	300	1528
24	0	0	24	126	0	258
4892	3261	708	923	896	450	11560
7265	2110	4881	274	9361	1550	1741
346	158	72	116	77	0	505
498	185	313	0	30	0	1185
1811	1236	298	277	1723	0	1046
222	205	5	12	11	0	0
1816	544	201	1071	87	0	1225
100	37	63	0	30	0	979
55	55	0	0	0	0	367
981	372	510	99	39	0	11
10221	5821	892	2847	532	725	3067
2642	582	0	566	1497	252	0

地区、学科及科研单位 Region, field and institute	本年收入合计 Total income in 1991	政府拨款 Government funds	科学事业费 Operating funds	科技专项费 S&T special funds	科学技术基金 S&T funds
上海技术物理研究所 Shanghai Inst. of Technical Physics	40717	23985	3679	12558	159
江苏省 Jiangsu Province	25629	23569	11314	10706	1542
紫金山天文台 Purple Mountain Observatory	7450	6486	3491	2780	208
南京地理与湖泊研究所 Nanjing Institute of Geography and Limnology	5206	4065	1406	2432	227
南京地质古生物研究所 Nanjing Inst. of Geology and Palaeontology	5374	4315	2034	1922	359
南京土壤研究所 Nanjing Inst. of Soil Science	7599	6218	3498	2345	375
安徽省 Anhui Province	30122	22926	10140	11093	868
固体物理研究所 Inst. of Solid State Physics	2653	2477	899	1162	154
等离子体物理研究所 Inst. of Plasma Physics	10455	6626	3394	3105	127
合肥智能机械研究所 Hefei Inst. of Intelligent Machines	3400	2201	942	776	63
安徽光学精密机械研究所 Anhui Inst. of Optics and Fine Mechanics	13614	9137	4020	4823	151
福建省 Fujian Province	16313	6571	3174	3230	147
福建物质结构研究所 Fujian Inst. of Research on the Structure of Matter	16313	6571	3174	3230	147
山东省 Shandong Province	17014	13487	5588	6983	733

续上表

横向技术性收入 Lateral technology related income	技术开发收入 Technology development income	技术转让收入 Technology transfer income	技术咨询及服务收入 Income from technical consultancy and services	非技术性收入 Non-technology related income	银行贷款 Bank loans	其他收入 Other incomes
8256	268	4300	3055	1770	0	6706
2035	1984	50	1	646	0	2426
223	172	50	1	135	0	606
406	406	0	0	35	0	700
225	225	0	0	200	0	634
1043	1043	0	0	232	0	106
2941	2704	163	74	101	0	7201
30	0	0	30	0	0	146
232	232	0	0	0	0	3597
409	202	163	44	54	0	736
2132	2132	0	0	3	0	2342
6542	1289	2908	2345	145	0	3055
6542	1289	2908	2345	145	0	3055
2266	1674	575	17	609	400	252

地区、学科及科研单位 Region, field and institute	本年收入合计 Total income in 1991	政府拨款 Government funds	科学事业费 Operating funds	科技专项费 S&T special funds	科学技术基金 S&T funds
海洋研究所 Inst. of Oceanology	17014	13487	5588	6983	733
湖北省、湖南省 Hubei and Hunan Provinces	37605	29111	13183	13335	1490
武汉数学物理研究所 Wuhan Inst. of Mathematical Physics	635	629	307	278	16
武汉物理研究所 Wuhan Inst. of Physics	5817	4614	2528	1865	221
武汉岩土力学研究所 Wuhan Inst. of Rock and Soil Mechanics	10471	3056	1805	1117	134
测量与地球物理研究所 Inst. of Geodesy and Geophysics	2691	2387	1311	963	113
武汉植物研究所 Wuhan Insr of Botany	2994	2297	1189	1108	
水生生物研究所 Inst. of Hydrobiology	6676	6334	2183	3562	236
武汉病毒研究所 Wuhan Inst. of Virology	4085	3398	1420	1625	291
长沙大地构造研究所 Changsha Inst. of Geotectonics	1994	1685	622	837	40
长沙农业现代化研究所 Changsha Inst. of Agricultural Modernization	2242	2226	933	753	66
广东省 Guangdong Province	57025	34272	15101	16288	1612
广州人造卫星观测站 Guangzhou Satellite Observation Station	1397	771	518	253	
广州化学研究所 Guangzhou Inst. of Chemistry	9425	4724	2416	1946	189
广州地质新技术研究所 Guangzhou Institute of New Geotechnology	7776	7142	1789	5067	286
南海海洋研究所 South China Sea Inst. of Oceanology	15749	9688	3578	5557	553

续上表

横向技术性收入 Lateral technology related income	技术开发收入 Technology development income	技术转让收入 Technology transfer income	技术咨询及服务收入 Income from technical consultancy and services	非技术性收入 Non-technology related income	银行贷款 Bank loans	其他收入 Other incomes
2266	1674	575	17	609	400	252
8554	5891	81	2582	341	600	2046
0	0	0	0	4	0	2
184	156	0	28	15	0	1004
6813	4416	0	2397	0	600	2
299	234	0	65	0	0	5
547	499	0	48	7	0	143
13	0	0	13	164	0	165
545	448	81	16	71	0	71
15	0	0	15	20	0	274
0	0	0	0	16	0	0
15961	9637	1323	4266	1846	0	7993
406	267	0	139	46	0	174
2234	496	1303	435	87	0	2380
429	429	0	0	0	0	205
4994	2793	0	2201	234	0	833

地区、学科及科研单位 Region, field and institute	本年收入 合　计 Total income in 1991	政府拨款 Government funds	科学事业费 Operating funds	科技专项费 S&T special funds	科学技术基金 S&T funds
华南植物研究所 South China Inst. of Botany	8060	5111	2770	1564	95
广州电子研究所 Guangzhou Inst. of Electronic Technology	9552	2565	1944	331	40
广州能源研究所 Guangzhou Inst. of Energy Conversion	5066	1786	1201	343	76
四川省 Sichuan Province	58342	37061	15774	11545	1262
成都有机化学研究所 Chengdu Inst. of Organic Chemistry	3700	3010	2333	479	198
成都山地灾害与环境研究所 Chengdu Inst. of Mountain Hazards and Environment	7095	3161	1622	1299	240
成都生物研究所 Chengdu Inst. of Biology	6429	3870	2037	954	316
成都计算机应用研究所 Chengdu Inst. of Computer Application	8298	4001	1253	2533	135
光电技术研究所 Inst. of Optics and Electronics	32820	20534	7644	5053	
贵州省 Guizhou Province	4871	4433	2594	1052	787
贵阳地球化学研究所 Guiyang Inst. of Geochemistry	4871	4433	2594	1052	787
云南省 Yunnan Province	22311	18670	9528	6368	1439
云南天文台 Yunnan Observatory	4533	4169	2564	1532	45
昆明植物研究所 Kunming Inst. of Botany	11061	7080	3590	1976	801
昆明动物研究所 Kunming Inst. of Zoology	3805	2842	1607	950	155
昆明生态研究所 Kunming Inst. of Ecology	2912	2094	882	683	65
陕西省 Shaanxi Province	35211	22860	10375	11625	755

续上表

横向技术性收入 Lateral technology related income	技术开发收入 Technology development income	技术转让收入 Technology transfer income	技术咨询及服务收入 Income from technical consultancy and services	非技术性收入 Non-technology related income	银行贷款 Bank loans	其他收入 Other incomes
1162	354	20	53	1228	0	559
3931	3431	0	500	191	0	2865
2667	1729	0	938	16	0	597
16543	9835	165	5450	3109	2100	2576
634	49	0	585	56	0	0
2382	0	0	2382	126	0	1426
2405	2074	149	182	116	0	38
3106	2682	10	414	103	700	388
7878	4892	6	1887	2664	1400	344
0	0	0	0	0	0	438
0	0	0	0	0	0	438
3349	2149	323	764	694	0	2645
241	187	0	54	123	0	0
2305	1451	323	418	474	0	1202
499	373	0	126	34	0	430
166	0	0	166	19	0	633
12561	12382	0	179	371	0	2466

地区、学科及科研单位 Region, field and institute	本年收入 合　计 Total income in 1991	政府拨款 Government funds	科学事业费 Operating funds	科技专项费 S&T special funds	科学技术基金 S&T funds
陕西天文台 Shaanxi Observatory	9349	7727	3499	4213	15
西北水土保持研究所 Northwest Inst. of Soil and Water Conservation	6468	4833	1877	2719	132
西安光学精密机械研究所 Xi'an Inst. of Optics and Fine Mechanics	19394	7815	4114	3466	235
甘肃省、青海省 Gansu and Qinghai Provinces	77531	50393	19845	27725	1681
近代物理研究所 Inst. of Modern Physics	34465	14971	4708	10163	100
兰州化学物理研究所 Lanzhou Inst. of Chemical Physics	9710	7179	3350	3443	226
兰州冰川冻土研究所 Lanzhou Inst. of Glaciology and Geocryology	8834	6801	2139	4215	447
兰州沙漠研究所 Lanzhou Inst. of Desert Research	5406	3304	1522	1224	
兰州地质研究所 Lanzhou Inst. of Geology	5174	4388	1066	2997	235
兰州高原大气物理研究所 Lanzhou Inst. of Plateau Atmospheric Physics	2624	1983	1438	291	87
青海盐湖研究所 Qinghai Inst. of Saline Lakes	6304	4796	3000	1655	141
西北高原生物研究所 Northwest Inst. of Plateau Biology	5014	4486	1737	2510	72
新疆维吾尔自治区 Xinjiang Uygur Autonomous Region	16840	11815	6737	4076	658
新疆物理研究所 Xinjiang Inst. of Physics	5357	2358	1349	818	57
乌鲁木齐天文站 Urumqi Working Station of Astronomy	1404	1130	1066	14	

续上表

横向技术性收入 Lateral technology related income	技术开发收入 Technology development income	技术转让收入 Technology transfer income	技术咨询及服务收入 Income from technical consultancy and services	非技术性收入 Non-technology related income	银行贷款 Bank loans	其他收入 Other incomes
1309	1153	0	156	0	0	313
342	319	0	23	41	0	1252
10772	10772	0	0	286	0	521
5165	3252	1345	568	1380	0	23640
1365	42	1323	0	0	0	18129
1184	791	0	393	67	0	1280
1226	1226	0	0	0	0	807
61	45	16	0	108	0	1933
643	643	0	0	75	0	68
289	195	0	94	78	0	274
249	172	0	77	1000	0	259
10	0	6	4	8	0	510
5537	5156	228	153	319	0	2216
2902	2668	193	41	93	0	4
39	0	0	39	38	0	197

地区、学科及科研单位 Region, field and institute	本年收入 合　计 Total income in 1991	政府拨款 Government funds	科学事业费 Operating funds	科技专项费 S&T special funds	科学技术基金 S&T funds
新疆化学研究所 Xinjiang Inst. of Chemistry	2195	1462	934	356	82
新疆地理研究所 Xinjiang Inst. of Geography	2418	1778	972	724	82
新疆生物土壤沙漠研究所 Xinjiang Inst. of Biology, Pedology and Desert Research	5466	2602	1531	937	64

注：1. 本年收入合计中不包括基本建设投资 207861 千元，未扣除转拨外单位科研经费 23445 千元和代管经费收入 11287 千

Annual income in 1991 excludes capital investment (207861 thousand yuan), but includes scientific research funds (23445 institutions.

2. 本表科技专项费包括院重大项目，重中之重项目，开放实验室专项费，大型仪器集资，院军工项目，所长择优支持

Special funds listed in this table include CAS key project funds, major key project funds, open laboratory special funds, funds for Branch's funds for preferential projects, income from account transfers of foreign orders, three sums of S&T funds, "863" projects,

续上表

横向技术性收入 Lateral technology related income	技术开发收入 Technology development income	技术转让收入 Technology transfer income	技术咨询及服务收入 Income from technical consultancy and services	非技术性收入 Non-technology related income	银行贷款 Bank loans	其他收入 Other incomes
349	241	35	73	73	0	311
229	229	0	0	48	0	363
1880	1880	0	0	23	0	961

元.

thousand yuan) which were transferred to other research institutions and funds (11287 thousand yuan) managed by CAS for other research

费，分院择优支持费，国外订货转帐，科技三项费，“863”项目费，等.

purchasing large instruments and equipment, CAS military project funds, institute director's funds for preferential projects, CAS and so on.

科研机构经常费支出情况（1991年）

Total Current Intramural Expenditures in CAS Research Units ：1991

单位：千元（thousand yuan）

地区、学科及科研单位 Region，field and institute	本年支出合计 Total expenditure in 1991	劳务费 Labor cost	固定资产购建支出 Expenditures on purchasing fixed assets	科研业务费 Operating expenses	管理费 Overheads	其他支出 Other expenses
总计 Total	**1229789**	**255067**	**208645**	**447181**	**146038**	**172858**
一、按地区分 By region						
北京地区 Beijing	446592	81095	84743	168013	49393	63348
沈阳分院 Shenyang Branch	124753	20320	12485	59134	17311	15503
长春分院 Changchun Branch	65410	15576	5080	22824	14079	7851
上海分院 Shanghai Branch	233936	44835	50397	71867	19879	46958
南京分院 Nanjing Branch	26216	6847	3211	9976	3493	2689
合肥分院 Hefei Branch	26683	6835	4536	8941	2641	3730
武汉分院 Wuhan Branch	34290	10070	4120	9505	5057	5538
广州分院 Guangzhou Branch	51790	13537	3819	20863	4359	9212
成都分院 Chengdu Branch	42966	11640	5205	17352	5876	2893
昆明分院 Kunming Branch	21004	5656	2452	6789	3601	2506
西安分院 Xi'an Branch	28134	7804	5070	9810	2839	2611
兰州分院 Lanzhou Branch	58191	14016	17044	15997	7501	3633
新疆分院 Xinjiang Branch	15215	4049	1976	6889	1523	778
其他地区 Other regions	54609	12787	8507	19221	8486	5608
二、按学科分 By field						
数学、物理 Mathematics & physics	217954	48986	42311	77496	25871	23290

续上表

地区、学科及科研单位 Region, field and institute	本年支出合计 Total expenditure in 1991	劳务费 Labor cost	固定资产购建支出 Expenditures on purchasing fixed assets	科研业务费 Operating expenses	管理费 Overheads	其他支出 Other expenses
化学与化工 Chemistry & chemical Engineering	217986	46184	42071	63968	32933	32830
地学 Earth sciences	159375	33228	17653	72480	19016	16998
生物学 Biological sciences	187168	46043	26704	59066	23863	31492
技术科学 Technological sciences	443214	79600	79413	173433	42739	68029
其他 Others	4092	1026	493	738	1616	219
三、按科研单位分 By, institute						
北京市 Beijing	446592	81095	84743	168013	49393	63348
数学研究所 Inst. of Mathematics	3573	653	1222	1060	547	91
应用数学研究所 Inst. of Applied Mathematics	2375	460	346	590	342	637
系统科学研究所 Inst. of Systems Science	2632	706	609	814	438	65
物理研究所 Inst. of Physics	18668	3840	3854	5252	2135	3587
声学研究所 Inst. of Acoustics	19732	3284	3634	9057	1291	2466
理论物理研究所 Inst. of Theoretical Physics	2133	238	826	698	371	0
低温技术实验中心 Cryogenic Laboratory	5250	860	313	668	945	2464
高能物理研究所 Inst. of High Energy Physics	31497	5590	4675	16127	2825	2280
北京天文台 Beijing Astronomical Observatory	8490	1758	1917	2499	1327	989
力学研究所 Inst. of Mechanics	13884	3119	3120	6016	1624	5
化学研究所 Inst. of Chemistry	14208	2336	3227	4590	4055	0

续上表

地区、学科及科研单位 Region, field and institute	本年支出合计 Total expenditure in 1991	劳务费 Labor cost	固定资产购建支出 Expenditures on purchasing fixed assets	科研业务费 Operating expenses	管理费 Overheads	其他支出 Other expenses
感光化学研究所 Inst. of Photographic Chemistry	9401	1458	2399	2021	767	2756
生态环境研究中心 Research Center for Eco-Environmental Sciences	10217	3101	937	3750	1912	517
化工冶金研究所 Inst. of Chemical Metallurgy	8319	2072	1600	3504	1092	51
地理研究所 Inst. of Geography	14152	2215	2304	7794	1111	728
遥感应用研究所 Inst. of Remote Sensing Application	8261	857	2527	3713	532	632
地质研究所 Inst. of Geology	11792	2186	956	2873	2135	3642
地球物理研究所 Inst. of Geophysics	5980	1454	191	3551	477	307
古脊椎动物与古人类研究所 Inst. of Vertebrate Paleontology and Paleoanthropology	2446	788	320	569	458	311
大气物理研究所 Inst. of Atmospheric Physics	13683	1941	509	10189	1007	37
自然资源综合考察委员会 Commission for Integrated Surveys of Natural Resources	11674	1301	1081	5720	1024	2548
植物研究所 Inst. of Botany	10472	2446	987	3066	1036	2937
动物研究所 Inst. of Zoology	7136	2156	1051	3251	520	158
心理研究所 Inst. of Psychology	3358	414	400	1824	527	193
微生物研究所 Inst. of Microbiology	7682	2003	1811	2100	1088	680
生物物理研究所 Inst. of Biophysics	14955	2556	2691	2301	2043	5364
遗传研究所 Inst. of Genetics	5823	1581	1467	1736	821	218
发育生物学研究所 Inst. of Developmental Biology	3882	406	567	549	710	1650

地区、学科及科研单位 Region, field and institute	本年支出合计 Total expenditure in 1991	劳务费 Labor cost	固定资产购建支出 Expenditures on purchasing fixed assets	科研业务费 Operating expenses	管理费 Overheads	其他支出 Other expenses
计算技术研究所 Inst. of Computing Technology	22444	5464	5309	7370	1567	2734
计算中心 Computing Center	8380	1329	1264	2897	1444	1446
软件研究所 Inst. of Software	7139	1135	1640	2720	583	1061
半导体研究所 Inst. of Semiconductors	34381	3862	15169	11929	1806	1615
微电子中心 Microelectronics R&D Center	16136	3244	1964	1898	918	8112
电子学研究所 Inst. of Electronics	19572	4431	3226	7920	1347	2648
自动化研究所 Inst. of Automation	17959	2177	2889	7228	2074	3591
电工研究所 Inst. of Electric Engineering	13001	2411	3386	4587	1547	1070
工程热物理研究所 Inst. of Engineering Thermophysics	5046	985	654	1178	385	1844
自然科学史研究所 Inst. of History of Natural Sciences	1896	534	282	331	650	99
科技政策与管理科学研究所 Inst. of Science Policy and Management	2196	492	211	407	966	120
北京软件工程研制中心 Beijing Software Engineering Center	4614	471	1079	1125	357	1582
空间科学与应用研究中心 Space Science and Technology Center	11368	2038	1549	5049	1537	1195
遥感卫星地面站 Remote-Sensing Satellite Ground Station	10785	743	580	7492	1052	918
河北省 Hebei Province	2937	659	295	1562	417	4

地区、学科及科研单位 Region, field and institute	本年支出合计 Total expenditure in 1991	劳务费 Labor cost	固定资产购建支出 Expenditures on purchasing fixed assets	科研业务费 Operating expenses	管理费 Overheads	其他支出 Other expenses
石家庄农业现代化研究所 Shijiazhuang Inst. of Agricultural Modernization	2937	659	295	1562	417	4
山西省 Shanxi Province	11451	3155	2112	4204	1952	28
山西煤炭化学研究所 Shanxi Inst. of Coal Chemistry	11451	3155	2112	4204	1952	28
辽宁省 Liaoning Province	124753	20320	12485	59134	17311	15503
大连化学物理研究所 Dalian Inst. of Chemical Physics	31263	5765	2911	14934	6794	859
沈阳应用生态研究所 Shenyang Inst. of Applied Ecology	7573	2825	422	2496	1240	590
沈阳计算技术研究所 Shenyang Inst. of Computing Technology	15521	2695	959	1982	774	9111
沈阳自动化研究所 Shenyang Inst. of Automation	29830	2829	2968	20448	1900	1685
金属研究所 Inst. of Metals Research	34090	5417	4706	16214	4833	2920
金属腐蚀与防护研究所 Inst. of Corrosion and Protection of Metals	6476	789	519	3060	1770	338
吉林省 Jilin Province	65410	15576	5080	22824	14079	7851
长春物理研究所 Changchun Inst. of Physics	8145	2725	1003	1891	2511	15
长春人造卫星观测站 Changchun Satellite Observation Station	660	204	36	132	286	2
长春应用化学研究所 Changchun Inst. of Applied Chemistry	21574	5187	2262	7533	4344	2248
长春地理研究所 Changchun Inst. of Geography	4966	946	102	2106	858	954

地区、学科及科研单位 Region, field and institute	本年支出合计 Total expenditure in 1991	劳务费 Labor cost	固定资产购建支出 Expenditures on purchasing fixed assets	科研业务费 Operating expenses	管理费 Overheads	其他支出 Other expenses
长春光学精密机械研究所 Changchun Inst. of Optics and Fine Mechanics	30065	6514	1677	11162	6080	4632
黑龙江省 Heilongjiang Province	1601	339	51	617	537	57
黑龙江农业现代化研究所 Heilongjiang Institute of Agricultural Modernization	1601	339	51	617	537	57
上海市 Shanghai	233936	44835	50397	71867	19879	46958
上海原子核研究所 Shanghai Inst. of Nuclear Research	17641	5905	2074	6057	1897	1708
上海天文台 Shanghai Observatory	7732	1611	2636	2641	664	180
上海硅酸盐研究所 Shanghai Inst. of Ceramics	28482	4965	6157	6785	1957	8618
上海有机化学研究所 Shanghai Inst. of Organic Chemistry	39758	6434	11828	7656	3161	10679
上海植物生理研究所 Shanghai Inst. of Plant Physiology	8967	2229	359	2747	335	3297
上海昆虫研究所 Shanghai Inst. of Entomology	4196	790	207	945	632	1622
上海药物研究所 Shanghai Inst. of Materia Medica	10579	2518	1289	2964	761	3047
上海生理研究所 Shanghai Inst. of Physiology	5542	1463	854	1562	1122	541
上海生物化学研究所 Shanghai Inst. of Biochemistry	12951	1935	3201	5268	585	1962
上海细胞生物学研究所 Shanghai Inst. of Cell Biology	6394	1624	1641	2443	487	199
上海脑研究所 Shanghai Inst. of Brain Research	1573	332	495	294	119	333
上海生物工程研究中心 Shanghai Bioengineering Research Center	4487	904	594	794	1386	809

地区、学科及科研单位 Region, field and institute	本年支出合计 Total expenditure in 1991	劳务费 Labor cost	固定资产购建支出 Expenditures on purchasing fixed assets	科研业务费 Operating expenses	管理费 Overheads	其他支出 Other expenses
上海冶金研究所 Shanghai Inst. of Metallurgy	31585	4385	5423	10359	2129	9289
上海光学精密机械研究所 Shanghai Inst. of Optics and Fine Mechanics	20824	6032	2421	8280	3211	880
上海技术物理研究所 Shanghai Inst. of Technical Physics	33225	3708	11218	13072	1433	3794
江苏省 Jiangsu Province	26216	6847	3211	9976	3493	2689
紫金山天文台 Purple Mountain Observatory	8147	1755	1668	1309	1300	2115
南京地理与湖泊研究所 Nanjing Institute of Geography and Limnology	4520	1212	228	1769	1205	106
南京地质古生物研究所 Nanjing Inst. of Geology and Palaeontology	5073	1432	963	2051	493	134
南京土壤研究所 Nanjing Inst. of Soil Science	8476	2448	352	4847	495	334
安徽省 Anhui Province	26683	6835	4536	8941	2641	3730
固体物理研究所 Inst. of Solid State Physics	2561	629	468	1118	277	69
等离子体物理研究所 Inst. of Plasma Physics	9619	1946	1075	3519	1238	1841
合肥智能机械研究所 Hefei Inst. of Intelligent Machines	2563	660	388	623	44	848
安徽光学精密机械研究所 Anhui Inst. of Optics and Fine Mechanics	11940	3600	2605	3681	1082	972
福建省 Fujian Province	13305	2402	3688	3030	876	3309
福建物质结构研究所 Fujian Inst. of Research on the Structure of Matter	13305	2402	3688	3030	876	3309

续上表

地区、学科及科研单位 Region, field and institute	本年支出合计 Total expenditure in 1991	劳务费 Labor cost	固定资产购建支出 Expenditures on purchasing fixed assets	科研业务费 Operating expenses	管理费 Overheads	其他支出 Other expenses
山东省 Shandong Province	20046	4318	2178	8308	3687	1555
海洋研究所 Inst. of Oceanology	20046	4318	2178	8308	3687	1555
湖北省、湖南省 Hubei and Hunan Provinces	34290	10070	4120	9505	5057	5538
武汉数学物理研究所 Wuhan Inst. of Mathematical Physics	580	270	28	85	155	42
武汉物理研究所 Wuhan Inst. of Physics	6119	2182	984	1589	932	432
武汉岩土力学研究所 Wuhan Inst. of Rock and Soil Mechanics	9210	2362	445	2440	1423	2540
测量与地球物理研究所 Inst. of Geodesy and Geophysics	2415	625	268	853	113	556
武汉植物研究所 Wuhan Inst. of Botany	2600	1032	281	614	454	219
水生生物研究所 Inst. of Hydrobiology	6817	1557	1144	1577	1220	1319
武汉病毒研究所 Wuhan Inst. of Virology	2641	1041	160	979	147	314
长沙大地构造研究所 Changsha Inst. of Geotectonics	2002	391	568	674	256	113
长沙农业现代化研究所 Changsha Inst. of Agricultural Modernization	1906	610	242	694	357	3
广东省 Guangdong Province	51790	13537	3819	20863	4359	9212
广州人造卫星观测站 Guangzhou Satellite Observation Station	1339	429	210	297	242	161
广州化学研究所 Guangzhou Inst. of Chemistry	7891	2351	559	2338	902	1741
广州地质新技术研究所 Guangzhou Inst. of New Geotechnology	6620	1844	578	3274	888	36

地区、学科及科研单位 Region, field and institute	本年支出合计 Total expenditure in 1991	劳务费 Labor cost	固定资产购建支出 Expenditures on purchasing fixed assets	科研业务费 Operating expenses	管理费 Overheads	其他支出 Other expenses
南海海洋研究所 South China Sea Inst. of Oceanology	16043	3456	761	8550	352	2924
华南植物研究所 South China Inst. of Botany	7372	2387	697	1560	976	1752
广州电子研究所 Guangzhou Inst. of Electronic Technology	8241	1988	707	3103	634	1809
广州能源研究所 Guangzhou Inst. of Energy Conversion	4284	1082	307	1741	365	789
四川省 Sichuan Province	42966	11640	5205	17352	5876	2893
成都有机化学研究所 Chengdu Inst. of Organic Chemistry	3567	1093	263	460	1751	0
成都山地灾害与环境研究所 Chengdu Inst. of Mountain Hazards and Environment	6037	1118	410	2583	619	1307
成都生物研究所 Chengdu Inst. of Biology	4597	1728	1052	986	759	72
成都计算机应用研究所 Chengdu Inst. of Computer Application	6386	1093	1407	3018	291	577
光电技术研究所 Inst. of Optics and Electronics	22379	6608	2073	10305	2456	937
贵州省 Guizhou Province	5269	1914	183	1500	1017	655
贵阳地球化学研究所 Guiyang Inst. of Geochemistry	5269	1914	183	1500	1017	655
云南省 Yunnan Province	21004	5656	2452	6789	3601	2506
云南天文台 Yunnan Observatory	4464	1379	555	1513	695	322
昆明植物研究所 Kunming Inst. of Botany	9813	2842	722	3213	1530	1506
昆明动物研究所 Kunming Inst. of Zoology	3435	848	709	959	865	54

续上表

地区、学科及科研单位 Region, field and institute	本年支出合计 Total expenditure in 1991	劳务费 Labor cost	固定资产购建支出 Expenditures on purchasing fixed assets	科研业务费 Operating expenses	管理费 Overheads	其他支出 Other expenses
昆明生态研究所 Kunming Inst. of Ecology	3292	587	466	1104	511	624
陕西省 Shaanxi Province	28134	7804	5070	9810	2839	2611
陕西天文台 Shaanxi Observatory	7864	2637	587	3154	570	916
西北水土保持研究所 Northwest Inst. of Soil and Water Conservation	5290	1257	1157	1664	1149	63
西安光学精密机械研究所 Xi'an Inst. of Optics and Fine Mechanics	14980	3910	3326	4992	1120	1632
甘肃省、青海省 Gansu and Qinghai Provinces	58191	14016	17044	15997	7501	3633
近代物理研究所 Inst. of Modern Physics	20396	3008	9164	6437	1481	306
兰州化学物理研究所 Lanzhou Inst. of Chemical Physics	9585	2965	2992	1531	1223	874
兰州冰川冻土研究所 Lanzhou Inst. of Glaciology and Geocryology	5231	1509	930	2117	637	38
兰州沙漠研究所 Lanzhou Inst. of Desert Research	5846	1130	2108	1339	1078	191
兰州地质研究所 Lanzhou Inst. of Geology	3591	964	248	1801	538	40
兰州高原大气物理研究所 Lanzhou Inst. of Plateau Atmospheric Physics	1774	876	80	385	321	112
青海盐湖研究所 Qinghai Inst. of Saline Lakes	6823	2273	739	1057	1755	999
西北高原生物研究所 Northwest Inst. of Plateau Biology	4945	1291	783	1330	468	1073
新疆维吾尔自治区 Xinjiang Uygur Autonomous Region	15215	4049	1976	6889	1523	778

地区、学科及科研单位 Region, field and institute	本年支出合计 Total expenditure in 1991	劳务费 Labor cost	固定资产购建支出 Expenditures on purchasing fixed assets	科研业务费 Operating expenses	管理费 Overheads	其他支出 Other expenses
新疆物理研究所 Xinjiang Inst. of Physics	4204	1023	694	2207	244	36
乌鲁木齐天文站 Urumqi Working Station of Astronomy	1039	413	168	326	111	21
新疆化学研究所 Xinjiang Inst. of Chemistry	2142	627	397	575	395	151
新疆地理研究所 Xinjiang Inst. of Geography	1954	751	160	761	210	72
新疆生物土壤沙漠研究所 Xinjiang Inst. of Biology, Pedology and Desert Research	5876	1235	557	3020	566	498

注：本年支出合计中未扣除代管经费支出 7923 千元.

Note: Total expenditure in 1991 does not exclude funds (7923 thousand yuan) managed by the CAS for other research institutions.

科研机构当年收入中转拨外单位科研经费情况

Total Scientific Research Funds Transferred to Other Institutions by CAS Research Units from the Income in the Reference Year

单位：千元 (thousand yuan)

年份 Year	合计 Total	政府拨款收入转拨 From government funds	横向技术收入转拨 From lateral technology-related income	其他拨款 From other funds
1986	16694			
1987	35972			
1988	23643			
1989	50494	40600	9891	3
1990	42747	34169	8278	300
1991	23445	18154	5103	188

科研机构当年收入中转拨外单位科研经费情况（1991年）

Total Scientific Research Funds Transferred to Other Institutions by CAS Research Units from the Income in the Reference Year：1991

单位：千元（thousand yuan）

地区及学科 Region and field	合计 Total	政府拨款收入转拨 From government funds	横向技术收入转拨 From lateral technology-related income	其他拨款 From other funds
一、按地区分 By region	23445	18154	5103	188
北京地区 Beijing	16266	11437	4641	188
沈阳分院 Shenyang Branch	109	109		0
长春分院 Changchun Branch	982	883	99	0
上海分院 Shanghai Branch	2981	2954	27	0
南京分院 Nanjing Branch	120	120		0
合肥分院 Hefei Branch	956	956		0
武汉分院 Wuhan Branch	64	34	30	0
广州分院 Guangzhou Branch				0
成都分院 Chengdu Branch	528	440	88	0
昆明分院 Kunming Branch	639	546	93	0
西安分院 Xi'an Branch	725	600	125	0
兰州分院 Lanzhou Branch	75	75		0
新疆分院 Xinjiang Branch				0
其他地区 Other regions				0
二、按学科分 By field				
数学、物理 Mathematics & physics	7909	5090	2819	0
化学与化工 Chemistry & chemical engineering	3196	2727	469	0

续上表

地区及学科 Region and field	合计 Total	政府拨款收入转拨 From government funds	横向技术收入转拨 From hateral technology-related income	其他拨款 From other funds
地学 Earth sciences	392	12	380	0
生物学 Biological sciences	6222	5221	813	188
技术科学 Technological sciences	5697	5098	599	0
其他 Others	29	6	23	0

科研机构基本建设投资及完成情况

Capital Investment and Expenditures in CAS Research Units

单位：千元 (thousand yuan)

年　份 Year	基本建设投资实际完成额 Actual expenditure in capital investment	自筹 Self-raised funds	科研仪器设备 Scientific research instruments and equipment	科研土建工程 Civil engineering projects for scientific research
1986	141148	3790	62599	43860
1987	152638	4313	59629	62191
1988	168314	3287	63278	73879
1989	177463	3273	34237	72169
1990	125973	4304	26884	47643
1991	207861	13465	49102	117178

科研机构基本建设投资及完成情况（1991 年）

Capital Investment and Expenditures in CAS Research Units：1991

单位：千元（thousand yuan）

地区及学科 Region and field	基本建设投资实际完成额 Actual expenditure in capital investment	自　筹 Self-raised funds	科研仪器设备 Scientific research instruments and equipment	科研土建工程 Civil engineering projects for scientific research
一、按地区分 By region	207861	13465	49102	117178
北京地区 Beijing	93679	6664	14743	66755
沈阳分院 Shenyang Branch	6830	150	1670	3930
长春分院 Changchun Branch	7810	500	70	2570
上海分院 Shanghai Branch	37828	1356	17615	16490
南京分院 Nanjing Branch	1362			0
合肥分院 Hefei Branch	1591	556	213	1274
武汉分院 Wuhan Branch	3054	370	554	2130
广州分院 Guangzhou Branch	7123	300	805	2830
成都分院 Chengdu Branch	5717	1530		3034
昆明分院 Kunming Branch	4340			4080
西安分院 Xi'an Branch	4920		660	2980
兰州分院 Lanzhou Branch	20287	439	12772	4425

续上表

地区及学科 Region and field	基本建设投资实际完成额 Actual expenditure in capital investment	自　筹 Self-raised funds	科研仪器设备 Scientific research instruments and equipment	科研土建工程 Civil engineering projects for scientific research
新疆分院 Xinjiang Branch	1500			1500
其他地区 Other regions	11820	1600		5180
二、按学科分 By field	207861	13465	49102	117178
数学、物理 Mathematics & physics	49434	2750	18603	25665
化学与化工 Chemistry & chemical engineering	36785	3771	1370	26720
地学 Earth sciences	37138	950	5769	21851
生物学 Biological sciences	26693	2098	1495	18820
技术科学 Technological sciences	57811	3896	21865	24122
其他 Others			0	

科研机构固定资产情况（1991 年）

Statistics of Fixed Assets in CAS Research Units：1991

单位：千元（thousand yuan）

地区及学科 Region and field	固定资产原值总额 Total original value of fixed assets	房屋和建筑物 Space and buildings	专用设备 Specialized equipment	图书资料 Books and materials	其他 Others
一、按地区分 By region	4013621	924523	2765758	102602	220738
北京地区 Beijing	1421402	241651	1034533	35811	109407
沈阳分院 Shenyang Branch	286018	76916	195067	7730	6305
长春分院 Changchun Branch	247712	80391	153633	4303	9385
上海分院 Shanghai Branch	618082	92733	489442	18747	17160
南京分院 Nanjing Branch	84200	23505	48094	11387	1214
合肥分院 Hefei Branch	107706	22061	80586	1117	3942
武汉分院 Wuhan Branch	122593	34573	78025	3499	6496
广州分院 Guangzhou Branch	168195	54222	102321	3104	8548
成都分院 Chengdu Branch	132340	54627	73875	1800	2038
昆明分院 Kunming Branch	93949	33053	52136	2813	5947
西安分院 Xi'an Branch	143223	41861	89025	2069	10268
兰州分院 Lanzhou Branch	335254	102493	221887	4989	5885

地区及学科 Region and field	固定资产原值总额 Total original value of fixed assets	房屋和建筑物 Space and buildings	专用设备 Specialized equipment	图书资料 Books and materials	其　他 Others
新疆分院 Xinjiang Branch	40476	11335	26152	313	2676
其他地区 Other regions	212471	55102	120982	4920	31467
二、按学科分 By field	4013621	924523	2765758	102602	220738
数学、物理 Mathematics & physics	1026035	228660	712711	15303	69361
化学与化工 Chemistry & chemical engineering	644558	130491	468571	17367	28129
地学 Earth sciences	505371	112579	328219	20255	44318
生物学 Biological sciences	594516	161953	375631	30458	26474
技术科学 Technological sciences	1240208	290840	879969	17624	51775
其他 Others	2933		657	1595	681

科研机构课题基本情况

Basic Statistics of Research Projects in CAS Research Units

年 份 Year	课题数 (个) Number of projects	投入经费 (千元) Fund input (thousand yuan)	课题组人员 (人·年) Personnel input (man·year)	科学家、工程师 Scientists & engineers	其他科技人员 Other S&T personnel
1985	6220	298448	30650	23756	3410
1986	6217	256235	30337	23144	4850
1987	7091	344353	29125	22989	4733
1988	7579	406347	29565	24477	3543
1989	8287	478258	31015	26115	3434
1990	8476	500561	30283	26780	2074
1991	8051	472828	25463	22063	1838

注：此表课题数指六类课题数合计.

Note：The numbers of projects here refer to the total of six different types of research projects.

科研机构研究与发展（R&D）活动基本情况

Basic Statistics of R&D Activities in CAS Research Units

年 份 Year	课题数 (个) Number of projects	投入经费 (千元) Fund input (thousand yuan)	课题组人员 (人·年) Personnel input (man·year)	科学家、工程师 Scientists & engineers	其他科技人员 Other S&T personnel
1985	5986	292147	29622	23135	3272
1986	5726	201145	26363	20096	4187
1987	6618	315245	27052	21539	4243
1988	7078	371698	27153	22856	3188
1989	7696	435509	28272	24323	2926
1990	8028	456186	28354	25363	1849
1991	7272	381604	21995	19540	1403

注：R&D 课题包括基础研究、应用研究和试验发展课题.

Note：R&D projects include basic and applied research and experiment development projects.

地区、学科及科研单位 Region, field and institute	基础研究课题（个） Basic research	投入经费（千元） Fund input (thousand yuan)	课题组人员（人·年） Personnel input (man·year)	科学家工程师 Scientists & engineers	应用研究课题（个） Applied research
总计 Total	**2861**	**111957**	**7640**	**6876**	**3715**
一、按地区分 By region					
北京地区 Beijing	1182	47145	3386	3140	1304
沈阳分院 Shenyang Branch	109	2172	242	209	331
长春分院 Changchun Branch	109	2814	205	185	196
上海分院 Shanghai Branch	302	20923	1038	927	459
南京分院 Nanjing Branch	171	3669	334	326	145
合肥分院 Hefei Branch	76	8317	295	214	129
武汉分院 Wuhan Branch	146	3667	311	278	126
广州分院 Guangzhou Branch	133	2867	228	211	245
成都分院 Chengdu Branch	58	2511	176	157	143
昆明分院 Kunming Branch	122	2877	201	172	137
西安分院 Xi'an Branch	15	260	51	40	53
兰州分院 Lanzhou Branch	224	9738	622	550	190
新疆分院 Xinjiang Branch	25	1658	91	71	90
其他地区 Other regions	189	3339	460	396	167
二、按学科分 By field					
数学、物理 Mathematics & physics	739	37358	2057	1845	685

按活动类型分类（一）（1991年）

Research Units，by Type of Research（1）：1991

投入经费（千元） Fund input (thousand yuan)	课题组人员（人·年） Personnel input (man·year)	科学家工程师 Scientists & engineers	试验发展课题（个） Experimental development	投入经费（千元） Fund input (thousand yuan)	课题组人员（人·年） Personnel input (man·year)	科学家工程师 Scientists & engineers
217544	**11924**	**10587**	**696**	**52103**	**2431**	**2077**
88042	4340	3939	150	12276	516	452
11588	810	725	125	16100	472	426
7005	644	585	86	4491	362	308
51808	2177	1868	46	4204	208	161
7657	381	355	15	965	37	35
9590	417	347	8	191	21	15
3198	309	270	32	1250	75	62
6601	500	448	55	1355	121	104
5967	469	422	38	3897	216	177
3970	245	207	34	1716	85	62
5498	383	318	8	457	16	14
8493	527	474	12	517	22	19
3133	242	222	38	1923	118	109
4994	480	407	49	2761	162	133
46891	2194	1949	89	5010	298	267

地区、学科及科研单位 Region, field and institute	基础研究课题 (个) Basic research	投入经费 (千元) Fund input (thousand yuan)	课题组人员 (人·年) Personnel input (man·year)	科学家 工程师 Scientists & engineers	应用研究课题 (个) Applied research
化学与化工 Chemistry & chemical engineering	359	11705	1002	906	661
地学 Earth sciences	713	19154	1734	1582	526
生物学 Biological sciences	673	24338	1834	1612	848
技术科学 Technological sciences	337	19033	944	863	970
其他 Others	40	369	69	68	25
三、按科研机构分 By research unit					
北京市 Beijing	1182	47145	3386	3140	1304
数学研究所 Inst. of Mathematics	24	82	66	66	10
应用数学研究所 Inst. of Applied Mathematics	20	441	34	34	34
系统科学研究所 Inst. of Systems Science	122	1176	104	104	68
物理研究所 Inst. of Physics	38	5468	274	243	18
声学研究所 Inst. of Acoustics	20	365	37	35	98
理论物理研究所 Inst. of Theoretical Physics	15	279	63	63	0
低温技术实验中心 Cryogenic Laboratory	8	119	15	14	7
高能物理研究所 Inst. of High Energy Physics	71	5944	289	262	61
北京天文台 Beijing Astronomical Observatory	22	4314	105	100	7
力学研究所 Inst. of Mechanics	12	695	50	47	94
化学研究所 Inst. of Chemistry	31	1362	167	148	40
感光化学研究所 Inst. of Photographic Chemistry	18	321	51	51	31

续上表

投入经费（千元）Fund input (thousand yuan)	课题组人员（人·年）Personnel input (man·year)	科学家工程师 Scientists & engineers	试验发展课题（个）Experimental development	投入经费（千元）Fund input (thousand yuan)	课题组人员（人·年）Personnel input (man·year)	科学家工程师 Scientists & engineers
34603	2281	2014	122	6276	438	348
20287	1598	1466	41	4043	82	72
37213	2375	2100	137	5802	337	285
78304	3436	3018	307	30972	1276	1105
246	40	40	0	0	0	0
88042	4340	3939	150	12276	516	452
297	28	28	0	0	0	0
336	44	44	0	0	0	0
331	51	51	0	0	0	0
5146	184	147	0	0	0	0
7984	325	309	5	304	16	16
0	0	0	0	0	0	0
215	18	16	7	296	22	21
7275	295	260	3	279	6	6
772	33	25	1	1	2	2
6814	312	278	12	682	43	38
2707	274	250	5	703	41	26
1272	112	105	3	218	11	11

地区、学科及科研单位 Region, field and institute	基础研究课题（个） Basic research	投入经费（千元） Fund input (thousand yuan)	课题组人员（人·年） Personnel input (man·year)	科学家工程师 Scientists & engineers	应用研究课题（个） Applied research
生态环境研究中心 Research Center for Eco-Environmental Sciences	18	220	44	40	57
化工冶金研究所 Inst. of Chemical Metallurgy	8	385	22	17	80
地理研究所 Inst. of Geography	57	1165	114	106	45
遥感应用研究所 Inst. of Remote Sensing Application	5	101	29	26	13
地质研究所 Inst. of Geology	55	1908	193	184	23
地球物理研究所 Inst. of Geophysics	44	1395	74	73	15
古脊椎动物与古人类研究所 Inst. of Vertebrate Paleontology and Paleoanthropology	57	882	99	99	1
大气物理研究所 Inst. of Atmospheric Physics	37	844	112	98	11
自然资源综合考察委员会 Commission for Integrated Surveys of Natural Resources	9	373	74	74	24
植物研究所 Inst. of Botany	38	642	67	62	35
动物研究所 Inst. of Zoology	52	734	140	127	32
心理研究所 Inst. of Psychology	21	272	65	53	19
微生物研究所 Inst. of Microbiology	58	3000	149	142	37
生物物理研究所 Inst. of Biophysics	52	2181	230	210	45
遗传研究所 Inst. of Genetics	27	2138	94	77	50
发育生物学研究所 Inst. of Developmental Biology	9	886	35	30	8

续上表

投入经费（千元）Fund input (thousand yuan)	课题组人员（人·年）Personnel input (man·year)	科学家工程师 Scientists & engineers	试验发展课题（个）Experimental development	投入经费（千元）Fund input (thousand yuan)	课题组人员（人·年）Personnel input (man·year)	科学家工程师 Scientists & engineers
1098	123	120	1	2	1	1
5257	269	237	5	161	9	9.
1798	125	117	6	3187	15	14
1565	91	86	0	0	0	0
904	63	58	2	17	6	4
591	32	32	1	10	2	2
1	2	1	0	0	0	0
606	43	36	2	296	14	11
1066	265	260	0	0	0	0
684	81	73	0	0	0	0
456	63	60	0	0	0	0
352	53	45	0	0	0	0
2388	113	106	3	241	9	9
1228	122	111	3	38	7	7
2907	130	110	0	0	0	0
1292	32	27	0	0	0	0

地区、学科及科研单位 Region, field and institute	基础研究课题（个） Basic research	投入经费（千元） Fund input (thousand yuan)	课题组人员（人·年） Personnel input (man·year)	科学家工程师 Scientists & engineers	应用研究课题（个） Applied research
计算技术研究所 Inst. of Computing Technology	4	38	9	7	45
计算中心 Computing Center	48	653	81	81	24
软件研究所 Inst. of Software	8	54	11	11	30
北京软件工程研制中心 Beijing Software Engineering Center	0	0	0	0	12
半导体研究所 Inst. of Semiconductors	31	4217	61	51	55
微电子中心 Microelectronics R&D Center	0	0	0	0	20
电子学研究所 Inst. of Electronics	22	425	54	54	48
自动化研究所 Inst. of Automation	21	1739	59	58	29
电工研究所 Inst. of Electric Engineering	7	89	10	10	10
工程热物理研究所 Inst. of Engineering Thermophysics	5	58	15	14	24
空间科学与应用研究中心 Space Science and Technology Center	48	1811	221	201	10
遥感卫星地面站 Remote Sensing Satellite Ground Station	0	0	0	0	9
自然科学史研究所 Inst. of History of Natural Sciences	28	280	51	51	0
科技政策与管理科学研究所 Institute of Science Policy and Management	12	89	18	17	25
河北省 Hebei Province	5	64	8	8	18
石家庄农业现代化研究所 Shijiazhuang Inst. of Agricultural Modernization	5	64	8	8	18
山西省 Shanxi Province	0	0	0	0	25

续上表

投入经费（千元）Fund input (thousand yuan)	课题组人员（人·年）Personnel input (man·year)	科学家工程师 Scientists & engineers	试验发展课题（个）Experimental development	投入经费（千元）Fund input (thousand yuan)	课题组人员（人·年）Personnel input (man·year)	科学家工程师 Scientists & engineers
9247	211	182	34	2113	142	124
511	41	40	5	607	15	15
817	44	44	0	0	0	0
655	37	34	3	32	5	5
7499	97	74	1	136	2	1
4027	73	64	5	212	11	9
5947	198	183	1	229	3	3
966	66	63	6	1041	17	15
910	56	47	26	883	59	51
827	76	70	3	182	9	7
715	101	90	1	183	35	31
333	17	16	6	223	14	14
0	0	0	0	0	0	0
246	40	40	0	0	0	0
950	67	67	5	64	8	8
950	67	67	5	64	8	8
1345	126	97	11	1686	80	54

地区、学科及科研单位 Region, field and institute	基础研究课题 (个) Basic research	投入经费 (千元) Fund input (thousand yuan)	课题组人员 (人·年) Personnel input (man·year)	科学家 工程师 Scientists & engineers	应用研究课题 (个) Applied research
山西煤炭化学研究所 Shanxi Inst. of Coal Chemistry	0	0	0	0	25
辽宁省 Liaoning Province	109	2172	242	209	331
大连化学物理研究所 Dalian Inst. of Chemical Physics	33	858	82	65	41
沈阳应用生态研究所 Shenyang Inst. of Applied Ecology	39	355	74	66	67
沈阳计算技术研究所 Shenyang Inst. of Computing Technology	0	0	0	0	26
沈阳自动化研究所 Shenyang Inst. of Automation	0	0	0	0	45
金属研究所 Inst. of Metals Research	27	812	69	63	126
金属腐蚀与防护研究所 Inst. of Corrosion and Protection of Metals	10	147	17	15	26
吉林省 Jilin Province	109	2814	205	185	196
长春物理研究所 Changchun Inst. of Physics	20	357	39	38	50
长春人造卫星观测站 Changchun Satellite Observation Station	0	0	0	0	1
长春应用化学研究所 Changchun Inst. of Applied Chemistry	74	2325	136	120	21
长春地理研究所 Changchun Inst. of Geography	11	107	23	20	21
长春光学精密机械研究所 Changchun Inst. of Optics and Fine Mechanics	4	25	7	7	64
黑龙江省 Heilongjiang Province	0	0	0	0	2

续上表

投入经费（千元）Fund input (thousand yuan)	课题组人员（人·年）Personnel input (man·year)	科学家工程师 Scientists & engineers	试验发展课题（个）Experimental development	投入经费（千元）Fund input (thousand yuan)	课题组人员（人·年）Personnel input (man·year)	科学家工程师 Scientists & engineers
1345	126	97	11	1686	80	54
11588	810	725	125	16100	472	426
2908	124	100	10	511	29	23
1381	130	119	4	104	10	10
542	59	55	35	2557	108	89
785	93	92	42	12017	250	239
5422	355	311	17	529	45	36
550	49	48	17	382	30	29
7005	644	585	86	4491	362	308
1000	125	114	8	255	24	19
60	3	3	0	0	0	0
3131	219	202	34	638	118	102
525	62	57	2	12	4	2
2289	235	209	42	3586	216	185
12	3	3	18	341	41	41

地区、学科及科研单位 Region, field and institute	基础研究课题 (个) Basic research	投入经费 (千元) Fund input (thousand yuan)	课题组人员 (人·年) Personnel input (man·year)	科学家 工程师 Scientists & engineers	应用研究课题 (个) Applied research
黑龙江农业现代化研究所 Heilongjiang Institute of Agricultural Modernization	0	0	0	0	2
上海市 Shanghai	302	20923	1038	927	459
上海原子核研究所 Shanghai Inst. of Nuclear Research	19	914	85	80	57
上海天文台 Shanghai Observatory	20	1157	90	84	20
上海硅酸盐研究所 Shanghai Inst. of Ceramics	11	312	36	30	49
上海有机化学研究所 Shanghai Inst. of Organic Chemistry	51	3126	198	188	69
上海植物生理研究所、 Shanghai Inst. of Plant Physiology	27	844	81	71	25
上海昆虫研究所 Shanghai Inst. of Entomology	19	422	49	43	18
上海药物研究所 Shanghai Inst. of Materia Medica	5	996	32	29	35
上海生理研究所 Shanghai Inst. of Physiology	32	2217	85	72	1
上海生物化学研究所 Shanghai Inst. of Biochemistry	29	2668	144	115	8
上海细胞生物学研究所 Shanghai Inst. of Cell Biology	18	519	53	46	14
上海脑研究所 Shanghai Inst. of Brain Research	17	594	29	27	1
上海生物工程研究中心 Shanghai Bioengineering Research Center	1	8	4	2	6
上海冶金研究所 Shanghai Inst. of Metallurgy	2	20	6	5	38
上海光学精密机械研究所 Shanghai Inst. of Optics and Fine Mechanics	19	1882	79	72	72

续上表

投入经费（千元）Fund input (thousand yuan)	课题组人员（人·年）Personnel input (man·year)		试验发展课题（个）Experimental development	投入经费（千元）Fund input (thousand yuan)	课题组人员（人·年）Personnel input (man·year)	
		科学家工程师 Scientists & engineers				科学家工程师 Scientists & engineers
12	3	3	18	341		41
51808	2177	1868	46	4204	208	161
3108	235	211	4	164	17	13
5059	123	110	2	187	14	14
4706	236	195	5	360	22	14
6056	272	237	4	106	9	8
4979	79	71	0	0	0	0
703	79	71	1	28	2	2
3680	217	182	0	0	0	0
113	1	1	0	0	0	0
827	49	40	0	0	0	0
343	84	74	1	52	12	8
23	1	1	1	17	1	1
806	19	17	8	964	24	17
2772	217	197	2	9	3	3
2318	179	160	9	192	18	14

地区、学科及科研单位 Region, field and institute	基础研究课题（个） Basic research	投入经费（千元） Fund input (thousand yuan)	课题组人员（人·年） Personnel input (man·year)	科学家工程师 Scientists & engineers	应用研究课题（个） Applied research
上海技术物理研究所 Shanghai Inst. of Technical Physics	32	5244	67	63	46
江苏省 Jiangsu Province	171	3669	334	326	145
紫金山天文台 Purple Mountain Observatory	59	1803	88	86	37
南京地理与湖泊研究所 Nanjing Institute of Geography and Limnology	18	253	30	29	48
南京地质古生物研究所 Nanjing Inst. of Geology and Palaeontology	76	1349	148	145	5
南京土壤研究所 Nanjing Inst. of Soil Science	18	264	68	66	55
安徽省 Anhui Province	76	8317	295	214	129
固体物理研究所 Inst. of Solid State Physics	19	1200	50	42	15
等离子体物理研究所 Inst. of Plasma Physics	43	6744	218	149	17
合肥智能机械研究所 Hefei Inst. of Intelligent Machines	1	21	2	1	26
安徽光学精密机械研究所 Anhui Inst. of Optics and Fine Mechanics	13	352	25	22	71
福建省 Fujian Province	57	998	104	95	29
福建物质结构研究所 Fujian Inst. of Research on the Structure of Matter	57	998	104	95	29
山东省 Shandong Province	75	1075	191	149	63

续上表

投入经费（千元）Fund input (thousand yuan)	课题组人员（人·年）Personnel input (man·year)	科学家工程师 Scientists & engineers	试验发展课题（个）Experimental development	投入经费（千元）Fund input (thousand yuan)	课题组人员（人·年）Personnel input (man·year)	科学家工程师 Scientists & engineers
16315	386	301	9	2125	86	67
7657	381	355	15	965	37	35
2605	100	85	2	67	4	4
829	90	84	6	28	6	5
114	18	18	0	0	0	0
4109	173	168	7	870	27	26
9590	417	347	8	191	21	15
774	40	34	1	39	5	3
2331	93	60	0	0	0	0
645	57	55	2	52	3	3
5840	227	198	5	100	13	9
762	31	27	9	593	18	15
762	31	27	9	593	18	15
1171	152	124	4	41	7	7

地区、学科及科研单位 Region, field and institute	基础研究课题 (个) Basic research	投入经费 (千元) Fund input (thousand yuan)	课题组人员 (人·年) Personnel input (man·year)	科学家 工程师 Scientists & engineers	应用研究课题 (个) Applied research
海洋研究所 Inst. of Oceanology	75	1075	191	149	63
湖北省、湖南省 Hubei and Hunan Provinces	146	3667	311	278	126
武汉数学物理研究所 Wuhan Inst. of Mathematical Physics	8	279	29	29	1
武汉物理研究所 Wuhan Inst. of Physics	26	1251	56	56	11
武汉岩土力学研究所 Wuhan Inst. of Rock and Soil Mechanics	4	79	7	6	10
测量与地球物理研究所 Inst. of Geodesy and Geophysics	26	685	49	42	17
武汉植物研究所 Wuhan Inst. of Botany	20	212	42	34	7
水生生物研究所 Inst. of Hydrobiology	31	563	52	45	43
武汉病毒研究所 Wuhan Inst. of Virology	19	371	50	41	27
长沙大地构造研究所 Changsha Inst. of Geotectonics	7	120	16	16	7
长沙农业现代化研究所 Changsha Inst. of Agricultural Modernization	5	107	10	9	3
广东省 Guangdong Province	133	2867	228	211	245
广州人造卫星观测站 Guangzhou Satellite Observation Station	1	137	3	1	8
广州化学研究所 Guangzhou Inst. of Chemistry	19	265	30	28	50
广州地质新技术研究所 Guangzhou Institute of New Geotechnology	50	894	78	76	38
南海海洋研究所 South China Sea Inst. of Oceanology	35	894	50	46	63

续上表

投入经费（千元）Fund input (thousand yuan)	课题组人员（人·年）Personnel input (man·year)	科学家工程师 Scientists & engineers	试验发展课题（个）Experimental development	投入经费（千元）Fund input (thousand yuan)	课题组人员（人·年）Personnel input (man·year)	科学家工程师 Scientists & engineers
1171	152	124	4	41	7	7
3198	309	270	32	1250	75	62
56	4	4	0	0	0	0
510	34	34	6	536	19	19
211	27	26	6	395	24	17
586	49	44	0	0	0	0
117	17	14	0	0	0	0
660	87	76	15	247	26	20
483	62	44	0	0	0	0
453	24	23	1	24	3	3
122	5	5	4	48	3	3
6601	500	448	55	1355	121	104
228	8	7	2	91	4	4
908	113	102	17	435	46	38
845	57	54	4	35	4	4
2454	130	114	5	97	5	4

地区、学科及科研单位 Region，field and institute	基础研究课题 （个） Basic research	投入经费 （千元） Fund input （thousand yuan）	课题组人员 （人·年） Personnel input （man·year）	科学家 工程师 Scientists & engineers	应用研究课题 （个） Applied research
华南植物研究所 South China Inst. of Botany	24	621	60	54	50
广州电子研究所 Guangzhou Inst. of Electronic Technology	0	0	0	0	7
广州能源研究所 Guangzhou Inst. of Energy Conversion	4	56	7	6	29
四川省 Sichuan Province	58	2511	176	157	143
成都有机化学研究所 Chengdu Inst. of Organic Chemistry	7	450	28	27	21
成都山地灾害与环境研究所 Chengdu Inst. of Mountain Hazards and Environment	3	531	7	7	21
成都生物研究所 Chengdu Inst. of Biology	26	315	44	37	42
成都计算机应用研究所 Chengdu Inst. of Computer Application	11	63	24	24	29
光电技术研究所 Inst. of Optics and Electronics	11	1152	73	62	30
贵州省 Guizhou Province	52	1202	157	144	30
贵阳地球化学研究所 Guiyang Inst. of Geochemistry	52	1202	157	144	30
云南省 Yunnan Province	122	2877	201	172	137
云南天文台 Yunnan Observatory	70	1402	107	93	33
昆明植物研究所 Kunming Inst. of Botany	24	747	38	33	52
昆明生态研究所 Kunming Inst. of Ecology	12	156	21	16	27
昆明动物研究所 Kunming Inst. of Zoology	16	572	35	30	25
陕西省 Shaanxi Province	15	260	51	40	53

续上表

投入经费（千元）Fund input (thousand yuan)	课题组人员（人·年）Personnel input (man·year)	科学家工程师 Scientists & engineers	试验发展课题（个）Experimental development	投入经费（千元）Fund input (thousand yuan)	课题组人员（人·年）Personnel input (man·year)	科学家工程师 Scientists & engineers
1405	124	109	9	240	23	18
164	18	17	14	440	35	32
597	50	45	4	17	4	4
5967	469	422	38	3897	216	177
1301	75	70	7	436	26	23
622	42	35	0	0	0	0
798	107	89	14	566	43	39
1711	106	104	6	113	18	18
1535	139	124	11	2782	129	97
754	101	89	2	36	8	8
754	101	89	2	36	8	8
3970	245	207	34	1716	85	62
903	54	47	0	0	0	0
1391	83	67	28	1278	61	42
451	39	34	0	0	0	0
1225	69	59	6	438	24	20
5498	383	318	8	457	16	14

地区、学科及科研单位 Region, field and institute	基础研究课题（个） Basic research	投入经费（千元） Fund input (thousand yuan)	课题组人员（人·年） Personnel input (man·year)	科学家 工程师 Scientists & engineers	应用研究课题（个） Applied research
陕西天文台 Shaanxi Observatory	6	85	4	4	8
西北水土保持研究所 Northwest Inst. of Soil and Water Conservation	0	0	0	0	26
西安光学精密机械研究所 Xi'an Inst. of Optics and Fine Mechanics	9	175	47	36	19
甘肃省、青海省 Gansu and Qinghai Provinces	224	9738	622	550	190
近代物理研究所 Inst. of Modern Physics	85	2863	219	194	4
兰州化学物理研究所 Lanzhou Inst. of Chemical Physics	10	133	16	15	82
兰州冰川冻土研究所 Lanzhou Inst. of Glaciology and Geocryology	25	2194	127	105	19
兰州沙漠研究所 Lanzhou Inst. of Desert Research	2	1032	10	9	14
兰州地质研究所 Lanzhou Inst. of Geology	30	996	68	62	19
兰州高原大气物理研究所 Lanzhou Inst. of Plateau Atmospheric Physics	32	917	64	53	7
青海盐湖研究所 Qinghai Inst. of Saline Lakes	20	902	81	75	17
西北高原生物研究所 Northwest Inst. of Plateau Biology	20	701	37	37	28
新疆维吾尔自治区 Xinjiang Uygur Autonomous Region	133	2867	228	211	245
新疆物理研究所 Xinjiang Inst. of Physics	0	0	0	0	13
乌鲁木齐天文站 Urumqi Working Station of Astronomy	7	204	25	15	3

续上表

投入经费（千元）Fund input (thousand yuan)	课题组人员（人·年）Personnel input (man·year)	科学家工程师 Scientists & engineers	试验发展课题（个）Experimental development	投入经费（千元）Fund input (thousand yuan)	课题组人员（人·年）Personnel input (man·year)	科学家工程师 Scientists & engineers
93	9	9	7	227	10	9
1040	125	114	0	0	0	0
4365	249	195	1	230	6	5
8493	527	474	12	517	22	19
66	7	7	0	0	0	0
2333	208	186	7	306	15	12
802	79	69	2	65	4	4
2993	57	54	0	0	0	0
901	43	39	0	0	0	0
98	11	11	3	146	3	3
574	68	59	0	0	0	0
726	54	49	0	0	0	0
6601	500	448	55	1355	121	104
681	35	33	21	1316	66	63
36	7	7	2	171	22	19

地区、学科及科研单位 Region, field and institute	基础研究课题 （个） Basic research	投入经费 （千元） Fund input (thousand yuan)	课题组人员 （人·年） Personnel input (man·year)	科学家 工程师 Scientists & engineers	应用研究课题 （个） Applied research
新疆化学研究所 Xinjiang Inst. of Chemistry	2	48	7	7	10
新疆地理研究所 Xinjiang Inst. of Geography	7	237	21	19	22
新疆生物土壤沙漠研究所 Xinjiang Inst. of Biology, Pedology and Desert Research	9	1169	38	30	42

续上表

投入经费（千元）Fund input (thousand yuan)	课题组人员（人·年）Personnel input (man·year)		试验发展课题（个）Experimental development	投入经费（千元）Fund input (thousand yuan)	课题组人员（人·年）Personnel input (man·year)	
		科学家工程师 Scientists & engineers				科学家工程师 Scientists & engineers
245	31	27	4	121	13	12
609	62	61	1	49	1	1
1562	107	94	10	266	16	14

地区及学科 Region and field	研究与试验发展成果应用课题（个） Application of R&D results	投入经费（千元） Fund input (thousand yuan)	课题组人员（人·年） Personnel input (man·year)	科学家工程师 Scientists & engineers	科技服务课题（个） S&T services
总计 **Total**	**494**	**42220**	**1644**	**1387**	**257**
一、按地区分 By region					
北京地区 Beijing	153	13170	428	384	80
沈阳分院 Shenyang Branch	64	4535	197	168	12
长春分院 Changchun Branch	24	3002	88	77	8
上海分院 Shanghai Branch	44	6976	245	205	26
南京分院 Nanjing Branch	2	33	2	2	6
合肥分院 Hefei Branch	12	706	33	27	11
武汉分院 Wuhan Branch	58	2044	145	117	9
广州分院 Guangzhou Branch	52	2449	150	129	18
成都分院 Chengdu Branch	19	5604	107	78	2
昆明分院 Kunming Branch	5	296	15	9	26
西安分院 Xi'an Branch	18	1366	98	82	17
兰州分院 Lanzhou Branch	13	641	38	35	24

活动类型分类（二）（1991年）

Research Units，by Type of Research (2)：1991

投入经费（千元）Fund input (thousand yuan)	课题组人员（人·年）Personnel input (man·year)	科学家工程师 Scientists & engineers	生产性活动课题（个）Production activities	投入经费（千元）Fund input (thousand yuan)	课题组人员（人·年）Personnel input (man·year)	科学家工程师 Scientists & engineers
44734	**1513**	**1044**	**28**	**4270**	**311**	**92**
15958	460	335	6	410	19	13
234	38	38	2	18	3	3
610	37	30	1	10	3	2
8544	101	83	4	2112	225	32
37	5	5	0	0	0	0
270	24	18	7	758	30	18
439	26	19	4	790	21	16
1111	46	42	0	0	0	0
238	14	9	3	169	9	7
933	54	40	0	0	0	0
5209	377	212	0	0	0	0
10749	289	177	1	3	1	1

地区及学科 Region and field	研究与试验发展成果应用课题（个） Application of R&D results	投入经费（千元） Fund input (thousand yuan)	课题组人员（人·年） Personnel input (man·year)	科学家工程师 Scientists & engineers	科技服务课题（个） S&T services
新疆分院 Xinjiang Branch	1	44	1	1	2
其他地区 Other regions	29	1354	97	73	16
二、按学科分 By field					
数学、物理 Mathematics & physics	92	8858	265	220	96
化学与化工 Chemistry & chemical engineering	56	2743	194	153	27
地学 Earth sciences	20	423	63	60	36
生物学 Biological sciences	75	1891	141	127	23
技术科学 Technological sciences	251	28305	981	827	71
其他 Others	0	0	0	0	4

投入经费 (千元) Fund input (thousand yuan)	课题组人员 (人·年) Personnel input (man·year)	科学家工程师 Scientists & engineers	生产性活动课题 (个) Production activities	投入经费 (千元) Fund input (thousand yuan)	课题组人员 (人·年) Personnel input (man·year)	科学家工程师 Scientists & engineers
124	10	7	0	0	0	0
278	32	29	0	0	0	0
22005	833	511	6	891	31	22
8129	75	62	4	2021	221	30
1798	151	139	2	13	4	3
713	62	52	0	0	0	0
12048	385	274	16	1345	55	37
41	7	6	0	0	0	0

地区及学科 Region and field	自然科学 Natural sciences			工程科学与技术 Engineering & technology		
	课题数合计（个） Total projects	投入经费（千元） Fund input (thousand yuan)	课题组人员（人·年） Personnel input (man·year)	课题数合计（个） Total projects	投入经费（千元） Fund input (thousand yuan)	课题组人员（人·年） Personnel input (man·year)
总计 Total	**5220**	**247493**	**15469**	**2445**	**209077**	**8884**
一、按地区分 By region						
北京地区 Beijing	1940	100360	6120	894	75817	2911
沈阳分院 Shenyang Branch	143	2783	317	448	30956	1343
长春分院 Changchun Branch	231	7442	671	185	10235	640
上海分院 Shanghai Branch	538	46873	2123	314	44929	1715
南京分院 Nanjing Branch	227	5665	437	27	1354	54
合肥分院 Hefei Branch	136	14228	510	106	5603	309
武汉分院 Wuhan Branch	314	9354	748	24	1509	86
广州分院 Guangzhou Branch	342	8885	666	144	5097	345
成都分院 Chengdu Branch	165	6620	493	87	11483	461
昆明分院 Kunming Branch	299	8674	541	9	215	21
西安分院 Xi'an Branch	79	8300	659	22	3777	202

按学科领域分类（1991年）

in CAS Research Units，by Field of Study：1991

医学科学 Medical sciences			农业科学 Agricultural sciences			社会人文科学 Social sciences and humanities		
课题数合计（个）Total projects	投入经费（千元）Fund input（thousand yuan）	课题组人员（人·年）Personnel input（man·year）	课题数合计（个）Total projects	投入经费（千元）Fund input（thousand yuan）	课题组人员（人·年）Personnel input（man·year）	课题数合计（个）Total projects	投入经费（千元）Fund input（thousand yuan）	课题组人员（人·年）Personnel input（man·year）
52	**2887**	**185**	**304**	**12402**	**840**	**30**	**969**	**85**
5	311	12	13	297	70	23	216	36
2	20	3	50	888	99	0	0	0
1	1	2	7	254	26	0	0	0
23	2123	119	3	255	14	3	387	23
0	0	0	83	5322	266	2	20	2
1	1	1	0	0	0	0	0	0
2	22	3	35	503	50	0	0	0
3	56	8	14	345	26	0	0	0
5	28	14	6	255	23	0	0	0
7	309	17	9	594	21	0	0	0
0	0	0	9	372	43	1	341	21

地区及学科 Region and field	自然科学 Natural sciences			工程科学与技术 Engineering & technology		
	课题数合计 （个） Total projects	投入经费 （千元） Fund input (thousand yuan)	课题组人员 （人·年） Personnel input (man·year)	课题数合计 （个） Total projects	投入经费 （千元） Fund input (thousand yuan)	课题组人员 （人·年） Personnel input (man·year)
兰州分院 Lanzhou Branch	369	16048	1022	83	12612	444
新疆分院 Xinjiang Branch	109	4871	338	36	1680	93
其他地区 Other regions	328	7390	824	66	3810	260
二、按学科分 By field						
数学、物理 Mathematics & physics	1385	79873	4320	312	40284	1304
化学与化工 Chemistry & chemical engineering	826	40554	2652	390	24413	1518
地学 Earth sciences	1217	42083	3314	79	1719	187
生物学 Biological sciences	1395	55346	3710	67	1855	201
技术科学 Technological sciences	397	29637	1473	1547	140283	5584
其他 Others	0	0	0	50	523	90

续上表

医学科学 Medical sciences			农业科学 Agricultural sciences			社会人文科学 Social sciences and humanities		
课题数合计（个）Total projects	投入经费（千元）Fund input (thousand yuan)	课题组人员（人·年）Personnel input (man·year)	课题数合计（个）Total projects	投入经费（千元）Fund input (thousand yuan)	课题组人员（人·年）Personnel input (man·year)	课题数合计（个）Total projects	投入经费（千元）Fund input (thousand yuan)	课题组人员（人·年）Personnel input (man·year)
0	0	0	12	1481	33	0	0	0
0	0	0	11	331	31	0	0	0
3	16	6	52	1505	138	1	5	3
4	127	11	2	124	7	4	605	36
3	85	9	5	240	16	5	185	16
3	11	6	39	1905	125	0	0	0
35	2618	143	258	10133	692	1	5	3
7	46	16	0	0	0	1	41	4
0	0	0	0	0	0	19	133	26

科研机构课题综合情况（1991年）

Statistics of Research Projects in CAS Research Units：1991

地区、学科及科研单位 Region，field and institute	课题数合计（个） Total projects	投入经费（千元） Fund input (thousand yuan)	课题组人员合计（人·年） Personnel input (man·year)	科学家工程师 Scientists & engineers	其他科技人员 Other S&T personnel
总计 Total	**8051**	**472828**	**25463**	**22063**	**1838**
一、按地区分 By region					
北京地区 Beijing	2875	177001	9149	8263	469
沈阳分院 Shenyang Branch	643	34647	1762	1569	84
长春分院 Changchun Branch	424	17932	1339	1187	117
上海分院 Shanghai Branch	881	94567	3994	3276	398
南京分院 Nanjing Branch	339	12361	759	723	26
合肥分院 Hefei Branch	243	19832	820	639	30
武汉分院 Wuhan Branch	375	11388	887	762	77
广州分院 Guangzhou Branch	503	14383	1045	934	95
成都分院 Chengdu Branch	263	18386	991	850	97
昆明分院 Kunming Branch	324	9792	600	490	47
西安分院 Xi'an Branch	111	12790	925	666	119
兰州分院 Lanzhou Branch	464	30141	1499	1256	205
新疆分院 Xinjiang Branch	156	6882	462	410	48
其他地区 Other regions	450	12726	1231	1038	26
二、按学科分 By field					
数学、物理 Mathematics & physics	1707	121013	5678	4814	441

续上表

地区、学科及科研单位 Region，field and institute	课题数合计（个） Total projects	投入经费（千元） Fund input (thousand yuan)	课题组人员合计（人·年） Personnel input (man·year)	科学家工程师 Scientists & engineers	其他科技人员 Other S&T personnel
化学与化工 Chemistry & chemical engineering	1229	65477	4211	3513	329
地学 Earth sciences	1338	45718	3632	3322	160
生物学 Biological sciences	1756	69957	4749	4176	353
技术科学 Technological sciences	1952	170007	7077	6124	554
其他 Others	69	656	116	114	1
三、按科研单位分 By institute					
北京市 Beijing	2875	177001	9149	8263	469
数学研究所 Inst. of Mathematics	34	379	94	94	0
应用数学研究所 Inst. of Applied Mathematics	55	784	79	79	0
系统科学研究所 Inst. of Systems Science	202	1527	162	162	0
物理研究所 Inst. of Physics	56	10614	458	390	2
声学研究所 Inst. of Acoustics	145	9282	426	404	13
理论物理研究所 Inst. of Theoretical Physics	15	279	63	63	0
低温技术实验中心 The Cryogenic Laboratory	23	635	57	52	1
高能物理研究所 Inst. of High Energy Physics	168	20356	687	606	65
北京天文台 Beijing Astronomical Observatory	33	6812	161	139	10
力学研究所 Inst. of Mechanics	124	9548	432	383	37
化学研究所 Inst. of Chemistry	80	5121	510	445	57

续上表

地区、学科及科研单位 Region, field and institute	课题数合计（个） Total projects	投入经费（千元） Fund input (thousand yuan)	课题组人员合计（人·年） Personnel input (man·year)	科学家工程师 Scientists & engineers	其他科技人员 Other S&T personnel
感光化学研究所 Inst. of Photographic Chemistry	52	1811	174	167	7
生态环境研究中心 Research Center for Eco-Environmental Sciences	82	1413	183	174	5
化工冶金研究所 Inst. of Chemical Metallurgy	93	5803	300	263	7
地理研究所 Inst. of Geography	108	6150	254	237	8
遥感应用研究所 Institute of Remote Sensing Application	20	1726	139	130	9
地质研究所 Inst. of Geology	80	2829	262	246	9
地球物理研究所 Inst. of Geophysics	63	2317	115	114	1
古脊椎动物与古人类研究所 Inst. of Vertebrate Paleontology and Paleoanthropology	58	883	101	100	1
大气物理研究所 Inst. of Atmospheric Physics	50	1746	169	145	24
自然资源综合考察委员会 Commission for Integrated Surveys of Natural Resources	38	1964	432	424	4
植物研究所 Inst. of Botany	74	1346	150	137	8
动物研究所 Inst. of Zoology	86	1238	208	192	7
心理研究所 Inst. of Psychology	40	624	118	98	17
微生物研究所 Inst. of Microbiology	99	5671	274	259	9
生物物理研究所 Inst. of Biophysics	100	3447	359	328	10
遗传研究所 Inst. of Genetics	77	5045	224	187	8
发育生物学研究所 Inst. of Developmental Biology	17	2178	67	57	7

续上表

地区、学科及科研单位 Region, field and institute	课题数合计 （个） Total projects	投入经费 （千元） Fund input (thousand yuan)	课题组人员合计 （人·年） Personnel input (man·year)	科学家 工程师 Scientists & engineers	其他科 技人员 Other S&T personnel
计算技术研究所 Inst. of Computing Technology	92	11885	430	345	14
计算中心 Computing Center	77	1771	137	136	1
软件研究所 Inst. of Software	40	1006	56	56	0
北京软件工程研制中心 Beijing Software Engineering Center	24	1203	78	75	3
半导体研究所 Inst. of Semiconductors	91	12390	166	132	12
微电子中心 Microelectronics R&D Center	25	4239	84	73	10
电子学研究所 Inst. of Electronics	99	8182	389	347	35
自动化研究所 Inst. of Automation	69	5603	166	160	4
电工研究所 Inst. of Electric Engineering	99	4677	234	198	29
工程热物理研究所 Inst. of Engineering Thermophysics	34	1131	107	97	6
空间科学与应用研究中心 Space Science and Technology Center	65	3335	419	376	18
遥感卫星地面站 Remote-Sensing Satellite Ground Station	19	9395	109	79	10
自然科学史研究所 Inst. of History of Natural Sciences	32	321	58	57	0
科技政策与管理科学研究所 Inst. of Science Policy and Management	37	335	58	57	1
河北省 Hebei Province	28	1078	83	83	0
石家庄农业现代化研究所 Shijiazhuang Inst. of Agricultural Modernization	28	1078	83	83	0

续上表

地区、学科及科研单位 Region, field and institute	课题数合计(个) Total projects	投入经费(千元) Fund input (thousand yuan)	课题组人员合计(人·年) Personnel input (man·year)	科学家工程师 Scientists & engineers	其他科技人员 Other S&T personnel
山西省 Shanxi Province	38	3239	265	191	13
山西煤炭化学研究所 Shanxi Inst. of Coal Chemistry	38	3239	265	191	13
辽宁省 Liaoning Province	643	34647	1762	1569	84
大连化学物理研究所 Dalian Inst. of Chemical Physics	84	4277	235	188	1
沈阳应用生态研究所 Shenyang Inst. of Applied Ecology	118	1981	233	213	17
沈阳计算技术研究所 Shenyang Inst. of Computing Technology	78	4365	235	202	17
沈阳自动化研究所 Shenyang Inst. of Automation	91	13381	357	344	13
金属研究所 Inst. of Metals Research	219	9564	606	530	33
金属腐蚀与防护研究所 Inst. of Corrosion and Protection of Metals	53	1079	96	92	3
吉林省 Jilin Province	424	17932	1339	1187	117
长春物理研究所 Changchun Inst. of Physics	89	1786	217	196	17
长春人造卫星观测站 Changchun Satellite Observation Station	5	609	32	25	7
长春应用化学研究所 Changchun Inst. of Applied Chemistry	168	6094	473	424	49
长春地理研究所 Changchun Inst. of Geography	43	761	110	99	4
长春光学精密机械研究所 Changchun Inst. of Optics and Fine Mechanics	119	8682	507	443	40
黑龙江省 Heilongjiang Province	30	494	65	65	0

续上表

地区、学科及科研单位 Region, field and institute	课题数合计 (个) Total projects	投入经费 (千元) Fund input (thousand yuan)	课题组人员合计 (人·年) Personnel input (man·year)	科学家工程师 Scientists & engineers	其他科技人员 Other S&T personnel
黑龙江农业现代化研究所 Heilongjiang Institute of Agricultural Modernization	30	494	65	65	0
上海市 Shanghai	881	94567	3994	3276	398
上海原子核研究所 Shanghai Inst. of Nuclear Research	83	4353	350	313	32
上海天文台 Shanghai Observatory	44	6732	246	219	16
上海硅酸盐研究所 Shanghai Inst. of Ceramics	67	5493	300	245	32
上海有机化学研究所 Shanghai Inst. of Organic Chemistry	156	19444	773	524	81
上海植物生理研究所 Shanghai Inst. of Plant Physiology	57	6127	172	154	8
上海昆虫研究所 Shanghai Inst. of Entomology	38	1153	130	116	12
上海药物研究所 Shanghai Inst. of Materia Medica	40	4676	249	211	25
上海生理研究所 Shanghai Inst. of Physiology	34	2402	89	76	9
上海生物化学研究所 Shanghai Inst. of Biochemistry	39	3537	201	163	23
上海细胞生物学研究所 Shanghai Inst. of Cell Biology	33	914	149	128	19
上海脑研究所 Shanghai Inst. of Brain Research	19	634	31	29	2
上海生物工程研究中心 Shanghai Bioengineering Research Center	15	1778	47	36	11
上海冶金研究所 Shanghai Inst. of Metallurgy	58	3829	351	320	24
上海光学精密机械研究所 Shanghai Inst. of Optics and Fine Mechanics	110	9528	358	303	34

续上表

地区、学科及科研单位 Region, field and institute	课题数合计 (个) Total projects	投入经费 (千元) Fund input (thousand yuan)	课题组人员合计 (人·年) Personnel input (man·year)	科学家工程师 Scientists & engineers	其他科技人员 Other S&T personnel
上海技术物理研究所 Shanghai Inst. of Technical Physics	88	23967	548	439	70
江苏省 Jiangsu Province	339	12361	759	723	26
紫金山天文台 Purple Mountain Observatory	103	4521	197	180	15
南京地理与湖泊研究所 Nanjing Inst. of Geography and Limnology	75	1134	128	120	6
南京地质古生物研究所 Nanjing Inst. of Geology and Palaeontology	81	1463	166	163	2
南京土壤研究所 Nanjing Inst. of Soil Science	80	5243	268	260	3
安徽省 Anhui Province	243	19832	820	639	30
固体物理研究所 Inst. of Solid State Physics	35	2013	95	79	2
等离子体物理研究所 Inst. of Plasma Physics	62	9084	313	211	9
合肥智能机械研究所 Hefei Inst. of Intelligent Machines	30	801	64	61	2
安徽光学精密机械研究所 Anhui Inst. of Optics and Fine Mechanics	116	7934	348	288	17
福建省 Fujian Province	120	3553	188	165	5
福建物质结构研究所 Fujian Inst. of Research on the Structure of Matter	120	3553	188	165	5
山东省 Shandong Province	149	2339	360	289	5
海洋研究所 Inst. of Oceanology	149	2339	360	289	5
湖北省、湖南省 Hubei and Hunan Provinces	375	11388	887	762	77

续上表

地区、学科及科研单位 Region, field and institute	课题数合计(个) Total projects	投入经费(千元) Fund input (thousand yuan)	课题组人员合计(人·年) Personnel input (man·year)	科学家工程师 Scientists & engineers	其他科技人员 Other S&T personnel
武汉数学物理研究所 Wuhan Inst. of Mathematical Physics	9	335	33	33	0
武汉物理研究所 Wuhan Inst. of Physics	43	2297	109	109	0
武汉岩土力学研究所 Wuhan Inst. of Rock and Soil Mechanics	41	3037	166	128	14
测量与地球物理研究所 Inst. of Geodesy and Geophysics	45	1301	101	87	14
武汉植物研究所 Wuhan Inst. of Botany	33	463	72	57	2
水生生物研究所 Inst. of Hydrobiology	95	1785	178	153	20
武汉病毒研究所 Wuhan Inst. of Virology	46	854	112	85	24
长沙大地构造研究所 Changsha Inst. of Geotectonics	15	597	43	42	1
长沙农业现代化研究所 Changsha Inst. of Agricultural Modernization	48	719	73	68	2
广东省 Guangdong Province	503	14383	1045	934	95
广州人造卫星观测站 Guangzhou Satellite Observation Station	16	639	27	23	3
广州化学研究所 Guangzhou Inst. of Chemistry	86	1608	189	168	21
广州地质新技术研究所 Guangzhou Inst. of New Geotechnology	98	1890	146	140	6
南海海洋研究所 South China Sea Inst. of Oceanology	111	4052	205	182	22
华南植物研究所 South China Inst. of Botany	85	2339	211	185	17

续上表

地区、学科及科研单位 Region, field and institute	课题数合计（个） Total projects	投入经费（千元） Fund input (thousand yuan)	课题组人员合计（人·年） Personnel input (man·year)	科学家工程师 Scientists & engineers	其他科技人员 Other S&T personnel
广州电子研究所 Guangzhou Inst. of Electronic Technology	51	2923	169	150	17
广州能源研究所 Guangzhou Inst. of Energy Conversion	56	932	98	86	9
四川省 Sichuan Province	263	18386	991	850	97
成都有机化学研究所 Chengdu Inst. of Organic Chemistry	45	2758	162	148	10
成都山地灾害与环境研究所 Chengdu Inst. of Mountain Hazards and Environment	24	1153	49	42	7
成都生物研究所 Chengdu Inst. of Biology	82	1679	194	165	29
成都计算机应用研究所 Chengdu Inst. of Computer Application	48	1941	155	153	2
光电技术研究所 Inst. of Optics and Electronics	64	10855	431	342	49
贵州省 Guizhou Province	85	2023	270	245	3
贵阳地球化学研究所 Guiyang Inst. of Geochemistry	85	2023	270	245	3
云南省 Yunnan Province	324	9792	600	490	47
云南天文台 Yunnan Observatory	119	2763	191	163	16
昆明植物研究所 Kunming Inst. of Botany	114	4041	210	159	22
昆明生态研究所 Kunming Inst. of Ecology	40	613	62	52	4
昆明动物研究所 Kunming Inst. of Zoology	51	2375	137	116	5
陕西省 Shaanxi Province	111	12790	925	666	119

续上表

地区、学科及科研单位 Region, field and institute	课题数合计 (个) Total projects	投入经费 (千元) Fund input (thousand yuan)	课题组人员合计 (人·年) Personnel input (man·year)	科学家工程师 Scientists & engineers	其他科技人员 Other S&T personnel
陕西天文台 Shaanxi Observatory	46	6312	416	250	28
西北水土保持研究所 Northwest Inst. of Soil and Water Conservation	28	1069	130	119	9
西安光学精密机械研究所 Xi'an Inst. of Optics and Fine Mechanics	37	5409	379	297	82
甘肃省、青海省 Gansu and Qinghai Provinces	464	30141	1499	1256	205
近代物理研究所 Inst. of Modern Physics	109	13829	508	374	134
兰州化学物理研究所 Lanzhou Inst. of Chemical Physics	105	2973	259	231	24
兰州冰川冻土研究所 Lanzhou Inst. of Glaciology and Geocryology	47	3064	211	179	1
兰州沙漠研究所 Lanzhou Inst. of Desert Research	16	4025	67	63	4
兰州地质研究所 Lanzhou Inst. of Geology	49	1897	111	101	10
兰州高原大气物理研究所 Lanzhou Inst. of Plateau Atmospheric Physics	52	1420	102	87	15
青海盐湖研究所 Qinghai Inst. of Saline Lakes	37	1476	149	134	12
西北高原生物研究所 Northwest Inst. of Plateau Biology	49	1457	92	87	5
新疆维吾尔自治区 Xinjiang Uygur Autonomous Region	503	14383	1045	934	95
新疆物理研究所 Xinjiang Inst. of Physics	35	2041	102	97	5
乌鲁木齐天文站 Urumqi Working Station of Astronomy	13	446	57	42	15

续上表

地区、学科及科研单位 Region, field and institute	课题数合计（个） Total projects	投入经费（千元） Fund input (thousand yuan)	课题组人员合计（人·年） Personnel input (man·year)	科学家工程师 Scientists & engineers	其他科技人员 Other S&T personnel
新疆化学研究所 Xinjiang Inst. of Chemistry	16	414	51	46	5
新疆地理研究所 Xinjiang Inst. of Geography	31	984	91	87	4
新疆生物土壤沙漠研究所 xinjiang Inst. of Biology, Pedology and Desert Research	61	2997	161	138	19

科研机构 R&D 课题数按社会经济目标分类（1991年）

R&D Projects in CAS Research Units, by Socio-Economic Objectives: 1991

单位：个

社会经济目标 Socio-economic objectives	课题数合计 Total projects	数学、物理 Mathemaitcs & physics	化学与化工 Chemistry & chemical engineering	地学 Earth sciences	生物学 Biological sciences	技术科学 Technological sciences	其他 Other
合计 Total	**7272**	**1513**	**1142**	**1280**	**1658**	**1614**	**65**
陆地海洋与大气的开发与估价 Exploration and assessment of the earth, the seas and the atmosphere	461	43	4	377	4	33	0
民用宇宙空间 Civil space	221	55	9	28	6	123	0
农业、林业与渔业的发展 Development of agriculture, forestry and fishing	842	19	38	128	644	13	0
促进工业的发展 Promotion of industrial development	795	80	325	23	61	301	5
能源的生产、储存和分配 Production, conservation and distribution of energy	407	98	75	84	11	139	0
交通、通讯事业的发展 Development of transport and communication	121	31	14	7	0	69	0
教育事业的发展 Development of educational services	22	1	2	0	14	5	0
卫生事业的发展 Development of health services	342	33	56	7	218	28	0
社会发展和社会经济服务 Social development and socio-economic services	277	34	54	85	32	52	20
环境维护 Protection of environment	309	28	59	94	119	7	2
知识全面发展 General development of knowledge	2725	940	358	412	508	478	29
国防 National defense	373	98	49	7	3	216	0
其他目标 Other aims	377	53	99	28	38	150	9

科研机构 R&D 课题投入经费按社会经济目标分类（1991年）

Fund Input for R&D Projects in CAS Research Units, by Socio-Economic Objectives: 1991

单位：千元（thousand yuan）

社会经济目标 Socio-economic objectives	课题投入经费合计 Total fund input	数学物理 Mathematics & physics	化学与化工 Chemistry & chemical engineering	地学 Earth sciences	生物学 Biological sciences	技术科学 Technological sciences	其他 Others
合计 Total	**381604**	**89259**	**52584**	**43484**	**1658**	**128309**	**615**
陆地海洋与大气的开发与估价 Exploration and assessment of the earth, the seas and the atmosphere	20082	2205	44	13895	4	3886	0
民用宇宙空间开发 Exploration civil space	20352	2696	623	1112	6	15717	0
农业、林业与渔业的发展 Development of agriculture, forestry and fishing	34830	795	1586	3271	644	799	0
促进工业的发展 Promotion of industrial development	45333	4218	16106	1078	61	21517	36
能源的生产、储存和分配 Production, conservation and distribution of energy	26830	9171	5303	3948	11	7960	0
交通、通讯事业的发展 Development of transport and communication	8092	1413	1145	296	0	5238	0
教育事业的发展 Development of educational services	563	17	61	0	14	216	0
卫生事业的发展 Development of health services	16711	2266	2638	73	218	573	0
社会发展和社会经济服务 Social development and socio-economic services	14870	1395	2151	4050	32	5979	212
环境维护 Protection of environment	8519	1045	1397	3818	119	91	21
知识全面发展 General development of knowledge	128513	52253	14382	11022	508	30711	298
国防 National defense	43336	9494	3694	437	3	29411	0
其他目标 Other aims	13573	2291	3454	484	38	6211	48

科研机构 R&D 课题投入人员按社会经济目标分类（1991年）

Personnel Input for R&D Projects in CAS Research Units, by Socio-Economic Objectives: 1991

单位：人·年（man·year）

社会经济目标 Socio-economic objectives	课题组人员合计 Total personnel input	数学物理 Mathematics & physics	化学与化工 Chemistry & chemical engineering	地学 Earth sciences	生物学 Biological sciences	技术科学 Technological sciences	其他 Others
合计 Total	**21995**	**4549**	**3721**	**3414**	**4546**	**5656**	**109**
陆地海洋与大气的开发与估价 Exploration and assessment of the earth, the seas and the atmosphere	1217	140	11	928	7	131	0
民用宇宙空间 Civil space	961	132	48	104	11	666	0
农业、林业与渔业的发展 Development of agriculture, forestry and fishing	2243	47	127	358	1676	35	0
促进工业的发展 Promotion of industrial development	2682	244	1172	82	175	1002	7
能源的生产、储存和分配 Production, conservation and distribution of energy	1345	389	313	203	27	413	0
交通、通讯事业的发展 Development of transport and communication	435	104	73	23	0	235	0
教育事业的发展 Development of educational services	73	2	8	0	31	32	0
卫生事业的发展 Development of health services	1144	158	183	13	719	71	0
社会发展和社会经济服务 Social development and socio-economic services	864	89	166	304	119	156	30
环境维护 Protection of environment	749	80	148	217	288	12	4
知识全面发展 General development of knowledge	7456	2695	1018	1057	1382	1251	53
国防 National defense	1813	322	197	51	18	1225	0
其他目标 Other aims	1013	147	257	74	93	427	15

科研机构技术领域课题数按八大领域分类（1991年）

Technological Projects in CAS Research Units，by Field：1991

单位：个

地区及学科 Region and field	合计 Total	信息技术 Information technology	生物技术 Biotechnology	新材料 New materials	能源技术 Energy technology	激光技术 Laser technology	自动化技术 Automation technology	航天技术 Space technology	其他技术领域 Other technologies
总计 Total	**3827**	**687**	**463**	**544**	**209**	**221**	**340**	**68**	**1295**
一、按地区分 By region									
北京地区 Beijing	1380	326	121	133	106	42	91	29	532
沈阳分院 Shenyang Branch	434	69	29	114	14	16	100	10	82
长春分院 Changchun Branch	250	49	6	37	1	8	19	4	126
上海分院 Shanghai Branch	599	89	141	132	18	70	10	12	127
南京分院 Nanjing Branch	57	2	36	0	1	1	3	0	14
合肥分院 Hefei Branch	168	29	3	20	8	56	19	1	32
武汉分院 Wuhan Branch	58	0	23	1	4	0	8	0	22
广州分院 Guangzhou Branch	257	27	36	38	39	5	20	3	89
成都分院 Chengdu Branch	118	35	5	8	0	13	28	0	29
昆明分院 Kunming Branch	143	2	22	1	0	1	6	2	109
西安分院 Xi'an Branch	92	32	0	2	0	3	13	3	39
兰州分院 Lanzhou Branch	103	9	6	34	9	1	1	0	43

续上表

地区及学科 Region and field	合计 Total	信息技术 Information technology	生物技术 Biotechnology	新材料 New materials	能源技术 Energy technology	激光技术 Laser technology	自动化技术 Automation technology	航天技术 Space technology	其他技术领域 Other technologies
新疆分院 Xinjiang Branch	79	15	25	3	1	0	15	4	16
其他地区 Other regions	89	3	10	21	8	5	7	0	35
二、按学科分 By field									
数学、物理 Mathematics & physics	863	103	14	62	45	36	72	17	514
化学与化工 Chemistry & chemical engineering	598	21	61	242	27	14	18	5	210
地学 Earth sciences	161	36	14	6	13	1	7	4	80
生物学 Biological sciences	598	3	361	6	2	1	4	0	221
技术科学 Technological sciences	1582	522	13	228	121	169	239	42	248
其他 Others	25	2	0	0	1	0	0	0	22

科研机构技术领域课题投入经费按八大领域分类（1991年）

Fund Input for Technological Projects in CAS Research Units, by Field: 1991

单位：千元（thousand yuan）

地区及学科 Region and field	合计 Total	信息技术 Information technology	生物技术 Biotechnology	新材料 New materials	能源技术 Energy technology	激光技术 Laser technology	自动化技术 Automation technology	航天技术 Space technology	其他技术领域 Other technologies
总计 Total	**310871**	**65353**	**25870**	**28914**	**12604**	**18802**	**52599**	**12043**	**94686**
一、按地区分 By region									
北京地区 Beijing	104753	25065	5547	9917	6682	4987	10421	1703	40431
沈阳分院 Shenyang Branch	40280	5374	566	5203	517	1854	22517	755	3494
长春分院 Changchun Branch	9594	1051	242	593	162	90	2831	72	4553
上海分院 Shanghai Branch	71889	18550	14063	9127	1082	5805	528	8850	13884
南京分院 Nanjing Branch	2576	43	2183	0	24	8	31	0	287
合肥分院 Hefei Branch	10494	915	162	772	705	3795	1354	80	2711
武汉分院 Wuhan Branch	3690	0	334	31	352	0	1339	0	1634
广州分院 Guangzhou Branch	8853	1366	1036	1071	547	552	1882	51	2348
成都分院 Chengdu Branch	15858	6757	42	404	0	1460	5931	0	1264
昆明分院 Kunming Branch	5096	38	988	19	0	6	116	132	3797
西安分院 Xi'an Branch	17664	5182	0	312	0	145	4750	92	7183
兰州分院 Lanzhou Branch	13594	449	100	1012	545	15	200	0	11273

续上表

地区及学科 Region and field	合计 Total	信息技术 Information technology	生物技术 Biotechnology	新材料 New materials	能源技术 Energy technology	激光技术 Laser technology	自动化技术 Automation technology	航天技术 Space technology	其他技术领域 Other technologies
新疆分院 Xinjiang Branch	2102	528	278	58	66	0	483	308	381
其他地区 Other regions	4428	35	329	395	1922	85	216	0	1446
二、按学科分 By field									
数学、物理 Mathematics & physics	80846	9609	630	5323	4485	4580	6292	856	49071
化学与化工 Chemistry & chemical engineering	43464	1960	3621	13692	3241	1511	1179	507	17753
地学 Earth sciences	6703	1072	620	136	759	3	51	162	3900
生物学 Biological sciences	30178	63	20668	75	84	8	39	0	9241
技术科学 Technological sciences	149282	52641	331	9688	3995	12700	45038	10518	14371
其他 Others	398	8	0	0	40	0	0	0	350

科研机构技术领域课题投入人员按八大领域分类（1991年）

Personnel Input for Technological Projects in CAS Research Units，by Field：1991

单位：人·年（man·year）

地区及学科 Region and field	合计 Total	信息技术 Information technology	生物技术 Biotechnology	新材料 New materials	能源技术 Energy technology	激光技术 Laser technology	自动化技术 Automation technology	航天技术 Space technology	其他技术领域 Other technologies
总计 Total	**14059**	**2576**	**1551**	**1923**	**702**	**841**	**1335**	**399**	**4732**
一、按地区分 By region									
北京地区 Beijing	5035	1197	434	577	360	222	273	172	1800
沈阳分院 Shenyang Branch	1341	195	63	350	26	62	394	23	228
长春分院 Changchun Branch	850	137	17	72	6	22	145	16	435
上海分院 Shanghai Branch	3091	504	619	580	64	256	60	153	855
南京分院 Nanjing Branch	167	5	126	0	3	3	6	0	24
合肥分院 Hefei Branch	514	77	8	60	44	167	45	1	112
武汉分院 Wuhan Branch	184	0	35	3	18	0	42	0	86
广州分院 Guangzhou Branch	608	76	83	98	72	11	77	4	187
成都分院 Chengdu Branch	620	231	13	26	0	82	141	0	127
昆明分院 Kunming Branch	296	5	52	1	0	0	10	7	221
西安分院 Xi'an Branch	307	72	0	9	0	9	38	10	169
兰州分院 Lanzhou Branch	499	22	11	86	23	2	9	0	346

续上表

地区及学科 Region and field	合计 Total	信息技术 Information technology	生物技术 Biotechnology	新材料 New materials	能源技术 Energy technology	激光技术 Laser technology	自动化技术 Automation technology	航天技术 Space technology	其他技术领域 Other technologies
新疆分院 Xinjiang Branch	214	50	57	4	5	0	39	13	46
其他地区 Other regions	333	5	33	57	81	5	56	0	96
二、按学科分 By field									
数学、物理 Mathematics & physics	3167	328	49	233	185	162	249	53	1908
化学与化工 Chemistry & chemical engineering	2453	78	207	974	163	53	94	32	852
地学 Earth sciences	720	119	82	16	40	3	9	45	406
生物学 Biological sciences	1867	6	1174	9	5	3	16	0	654
技术科学 Technological sciences	5811	2043	39	691	306	620	967	269	876
其他 Others	41	2	0	0	3	0	0	0	36

科研机构科技著述

S&T Works and Papers Published by CAS Research Units

年份 Year	科技论文（篇） Number of S&T papers	国外及港澳台发表 Those published in foreign countries, Taiwan, Hong Kong and Macao	科技著作 S&T books		译成外文 Those translated into foreign languages	
			万字 Ten thousand Chinese characters	种 Title	万字 Ten thousand Chinese characters	种 Title
1985	14457	2592	5217	1	288	1
1986	10851	2109	5413	1	413	1
1987	12080	2540	7157	265	717	21
1988	13380	3333	9863	526	667	38
1989	13849	3551	9214	356	356	18
1990	16006	4231	13177	419	285	20
1991	16844	4096	11226	383	625	19

科研机构科技论文按学科领域分类（一）（1991年）

S&T Papers Published by CAS Research Units, by Field (1): 1991

单位：篇（No. of article）

地区及学科 Region and field	总计 Total	自然科学 Natural sciences	工程科学 Engineering sciences	医学科学 Medical sciences	农业科学 Agricultural sciences	社会人文科学 Social sciences & humanities
总计 Total	**16844**	**12093**	**3403**	**121**	**947**	**280**
一、按地区分 By region						
北京地区 Beijing	6608	5252	1122	26	69	139
沈阳分院 Shenyang Branch	1215	524	593	1	92	5
长春分院 Changchun Branch	1404	1202	165	2	1	34
上海分院 Shanghai Branch	2242	1280	869	64	1	28
南京分院 Nanjing Branch	639	355	13		271	
合肥分院 Hefei Branch	265	225	30	3	5	2
武汉分院 Wuhan Branch	596	314	92		180	10
广州分院 Guangzhou Branch	911	752	118	9	8	24
成都分院 Chengdu Branch	490	354	83	6	39	8
昆明分院 Kunming Branch	356	355			1	
西安分院 Xi'an Branch	323	96	79	7	141	
兰州分院 Lanzhou Branch	775	726	28		7	14

续上表

地区及学科 Region and field	总计 Total	自然科学 Natural sciences	工程科学 Engineering sciences	医学科学 Medical sciences	农业科学 Agricultural sciences	社会人文科学 Social sciences & humanities
新疆分院 Xinjiang Branch	234	147	25	2	60	
其他地区 Other regions	786	511	186	1	72	16
二、按学科分 By field						
数学、物理 Mathematics & physics	3694	3281	355	36	21	1
化学与化工 Chemistry & chemical engineering	3408	2579	764	10	2	53
地学 Earth sciences	2930	2834	54		28	14
生物学 Biological sciences	3135	2057	52	67	891	68
技术科学 Technological sciences	3504	1342	2086	8	5	63
其他 Others	173		92			81

科研机构科技论文按学科领域分类（二）（1991年）

S&T Papers Published by CAS Research Units, by Field (2): 1991

单位：篇（No. of article）

地区及学科 Region and field	总计 Total	自然科学 Natural sciences	工程科学 Engineering sciences	医学科学 Medical sciences	农业科学 Agricultural sciences	社会人文科学 Social sciences & humanities
总计 Total	**4096**	**3226**	**700**	**28**	**117**	**25**
一、按地区分 By region						
北京地区 Beijing	1756	1491	224	10	6	25
沈阳分院 Shenyang Branch	316	163	144		9	
长春分院 Changchun Branch	328	318	10			
上海分院 Shanghai Branch	624	410	199	15		
南京分院 Nanjing Branch	111	61	1		49	
合肥分院 Hefei Branch	87	81	5		1	
武汉分院 Wuhan Branch	89	39	11		39	
广州分院 Guangzhou Branch	239	216	19	3	1	
成都分院 Chengdu Branch	62	47	14		1	
昆明分院 Kunming Branch	74	74				
西安分院 Xi'an Branch	24	8	12		4	
兰州分院 Lanzhou Branch	190	178	12			

续上表

地区及学科 Region and field	总计 Total	自然科学 Natural sciences	工程科学 Engineering sciences	医学科学 Medical sciences	农业科学 Agricultural sciences	社会人文科学 Social sciences & humanities
新疆分院 Xinjiang Branch	53	37	10		6	
其他地区 Other regions	143	103	39		1	
二、按学科分 By field						
数学、物理 Mathematics & physics	1153	1076	65	8	4	
化学与化工 Chemistry & chemical engineering	1064	885	178		1	
地学 Earth sciences	601	593	8			
生物学 Biological sciences	468	306	9	20	111	22
技术科学 Technological sciences	796	366	429		1	
其他 Others	14		11			3

注：本表统计数字为在台、港、澳地区及在国外发表的论文篇数.

Note：The numbers here are articles published foreig countries Taiwan，Hong Kong and Macao.

科研机构科技著作（1991年）

S&T Works Published by CAS Research Units：1991

地区及学科 Region and field	数量 Total		译成外文 Those translated into foreign languages		用作大专院校教科书 Those used as text books for universities and colleges		科普著作 Popular science books	
	万字 Ten thousand Chinese characters	种 Title	万字 Ten thousand Chinese characters	种 Title	万字 Ten thousand Chinese characters	种 Title	万字 Ten thousand Chinese characters	种 Title
总计 **Total**	**11226**	**383**	**625**	**19**	**900**	**23**	**1105**	**41**
一、按地区分 By region								
北京地区 Beijing	5644	214	411	12	224	6	407	19
沈阳分院 Shenyang Branch	31	2		21	1		0	
长春分院 Changchun Branch	195	12			69	3	56	2
上海分院 Shanghai Branch	304	13	56	2	72	2	74	4
南京分院 Nanjing Branch	627	19	30	1	45	1		0
合肥分院 Hefei Branch	30	2						0
武汉分院 Wuhan Branch	289	11			100	3		0
广州分院 Guangzhou Branch	444	15	49	2				0
成都分院 Chengdu Branch	646	16						0
昆明分院 Kunming Branch	1154	14	34	1	86	1		0
西安分院 Xi'an Branch	243	17						0

续上表

地区及学科 Region and field	数量 Total		译成外文 Those translated into foreign languages		用作大专院校教科书 Those used as text books for universities and colleges		科普著作 Popular science books	
	万字 Ten thousand Chinese characters	种 Title	万字 Ten thousand Chinese characters	种 Title	万字 Ten thousand Chinese characters	种 Title	万字 Ten thousand Chinese characters	种 Title
兰州分院 Lanzhou Branch	910	28					505	13
新疆分院 Xinjiang Branch	392	13	45	1	16	1	13	1
其他地区 Other regions	317	7			267	5	50	2
二、按学科分 By field								
数学、物理 Mathematics & physics	847	29	50	2	45	2	358	8
化学与化工 Chemistry & chemical engineering	303	21	21	3	69	3	46	2
地学 Earth sciences	6012	197	269	5	496	10	505	13
生物学 Biological sciences	3250	96	225	7	239	6	127	13
技术科学 Technological sciences	444	22	60	2	51	2	57	4
其他 Others	370	18						

科研机构科技著作按学科领域分类（一）（1991年）

S&T Works Published by CAS Research Units，by Field（1）：1991

单位：种（title）

地区及学科 Region and field	总计（万字） Total（ten thousand chinese characters）	自然科学 Natural sciences	工程科学 Engineering sciences	医学科学 Medical sciences	农业科学 Agricultural sciences	社会人文科学 Social sciences & humanities
总计 Total	**11226**	**9668**	**553**	**11**	**766**	**228**
一、按地区分 By region						
北京地区 Beijing	5644	4945	469	11	5	214
沈阳分院 Shenyang Branch	31	21	10			0
长春分院 Changchun Branch	195	168	13			14
上海分院 Shanghai Branch	304	286	18			0
南京分院 Nanjing Branch	627	466			161	0
合肥分院 Hefei Branch	30	20	10			0
武汉分院 Wuhan Branch	289	174	18		97	0
广州分院 Guangzhou Branch	444	444				0
成都分院 Chengdu Branch	646	631	15			0
昆明分院 Kunming Branch	1154	1154				0
西安分院 Xi'an Branch	243	45			198	0

续上表

地区及学科 Region and field	总计（万字） Total (ten thousand chinese characters)	自然科学 Natural sciences	工程科学 Engineering sciences	医学科学 Medical sciences	农业科学 Agricultural sciences	社会人文科学 Social sciences & humanities
兰州分院 Lanzhou Branch	910	910				0
新疆分院 Xinjiang Branch	392	137			255	0
其他地区 Other regions	317	267			50	0
二、按学科分 By field						
数学、物理 Mathematics & physics	847	722	125			0
化学与化工 Chemistry & chemical engineering	303	270	8	11		14
地学 Earth sciences	6012	5996	16			0
生物学 Biological sciences	3250	2392	18		766	74
技术科学 Technological sciences	444	288	156			0
其他 Others	370		230			140

科研机构科技著作按学科领域分类（二）（1991年）

S&T Works Published by CAS Research Units，by Field（2）：1991

单位：种（title）

地区及学科 Region and field	总计 Total	自然科学 Natural sciences	工程科学 Engineering sciences	医学科学 Medical sciences	农业科学 Agricultural sciences	社会人文科学 Social sciences & humanities
总计 Total	**383**	**305**	**27**	**1**	**34**	**16**
一、按地区分 By region						
北京地区 Beijing	214	178	19	1	1	15
沈阳分院 Shenyang Branch	2	1	1			0
长春分院 Changchun Branch	12	10	1			1
上海分院 Shanghai Branch	13	11	2			0
南京分院 Nanjing Branch	19	14			5	0
合肥分院 Hefei Branch	2	1	1			0
武汉分院 Wuhan Branch	11	7	1		3	0
广州分院 Guangzhou Branch	15	15				0
成都分院 Chengdu Branch	16	14	2			0
昆明分院 Kunming Branch	14	14				0
西安分院 Xi'an Branch	17	2			15	0

续上表

地区及学科 Region and field	总计 Total	自然科学 Natural sciences	工程科学 Engineering sciences	医学科学 Medical sciences	农业科学 Agricultural sciences	社会人文科学 Social sciences & humanities
兰州分院 Lanzhou Branch	28	28				0
新疆分院 Xinjiang Branch	13	5			8	0
其他地区 Other regions	7	5			2	0
二、按学科分 By field						
数学、物理 Mathematics & physics	29	26	3			0
化学与化工 Chemistry & chemical engineering	21	16	3	1		1
地学 Earth sciences	197	196	1			0
生物学 Biological sciences	96	54	1		34	7
技术科学 Technological sciences	22	13	9			0
其他 Others	18		10			8

注：本表统计数字为在台、港、澳及在国外发表的论文篇数.

Note: The numbers here are artides published foreig countries Taiwan, Hong Kong and Macao.

科研机构获奖成果（1991年）

Award-Winning Achievements Made by CAS Research Units：1991

单位：项（item）

地区、学科及科研单位 Region，field and institute	总计 Total	国家级奖励 National awards	部级奖励 Ministerial-level awards	省级奖励 Provincial-level awards	地（市）级奖励 Prefectural-or city-level awards
总计 Total	**695**	**60**	**382**	**100**	**153**
一、按地区分 By region					
北京地区 Beijing	174	20	136	5	13
沈阳分院 Shenyang Branch	46	4	31	8	3
长春分院 Changchun Branch	49	4	23	7	15
上海分院 Shanghai Branch	107	15	68	24	0
南京分院 Nanjing Branch	19	4	11	3	1
合肥分院 Hefei Branch	11		9	2	0
武汉分院 Wuhan Branch	38		15	4	19
广州分院 Guangzhou Branch	81	3	11	6	61
成都分院 Chengdu Branch	29	2	19	8	0
昆明分院 Kunming Branch	9		5	4	0
西安分院 Xi'an Branch	27	2	14	6	5
兰州分院 Lanzhou Branch	28		16	4	8
新疆分院 Xinjiang Branch	20	1	4	15	0
其他地区 Other regions	57	5	20	4	28
二、按学科分 By field					
数学、物理 Mathematics & physics	96	7	58	5	26

续上表

地区、学科及科研单位 Region，field and institute	总计 Total	国家级奖励 National awards	部级奖励 Ministerial-level awards	省级奖励 Provincial-level awards	地（市）级奖励 Prefectural-or city-level awards
化学与化工 Chemistry & chemical engineering	101	10	55	26	10
地学 Earth sciences	178	12	67	12	87
生物学 Biological sciences	113	11	71	28	3
技术科学 Technological sciences	200	19	125	29	27
其他 Others	7	1	6		0
三、按科研单位分 By institute					
北京市 Beijing	174	20	136	5	13
数学研究所 Inst. of Mathematics	3		3		0
应用数学研究所 Inst. of Applied Mathematics	2	1	1		0
系统科学研究所 Inst. of Systems Science	3		3		0
物理研究所 Inst. of Physics	8	2	6		0
声学研究所 Inst. of Acoustics	7	1	6		0
理论物理研究所 Inst. of Theoretical Physics					0
低温技术实验中心 Cryogenic Laboratory	1		1		0
高能物理研究所 Inst. of High Energy Physics	6	1	4	1	0
北京天文台 Beijing Astronomical Observatory	2		2		0
力学研究所 Inst. of Mechanics	9		9		0
化学研究所 Inst. of Chemistry	8	1	7		0

续上表

地区、学科及科研单位 Region，field and institute	总计 Total	国家级奖励 National awards	部级奖励 Ministe-rial-level awards	省级奖励 Provincial-level awards	地（市）级奖励 Prefectural-or city-level awards
感光化学研究所 Inst. of Photographic Chemistry					0
生态环境研究中心 Research Center for Eco-Environmental Sciences	6	1	5		0
化工冶金研究所 Inst. of Chemical Metallurgy	7	1	4	2	0
地理研究所 Inst. of Geography	8	1	7		0
遥感应用研究所 Institute of Remote Sensing Application	4	1	3		0
地质研究所 Inst. of Geology	3		3		0
地球物理研究所 Inst. of Geophysics					0
古脊椎动物与古人类研究所 Inst. of Vertebrate Paleontology and Paleoanthropology	1		1		0
大气物理研究所 Inst. of Atmospheric Physics	6	1	5		0
自然资源综合考察委员会 Commission for Integrated Surveys of Natural Resources	5	1	4		0
植物研究所 Inst. of Botany	4	1	3		0
动物研究所 Inst. of Zoology	7		7		0
心理研究所 Inst. of Psychology					0
微生物研究所 Inst. of Microbiology	6		6		0
生物物理研究所 Inst. of Biophysics	4		4		0
遗传研究所 Inst. of Genetics	1	1			0
发育生物学研究所 Inst. of Developmental Biology					0

续上表

地区、学科及科研单位 Region, field and institute	总计 Total	国家级奖励 National awards	部级奖励 Ministe-rial-level awards	省级奖励 Provincial-level awards	地（市）级奖励 Prefectural-or city-level awards
计算技术研究所 Inst. of Computing Technology	5		5		0
计算中心 Computing Center	1		1		0
软件研究所 Inst. of Software	1		1		0
半导体研究所 Inst. of Semiconductors	9	2	7		0
微电子中心 Microelectronics R&D Center	1		1		0
电子学研究所 Inst. of Electronics	21		8		13
自动化研究所 Inst. of Automation	4		4		0
电工研究所 Inst. of Electric Engineering	5	1	3	1	0
工程热物理研究所 Inst. of Engineering Thermo-physics	3		3		0
自然科学史研究所 Inst. of History of Natural Sci-ences	2		2		0
科技政策与管理科学研究所 Institute of Science Policy and Management	5	1	4		0
北京软件工程研制中心 Beijing Software Engineering Center					0
空间科学与应用研究中心 Space Science and Technology Center	3	1	2		0
遥感卫星地面站 Remote Sensing Satellite Ground Station	3	1	1	1	0
河北省 Hebei Province	4		3		1

地区、学科及科研单位 Region, field and institute	总计 Total	国家级奖励 National awards	部级奖励 Ministe-rial-level awards	省级奖励 Provincial-level awards	地（市）级奖励 Prefectural-or city-level awards
石家庄农业现代化研究所 Shijiazhuang Inst. of Agricultural Modernization	4		3		1
山西省 Shanxi Province	4	1	1	1	1
山西煤炭化学研究所 Shanxi Inst. of Coal Chemistry	4	1	1	1	1
辽宁省 Liaoning Province	46	4	31	8	3
大连化学物理研究所 Dalian Inst. of Chemical Physics	10		5	2	3
沈阳应用生态研究所 Shenyang Inst. of Applied Ecology	8		4	4	0
沈阳计算技术研究所 Shenyang Inst. of Computing Technology	5		5		0
沈阳自动化研究所 Shenyang Inst. of Automation	6	1	5		0
金属研究所 Inst. of Metals Research	13	3	8	2	0
金属腐蚀与防护研究所 Inst. of Corrosion and Protection of Metals	4		4		0
吉林省 Jilin Province	49	4	23	7	15
长春物理研究所 Changchun Inst. of Physics	8		3		5
长春人造卫星观测站 Changchun Satellite Observation Station	1				1
长春应用化学研究所 Changchun Inst. of Applied Chemistry	15	1	8	6	0
长春地理研究所 Changchun Inst. of Geography	6	1	2		3

续上表

地区、学科及科研单位 Region, field and institute	总计 Total	国家级奖励 National awards	部级奖励 Ministerial-level awards	省级奖励 Provincial-level awards	地（市）级奖励 Prefectural-or city-level awards
长春光学精密机械研究所 Changchun Inst. of Optics and Fine Mechanics	19	2	10	1	6
黑龙江省 Heilongjiang Province	1			1	0
黑龙江农业现代化研究所 Heilongjiang Institute of Agricultural Modernization	1			1	0
上海市 Shanghai	107	15	68	24	0
上海原子核研究所 Shanghai Inst. of Nuclear Research	4		3	1	0
上海天文台 Shanghai Observatory	3		3		0
上海硅酸盐研究所 Shanghai Inst. of Ceramics	18	1	11	6	0
上海有机化学研究所 Shanghai Inst. of Organic Chemistry	12	3	6	3	0
上海植物生理研究所 Shanghai Inst. of Plant Physiology	3		3		0
上海昆虫研究所 Shanghai Inst. of Entomology	4	1	2	1	0
上海药物研究所 Shanghai Inst. of Materia Medica	6	3	3		0
上海生理研究所 Shanghai Inst. of Physiology	2		2		0
上海生物化学研究所 Shanghai Inst. of Biochemistry	4	1	2	1	0
上海细胞生物学研究所 Shanghai Inst. of Cell Biology	2		2		0
上海脑研究所 Shanghai Inst. of Brain Research	1	1			0

续上表

地区、学科及科研单位 Region, field and institute	总计 Total	国家级奖励 National awards	部级奖励 Ministe-rial-level awards	省级奖励 Provincial-level awards	地（市）级奖励 Prefectural-or city-level awards
上海生物工程研究中心 Shanghai Bioengineering Research Center	2		1	1	0
上海冶金研究所 Shanghai Inst. of Metallurgy	20	3	12	5	0
上海光学精密机械研究所 Shanghai Inst. of Optics and Fine Mechanics	16		12	4	0
上海技术物理研究所 Shanghai Inst. of Technical Physics	10	2	6	2	0
江苏省 Jiangsu Province	19	4	11	3	1
紫金山天文台 Purple Mountain Observatory	3	2	1		0
南京地理与湖泊研究所 Nanjing Institute of Geography and Limnology	7	1	3	2	1
南京地质古生物研究所 Nanjing Inst. of Geology and Palaeontology	5		4	1	0
南京土壤研究所 Nanjing Inst. of Soil Science	4	1	3		0
安徽省 Anhui Province	11		9	2	0
固体物理研究所 Inst. of Solid State Physics	1		1		0
等离子体物理研究所 Inst. of Plasma Physics	2		2		0
合肥智能机械研究所 Hefei Inst. of Intelligent Machines	3		2	1	0
安徽光学精密机械研究所 Anhui Inst. of Optics and Fine Mechanics	5		4	1	0

地区、学科及科研单位 Region, field and institute	总计 Total	国家级奖励 National awards	部级奖励 Ministe-rial-level awards	省级奖励 Provincial-level awards	地（市）级奖励 Prefectural-or city-level awards
福建省 Fujian Province	2	1	1		0
福建物质结构研究所 Fujian Inst. of Research on the Structure of Matter	2	1	1		0
山东省 Shandong Province	9		7		2
海洋研究所 Inst. of Oceanology	9		7		2
湖北省、湖南省 Hubei and Hunan Provinces	38		15	4	19
武汉数学物理研究所 Wuhan Inst. of Mathematical Physics	1		1		0
武汉物理研究所 Wuhan Inst. of Physics	20		1		19
武汉岩土力学研究所 Wuhan Inst. of Rock and Soil Mechanics	2		2		0
测量与地球物理研究所 Inst. of Geodesy and Geophysics	1		1		0
武汉植物研究所 Wuhan Inst. of Botany					0
水生生物研究所 Inst. of Hydrobiology	6		4	2	0
武汉病毒研究所 Wuhan Inst. of Virology	3		3		0
长沙大地构造研究所 Changsha Inst. of Geotectonics	2		1	1	0
长沙农业现代化研究所 Changsha Inst. of Agricultural Modernization	3		2	1	0
广东省 Guangdong Province	81	3	11	6	61

地区、学科及科研单位 Region, field and institute	总计 Total	国家级奖励 National awards	部级奖励 Ministerial-level awards	省级奖励 Provincial-level awards	地（市）级奖励 Prefectural-or city-level awards
广州人造卫星观测站 Guangzhou Satellite Observation Station	1				1
广州化学研究所 Guangzhou Inst. of Chemistry					0
广州地质新技术研究所 Guangzhou Institute of New Geotechnology	59	2	7		50
南海海洋研究所 South China Sea Inst. of Oceanology	5				5
华南植物研究所 South China Inst. of Botany	8	1	3	2	2
广州电子研究所 Guangzhou Inst. of Electronic Technology	3			2	1
广州能源研究所 Guangzhou Inst. of Energy Conversion	5		1	2	2
四川省 Sichuan Province	29	2	19	8	0
成都有机化学研究所 Chengdu Inst. of Organic Chemistry	6		4	2	0
成都山地灾害与环境研究所 Chengdu Inst. of Mountain Hazards and Environment	5	1	2	2	0
成都生物研究所 Chengdu Inst. of Biology	5		4	1	0
成都计算机应用研究所 Chengdu Inst. of Computer Application	4		2	2	0
光电技术研究所 Inst. of Optics and Electronics	9	1	7	1	0

续上表

地区、学科及科研单位 Region, field and institute	总计 Total	国家级奖励 National awards	部级奖励 Ministe-rial-level awards	省级奖励 Provincial-level awards	地（市）级奖励 Prefectural-or city-level awards
贵州省 Guizhou Province	37	3	8	2	24
贵阳地球化学研究所 Guiyang Inst. of Geochemistry	37	3	8	2	24
云南省 Yunnan Province	9		5	4	0
云南天文台 Yunnan Observatory	1		1		0
昆明植物研究所 Kunming Inst. of Botany	5		3	2	0
昆明动物研究所 Kunming Inst. of Zoology	3		1	2	0
昆明生态研究所 Kunming Inst. of Ecology					0
陕西省 Shaanxi Province	27	2	14	6	5
陕西天文台 Shaanxi Observatory					0
西北水土保持研究所 Northwest Inst. of Soil and Water Conservation	5		3	2	0
西安光学精密机械研究所 Xi'an Inst. of Optics and Fine Mechanics	22	2	11	4	5
甘肃省、青海省 Gansu and Qinghai Provinces	28		16	4	8
近代物理研究所 Inst. of Modern Physics	3		3		0
兰州化学物理研究所 Lanzhou Inst. of Chemical Physics	10		3	1	6
兰州冰川冻土研究所 Lanzhou Inst. of Glaciology and Geocryology	7		3	3	1
兰州沙漠研究所 Lanzhou Inst. of Desert Research	3		3		0

续上表

地区、学科及科研单位 Region, field and institute	总计 Total	国家级奖励 National awards	部级奖励 Ministerial-level awards	省级奖励 Provincial-level awards	地（市）级奖励 Prefectural-or city-level awards
兰州地质研究所 Lanzhou Inst. of Geology	2		2		0
兰州高原大气物理研究所 Lanzhou Inst. of Plateau Atmospheric Physics	2		1		1
青海盐湖研究所 Qinghai Inst. of Saline Lakes					0
西北高原生物研究所 Northwest Inst. of Plateau Biology	1		1		0
新疆维吾尔自治区 Xinjiang Uygur Autonomous Region	20	1	4	15	0
新疆物理研究所 Xinjiang Inst. of Physics	5		2	3	0
乌鲁木齐天文站 Urumqi Working Station of Astronomy					0
新疆化学研究所 Xinjiang Inst. of Chemistry	3			3	0
新疆地理研究所 Xinjiang Inst. of Geography	1			1	0
新疆生物土壤沙漠研究所 Xinjiang Inst. of Biology, Pedology and Desert Research	11	1	2	8	0

科研机构横向技术合同项数按受让方分类（1991年）

Number of Lateral Technology Contracts Signed by CAS Research Units, by Type of Transferee: 1991

地区及学科 Region and field	合同数合计（项） Number of contracts (item)	全民大中型企业 State-owned large and medium-sized enterprises	全民小型企业 State-owned small enterprises	集体所有制企业 Collective enterprises	乡镇企业 Village and township enterprises	个体企业 Private enterprises	其他 Others
总计 Total	**3455**	**1473**	**582**	**310**	**144**	**9**	**1081**
一、按地区分 By region							
北京地区 Beijing	592	286	92	45	13		169
沈阳分院 Shenyang Branch	672	295	81	69	15		227
长春分院 Changchun Branch	388	353	20	15	5		0
上海分院 Shanghai Branch	758	163	163	104	44	3	325
南京分院 Nanjing Branch	39	9	25	5	5		0
合肥分院 Hefei Branch	61	29	11	1	1		20
武汉分院 Wuhan Branch	238	81	37	3	1		117
广州分院 Guangzhou Branch	320	70	93	31	28	6	120
成都分院 Chengdu Branch	93	38	16	12	12		27
昆明分院 Kunming Branch	3		2	1			0
西安分院 Xi'an Branch	69	33	7				29

续上表

地区及学科 Region and field	合同数合计（项） Number of contracts (item)	全民大中型企业 State-owned large and medium-sized enterprises	全民小型企业 State-owned small enterprises	集体所有制企业 Collective enterprises	乡镇企业 Village and township enterprises	个体企业 Private enterprises	其他 Others
兰州分院 Lanzhou Branch	27	20	6	1	1		0
新疆分院 Xinjiang Branch	11	10		1			0
其他地区 Other regions	184	86	29	22	19		47
二、按学科分 By field							
数学、物理 Mathematics & physics	522	232	101	9	4		180
化学与化工 Chemistry & chemical engineering	736	274	191	141	63	5	125
地学 Earth sciences	218	76	32	21	21		89
生物学 Biological sciences	351	43	57	45	24	1	205
技术科学 Technological sciences	1628	848	201	94	32	3	482
其他 Others							0

科研机构横向技术合同成交额按受让方分类（1991年）

Volume of Lateral Technology Transfer Made by CAS Research Units by Type of Transferee：1991

地区及学科 Region and field	成交金额合计（千元）Volume of contract transfer (thousand yuan)	全民大中型企业 State-owned large and medium-sized enterprises	全民小型企业 State-owned small enterprises	集体所有制企业 Collective enterprises	乡镇企业 Village and township enterprises	个体企业 Private enterprises	其他 Others
总计 Total	**194297**	**118951**	**18715**	**8471**	**4560**	**66**	**48094**
一、按地区分 By region							
北京地区 Beijing	36399	22158	3471	985	147		9785
沈阳分院 Shenyang Branch	45052	24741	1841	2734	942		15736
长春分院 Changchun Branch	31402	30302	1000	100	30		
上海分院 Shanghai Branch	22536	10212	3537	2186	1269	8	6593
南京分院 Nanjing Branch	372	86	228	58	58		
合肥分院 Hefei Branch	4637	3215	572	90	90		760
武汉分院 Wuhan Branch	4613	1696	387	8	5		2522
广州分院 Guangzhou Branch	16694	3992	5284	1056	995	58	6304
成都分院 Chengdu Branch	13028	10041	1019	714	714		1254
昆明分院 Kunming Branch	210		210				
西安分院 Xi'an Branch	7553	2794	262				4497

地区及学科 Region and field	成交金额合计（千元） Volume of contract transfer (thousand yuan)	全民大中型企业 State-owned large and medium-sized enterprises	全民小型企业 State-owned small enterprises	集体所有制企业 Collective enterprises	乡镇企业 Village and township enterprises	个体企业 Private enterprises	其他 Others
兰州分院 Lanzhou Branch	1632	1476	86	70	70		
新疆分院 Xinjiang Branch	97	87		10			
其他地区 Other regions	10072	8151	818	460	240		643
二、按学科分 By field							
数学、物理 Mathematics & physics	18635	10725	2345	117	81		5448
化学与化工 Chemistry & chemical engineering	30935	15683	7277	4031	2264	46	3898
地学 Earth sciences	10384	5602	841	227	227		3714
生物学 Biological sciences	7674	3383	1520	513	279	3	2255
技术科学 Technological sciences	126669	83558	6732	3583	1709	17	32779
其他 Others							

开放实验室（所、站）

Basic Statistics of Staff in the Open

序号	开放实验室名称 Names of the open laboratories	固定研究人员 Permanent researchers			固定技术人员 Permanent technicians	
		高级 Senior	中级 Middle-level	初级 Junior	高级 Senior	中级 Middle-level
	合计	**935**	**368**	**134**	**174**	**315**
	数学、物理	257	63	28	71	98
1	波谱与原子分子物理*	7			3	
2	表面物理*	10	3	1	5	5
3	声场与声信息*	10	5	7		1
4	超导*	12			6	5
5	数学研究所	66	16	4	1	13
6	理论物理研究所	27	1			
7	内耗与固体缺陷	5	7	6		1
8	结构分析	19	6		1	
9	磁学*	10	6	3	1	1
10	非线性连续介质力学	10	2	3	3	1
11	管理、决策与信息系统	8	2			
12	激发态物理	8	1		1	7
13	辐射化学	5	3	2	2	2
14	光学天文	16	5		22	12
15	射电天文	18	1	2	19	45
16	核分析技术	26	5		7	5
	化　　学	162	62	15	20	49
17	催化基础*	9	8		2	14
18	分子动态与稳态结构*	9	9		3	3
19	生命有机化学*	20	3	2	1	3
20	分子反应动力学*	15	12		3	6
21	结构化学	7			2	
22	多相反应	7	1	2	1	3
23	稀土化学与物理	8	4	3	1	4
24	固体润滑	3	5	3	1	1
25	高性能陶瓷和超微结构*	10	6	2		2

人员情况

Laboratories (Institues and Stations)　　　　单位：人 (person)

	客座研究人员 Guest researchers			在读研究生 Graduate student enrollment		
初级 Junior	所内 From within the institute	所外 From outside the institute	国外 From abroad	博士后 Candidates for post doctorate	博士 Candidates for doctor's degree	硕士 Candidates for master's degree
201	**1259**	**2706**	**228**	**145**	**820**	**1452**
64	288	542	35	47	191	277
	18	30		2	26	33
1	2	10	1	3	9	2
4	21	9	4		5	25
6	11	20	1	2	10	3
22		2		6	18	25
		115		10	20	13
3	14	55			9	15
	32	44	3	8	26	56
3	21	39	2	3	8	7
4	10	12	3	4	5	5
	7	41		3	11	14
2	22	19		1	21	27
3	3	10			1	6
6	85	97	21	3	9	26
8	16	16			9	4
2	26	23		2	4	16
29	228	353	30	27	197	287
6	8	19	2	2	19	28
1	15	20		3	6	8
4	5	11		2	22	19
10		15		2	14	8
	60	90	2	3	15	24
2	18	18	12	2	6	13
1	27	5		1	18	27
1	14	39			8	28
1	15	28	6	1	12	16

序号	开放实验室名称 Names of the open laboratories	固定研究人员 Permanent researchers			固定技术人员 Permanent technicians	
		高级 Senior	中级 Middle-level	初级 Junior	高级 Senior	中级 Middle-level
26	电分析化学	7			2	
27	纤维素化学	8	3		1	2
28	计算机化学	12	2	2		4
29	高分子物理	27	4		1	4
30	金属有机化学	9	1	1		1
31	光化学	11	4		2	2
	资源环境	201	107	41	28	60
32	大气数值模拟*	14			1	4
33	有机地球化学*	7	2			3
34	资源与环境信息系统*	12	10	6	1	
35	冻土工程*	7	1	1	4	11
36	气体地球化学*	6	6		2	2
37	工程地质力学	5	10		1	2
38	黄土与第四纪地质	4		1	1	2
39	实验海洋生物学	8	6	3		3
40	土壤圈物质循环	16	6		2	3
41	系统生态	4	7	5		2
42	动力大地测量学	6	3		2	1
43	现代古生物和地层学	9				1
44	矿床地球化学	9	1		7	13
45	岩石圈构造演化	10	3		2	2
46	湖泊沉积与环境	5			1	
47	地球动力学高温高压	9	2	2		2
48	封丘站	5	6			
49	禹城站	6	2	1	2	
50	天山冰川站	4	4	2		
51	东川泥石流站	7	7	2		3
52	海北站	10	8	8		1
53	内蒙古草原站	7	1	1	1	1

续上表

	客座研究人员 Guest researchers			在读研究生 Graduate student enrollment		
初级 Junior	所内 From within the institute	所外 From outside the institute	国外 From abroad	博士后 Candidates for post doctorate	博士 Candidates for doctor's degree	硕士 Candidates for master's degree
		13		4	20	14
1	22	46		1	5	20
	8	12	7	2	5	9
1	8	12		3	11	20
	2	10	1	1	31	38
1	26	15			5	15
47	388	767	118	33	189	262
4	6	29	3	3	41	1
3	18	37	4	1	7	20
6	4	36	5	1	10	8
8	5	25	6		8	6
	3	19	6		8	20
2	20	45			6	1
2	11	37	14	2	20	65
	17	26	3		8	10
	15	21		3	7	3
	6	32	4		3	3
	12	54	1	1	13	15
	26	39	18	3	14	26
6	4	16		8	7	4
	14	16	7	1	6	2
	8	7	2		5	4
1	2	13	3	1	1	
2	38	53			1	10
6	7	9		1	5	7
	23	20	16		1	2
2	3	12	8	2	1	9
2	18	21	4		7	7
1	2	46				3

序号	开放实验室名称 Names of the open laboratories	固定研究人员 Permanent researchers			固定技术人员 Permanent technicians	
		高级 Senior	中级 Middle-level	初级 Junior	高级 Senior	中级 Middle-level
54	长白山站	10	5			2
55	长春净月潭站	7	4	1		
56	红壤站	4	2	2	1	1
57	大亚湾站	4	4			1
58	沙坡头站	6	7	6		
	生物学	145	53	30	15	36
59	生物大分子*	11	2	5	1	2
60	分子生物学*	10	2	3		6
61	植物分子遗传*	10	8	8	1	8
62	淡水生态与生物技术*	7	5		1	4
63	生物膜与膜生物工程*	19	1		1	6
64	计划生育生殖生物学*	9	4	1		
65	真菌、地衣系统学	7	1		1	2
66	系统与进化植物学	9	5	1	1	
67	植物化学	11	3		2	
68	生命科学	4			1	
69	低氧生理	5	1		2	2
70	植被数量生态学	3	2	5	1	1
71	视觉信息加工	12	3		1	
72	新药研究*	12	3		1	3
73	植物生物技术	11	12	7	1	
74	细胞与分子进化	5	1			2
	技术科学	170	83	20	40	72
75	红外物理*	12	2		3	5
76	传感技术联合*	20			1	8
77	应用光学*	13	6		1	9
78	模式识别*	11	11	4	3	2
79	材料疲劳与断裂*	5	2	1		1
80	半导体超晶格*	8			3	6

续上表

	客座研究人员 Guest researchers			在读研究生 Graduate student enrollment		
初级 Junior	所内 From within the institute	所外 From outside the institute	国外 From abroad	博士后 Candidates for post doctorate	博士 Candidates for doctor's degree	硕士 Candidates for master's degree
1	47	31		1		8
	7	15	2		4	15
1	39	44	6	4	4	2
	17	20	1		1	4
	16	44	5	1	1	7
30	115	238	21	14	102	175
	2	15	1	2	9	19
5	9	14	1	1	11	15
1	5	16			4	17
3	21	13			2	9
1	5	12		1	9	26
2	1	13		1	8	13
2	12	13	1	1	2	3
5	21	46	6	1	11	2
	4	18	2		4	11
2	7	24		2	10	10
	6	11	1	1	2	3
6	9	9		1	1	3
		11		2	3	15
	5	8		1	11	13
2	1	11			12	11
1	7	4	9		3	5
31	240	806	24	24	141	451
	7	93	3	3	17	25
1	9	47		1	4	68
1	34	58		3	8	31
3	4	25		1	7	31
4	8	29	1	2	7	22
	17	52	1	2	2	3

序号	开放实验室名称 Names of the open laboratories	固定研究人员 Permanent researchers			固定技术人员 Permanent technicians	
		高级 Senior	中级 Middle-level	初级 Junior	高级 Senior	中级 Middle-level
81	信息安全*	10				
82	集成光电子学*	7	1		4	1
83	固体原子象	3			1	2
84	离子束	7	3		1	4
85	激光光谱学	7	8			5
86	北京电子显微镜	2	5		1	2
87	北京真空物理	1	6		1	4
88	腐蚀科学	8	7		1	7
89	CAD	9	6	1	1	1
90	认知科学	3	2			
91	量子光学	13	6	4	4	6
92	机器人学	8	7	1	3	2
93	快速凝固非平衡合金*	6	3	3	2	2
94	现代制造的 CAD/CAM 技术	5	2		2	
95	激光技术	7	4	3	5	3
96	半导体材料	5	2	3	3	2

注：1. 本表及其后的三个表中所列开放实验室（所、站）序号与13－19页所列开放实验室（所、站）序号完全对应，故 For the English translation of the names of open laboratories (institutes and stations), see page13－19.

2. 表中带＊号者为国家重点实验室.

＊State key laboratory.

续上表

	客座研究人员 Guest researchers			在读研究生 Graduate student enrollment		
初级 Junior	所内 From within the institute	所外 From outside the institute	国外 From abroad	博士后 Candidates for post doctorate	博士 Candidates for doctor's degree	硕士 Candidates for master's degree
7	7	63			5	14
	19	34		2	2	11
1	9	21	1		5	10
2	10	46	6		6	8
2	13	27			2	10
	1	28	2	3	9	23
		43	2		3	29
1	11	25	4	2	9	35
	16	79		2	17	47
1		11			1	12
2	18	17			6	11
	17	16		1	9	11
1	12	7			10	17
	18	64			6	15
2					3	6
3	10	21	4	2	3	12

开放实验室（所、站）的标准定名及相应的英文名称请参见第13－19页.

开放实验室（所、站）

Statistics of Funding

序号	开放实验室名称 Names of the open laboratories	院拨经费 Funds from CAS	攻关经费 Key project funds	“863”经费 “863” key project funds
	合　计	**3235**	**573.65**	**848.87**
	数学、物理	490	57.2	25.8
1	波谱与原子分子物理*	65		
2	表面物理*	40	1.5	1
3	声场与声信息*	40	1	1.8
4	超导*	30	30	
5	数学研究所	25		
6	理论物理研究所	40		
7	内耗与固体缺陷	50		
8	结构分析	55	7	3
9	磁学*	35	5.5	
10	非线性连续介质力学	40		2
11	管理、决策与信息系统	35	12.2	
12	激发态物理	35		18
13	辐射化学			
14	光学天文			
15	射电天文			
16	核分析技术			
	化　学	500	92.75	79.47
17	催化基础*	40		
18	分子动态与稳态结构*	30		18
19	生命有机化学*	40	5	10
20	分子反应动力学*	40		2
21	结构化学	50		11
22	多相反应	40	20	
23	稀土化学与物理	40		
24	固体润滑	45	6.4	2
25	高性能陶瓷和超微结构*	40	4	18.3
26	电分析化学	35		

经费来源情况（1991年）

Sources for CAS Open Laboratories (Institues and Stations): 1991

单位：万元　(the thousand yuan)

院重大项目 CAS key project funds	国家基金 State funds	国际合作 Funds through international cooperation	所拨 Funds from institute	其他 Other funds
407.1	**968.07**	**488.3**	**330.28**	**628.24**
47	139.2	1.5	138.48	76.5
8	26		6.5	
	13.5			1.5
10	3.5			12
				10.1
	19.6			19
	4			0.2
8	14		7	10.5
	4.2		28.6	
13	7			0.2
	4.5			2.5
1	8			2
	2.1		5	
	5		22	
7	7.3		9.38	18.5
	20.5	1.5	60	
83.2	177.75	10	83	138.04
	11			3
	15			2
	6			26
	14.3		6.5	1
	12.2		50	
1.5	8			
	15.4			2
1.7	7.3			30
3	15		10	
	2.4			19.34

序号	开放实验室名称 Names of the open laboratories	院拨经费 Funds from CAS	攻关经费 Key project funds	“863”经费 “863” key project funds
27	纤维素化学	30	31	
28	计算机化学	35	17.5	
29	高分子物理	35	8.85	6
30	金属有机化学			
31	光化学			12.17
	资源环境	795	210.2	
32	大气数值模拟*	50	40	
33	有机地球化学*	50		
34	资源与环境信息系统*	48	65	
35	冻土工程*	35		
36	气体地球化学*	40		
37	工程地质力学	40	18	
38	黄土与第四纪地质	52		
39	实验海洋生物学	40		
40	土壤圈物质循环	48		
41	系统生态	5		
42	动力大地测量学	40		
43	现代古生物和地层学	40	8	
44	矿床地球化学	42	21	
45	岩石圈构造演化	40		
46	湖泊沉积与环境	5	3	
47	地球动力学高温高压			
48	封丘站	20	22	
49	禹城站	20	5	
50	天山冰川站	20		
51	东川泥石流站	20	6	
52	海北站	20		
53	内蒙古草原站	20		
54	长白山站	20		
55	长春净月潭站	20		
56	红壤站	20	9	

续上表

院重大项目 CAS key project funds	国家基金 State funds	国际合作 Funds through international cooperation	所拨 Funds from institute	其他 Other funds
2	10		1.5	19.3
17.5	19			
22.5	32.55	10		9.8
35				25
	9.6		15	0.6
202.9	243.72	242.2	23.3	129.3
86	31.3			
10.5	7.5	1.5		40.2
	3	19.5		7.5
	2.2			5
10	10			30
	4			
12				
5	3			6.8
50	33	30		
2	2.5			3.5
	25.5			
3.6	18			
10	9.5		3.8	1.1
4.8	51.2			4.5
2	1		4	3
			10	20
	3			
3	2			
2	8	4		
	2		1.5	0.7
2	6	1		7
	6.9			
	2.9	6		
	4	3		

序号	开放实验室名称 Names of the open laboratories	院拨经费 Funds from CAS	攻关经费 Key project funds	“863”经费 “863” key project funds
57	大亚湾站	20	10	
58	沙坡头站	20	3.2	
	生物学	555	27.5	268.8
59	生物大分子*	62		4
60	分子生物学*	55		50
61	植物分子遗传*	45	3.3	69.5
62	淡水生态与生物技术*	43	3	60
63	生物膜与膜生物工程*	30		7.3
64	计划生育生殖生物学*	40		
65	真菌、地衣系统学	30		
66	系统与进化植物学	35	5	
67	植物化学	40	16.2	
68	生命科学	40		
69	低氧生理	30		
70	植被数量生态学	35		
71	视觉信息加工	30		
72	新药研究*	40		
73	植物生物技术			78
74	细胞与分子进化			
	技术科学	895	186	474.8
75	红外物理*	65		7
76	传感技术联合*	70	131.9	92
77	应用光学*	50		29
78	模式识别*	45		15
79	材料疲劳与断裂*	40		
80	半导体超晶格*	40		
81	信息安全*	30		
82	集成光电子学*	30		76
83	固体原子象	55		
84	离子束	60	5	8.5
85	激光光谱学	40		6

续上表

院重大项目 CAS key project funds	国家基金 State funds	国际合作 Funds through international cooperation	所拨 Funds from institute	其他 Other funds
	6. 4		4	
	0. 82	177. 2		
39. 5	109. 85	233. 6	29. 5	146. 3
	31. 85			10
	4. 6			5
	4			72. 6
	4	22		10
7	13. 3			3. 6
	3. 5	31. 8		1. 1
1. 5	4			1. 6
2	13			10
	2. 1	104. 5	0. 5	
	16. 6	40. 2		
	2	0. 8		1. 4
	4. 3	10	3	2
			15	20
24	4. 8	13. 3		5
5	1. 8	11	11	4
34. 5	297. 55	1	56	138. 1
	6. 1			
	92			
	9			42. 7
10	10			
	49. 5			60
	21. 35			
	12			
3	1			5
	2. 4		2	10. 4

序号	开放实验室名称 Names of the open laboratories	院拨经费 Funds from CAS	攻关经费 Key project funds	“863”经费 “863” key project funds
86	北京电子显微镜	60		
87	北京真空物理	60		
88	腐蚀科学	45		3
89	CAD	50		
90	认知科学	20		
91	量子光学	55		
92	机器人学	40		215
93	快速凝固非平衡合金*	40	6	
94	现代制造的 CAD/CAM 技术			
95	激光技术			9.3
96	半导体材料		43.1	14

续上表

院重大项目 CAS key project funds	国家基金 State funds	国际合作 Funds through international cooperation	所拨 Funds from institute	其他 Other funds
	14			
	10			
13	27			
			13	
3.5	4.8			
	15			5
	1.2			
3	5	1		
			30	
2	3.2		10	15
	14		1	

开放实验室（所、站）

Basic Statistics of Research Projects Conducted

序号	开放实验室名称 Names of the open laboratories	学委会审批 Projects selected by Academic Committees	国家基金 State funded projects
	合　　计	**2311**	**574**
	数学、物理	558	119
1	波谱与原子分子物理*	30	9
2	表面物理*	16	7
3	声场与声信息*	23	7
4	超导*	34	
5	数学研究所	44	
6	理论物理研究所	8	7
7	内耗与固体缺陷	37	3
8	结构分析	48	13
9	磁学*	33	9
10	非线性连续介质力学	20	7
11	管理、决策与信息系统	27	4
12	激发态物理	36	13
13	辐射化学	7	3
14	光学天文	125	15
15	射电天文	39	8
16	核分析技术	31	14
	化　　学	383	126
17	催化基础*	28	14
18	分子动态与稳态结构*	44	6
19	生命有机化学*	10	10
20	分子反应动力学*	25	15
21	结构化学	26	10
22	多相反应	11	3
23	稀土化学与物理	11	5
24	固体润滑	23	5
25	高性能陶瓷和超微结构*	27	11
26	电分析化学	47	5

课题情况

by the Open Laboratories (Institutes and Stations)

单位：个

国家攻关 State key projects	"863"课题 "863" key projects	院重大项目 CAS major projects	国际合作 International cooperative projects	其他 Others
200	**103**	**137**	**236**	**254**
18	11	13	38	31
		1	1	
1	1		2	
1	1	1	1	3
5				
			2	
6	2	6	1	6
2			2	3
1	1	1	1	
2				3
	6	3		
			21	
		1	4	13
			3	3
29	16	16	29	36
6			4	3
	3			2
1	2			6
	1			4
	1	1		
1		1	4	
				1
2	1	1	3	
1	3	1	8	2
			5	3

序号	开放实验室名称 Names of the open laboratories	学委会审批 Projects selected by Academic Committees	国家基金 State funded projects
27	纤维素化学	28	13
28	计算机化学	29	2
29	高分子物理	20	18
30	金属有机化学	26	
31	光化学	28	9
	资源环境	630	147
32	大气数值模拟*	104	12
33	有机地球化学*	32	18
34	资源与环境信息系统*	4	1
35	冻土工程*	22	3
36	气体地球化学*	13	5
37	工程地质力学	15	2
38	黄土与第四纪地质	10	7
39	实验海洋生物学	21	2
40	土壤圈物质循环	32	14
41	系统生态	4	1
42	动力大地测量学	32	7
43	现代古生物和地层学	23	14
44	矿床地球化学	69	5
45	岩石圈构造演化	23	9
46	湖泊沉积与环境	14	1
47	地球动力学高温高压	8	1
48	封丘站	26	2
49	禹城站	15	2
50	天山冰川站	22	7
51	东川泥石流站	15	3
52	海北站	22	6
53	内蒙古草原站	23	8
54	长白山站	19	5
55	长春净月潭站	17	3
56	红壤站	13	5

国家攻关 State key projects	“863”课题 “863” key projects	院重大项目 CAS major projects	国际合作 International cooperative projects	其　他 Others
11		1	1	4
1		7	2	4
6	2	4	2	7
	3			
118	5	69	95	104
8		6	16	
27		17	3	24
22			6	6
			3	3
		3	6	4
16			2	
			5	20
		1	2	4
1		1	4	
		2	1	2
			2	
2	1	1	7	6
7		1		4
		2	11	
1		1	1	
1		1		
13				
2		1	1	
		2	8	9
		1	2	4
		6		1
1			3	
		4	1	1
3	4	1	2	
13		16	5	

序号	开放实验室名称 Names of the open laboratories	学委会审批 Projects selected by Academic Committees	国家基金 State funded projects
57	大亚湾站	15	3
58	沙坡头站	17	1
	生物学	206	53
59	生物大分子*	21	10
60	分子生物学*	9	4
61	植物分子遗传*	15	2
62	淡水生态与生物技术*	16	1
63	生物膜与膜生物工程*	13	7
64	计划生育生殖生物学*	21	3
65	真菌、地衣系统学	9	4
66	系统与进化植物学	8	1
67	植物化学	23	2
68	生命科学	9	7
69	低氧生理	14	1
70	植被数量生态学	10	3
71	视觉信息加工	13	
72	新药研究*	20	5
73	植物生物技术	5	3
74	细胞与分子进化		
	技术科学	534	129
75	红外物理*	32	3
76	传感技术联合*	41	2
77	应用光学*	60	5
78	模式识别*	29	8
79	材料疲劳与断裂*	27	9
80	半导体超晶格*	26	13
81	信息安全*	29	2
82	集成光电子学*	14	
83	固体原子象	3	18
84	离子束	28	3
85	激光光谱学	14	3

国家攻关 State key projects	“863”课题 “863” key projects	院重大项目 CAS major projects	国际合作 International cooperative projects	其　他 Others
		2		12
1			4	4
18	22	14	24	24
	1	1		
	3			
3	5			
1	3			3
	3	1		2
			1	1
		1	1	
1		1	3	1
		1	4	13
			3	
			1	1
1			6	
3	1	3	1	2
9	6	6	4	1
17	49	25	50	59
	3	1	4	
9	1			
	5	2		19
	7	1	1	
	1	1	7	23
		11	3	
	7			
	1		1	
1	1	1	8	1
	1			4

序号	开放实验室名称 Names of the open laboratories	学委会审批 Projects selected by Academic Committees	国家基金 State funded projects
86	北京电子显微镜	34	12
87	北京真空物理	29	4
88	腐蚀科学	15	19
89	CAD	40	3
90	认知科学	18	2
91	量子光学	18	8
92	机器人学	28	3
93	快速凝固非平衡合金*	17	3
94	现代制造的 CAD/CAM 技术	16	
95	激光技术	5	2
96	半导体材料	11	7

注：国家攻关按四级课题计算；“863”按三级课题计算；国家基础研究重大项目和国家基金重点课题、部委重大项目按二

Note: National key projects are classified as the 4th class projects, “863” key projects the 3rd class projects, major national basic research

ing international cooperative projects) the lst class projects.

国家攻关 State key projects	“863”课题 “863” key projects	院重大项目 CAS major projects	国际合作 International cooperative projects	其 他 Others
1			5	
		1	8	
	2	4	5	
2	2			3
		1	5	1
				6
	14			
1		1	1	
	3	1		2
3	1		2	

级课题计算；其它课题（包括国际合作）均按一级课题计算.

projects, major fundation projects and major projects at the ministerial level the 2nd class projects and all the other projects (includ-

Basic Statistics of S&T Achievements Made

序号	开放实验室名称 Names of the open laboratories	获奖研究成果 Awards-winning S&T						
		国家级奖 National awards					院、部 Academy-and-	
		特等 Special class	一等 1st class	二等 2nd class	三等 3rd class	四等 4th class	特等 Special class	一等 1st class
	合　　计	**2**	**1**	**10**	**14**	**1**		**33**
	数学、物理			4	2			9
1	波谱与原子分子物理*							
2	表面物理*							1
3	声场与声信息*							2
4	超导*				1			1
5	数学研究所							
6	理论物理研究所							
7	内耗与固体缺陷							
8	结构分析			1	1			2
9	磁学*			1				
10	非线性连续介质力学							
11	管理、决策与信息系统							1
12	激发态物理			1				
13	辐射化学							
14	光学天文				1			
15	射电天文							1
16	核分析技术							1
	化　　学	1		3	2			5
17	催化基础*							
18	分子动态与稳态结构*				1			
19	生命有机化学*	1						1
20	分子反应动力学*							1
21	结构化学							1
22	多相反应							1
23	稀土化学与物理							1

（所、站）科技成果情况

by the Open Laboratories（Institutes and Stations）

achievements（项）（item）				论文 Theses（篇）（No. of article）		专著 Monographs（种）（title）		专利 Patents（项）（item）	
委奖 ministerial-level awards			其他 Others						
二等 2nd class	三等 3rd class	四等 4th class		国内发表 Published domestically	国际发表 Published internationally	中文 Chinese	外文 Foreign languages	申报 Patent application	批准 Patents granted
56	**64**	**6**	**89**	**2995**	**5189**	**109**	**32**	**61**	**33**
7	19	4	28	859	1344	26	7	6	8
	1		7	25	81			1	
			1	68	47	1	2		
	6			12	72	2			
			4	43	62				1
2			4	55	128	4	2		
				55	90		1		
				18	24	4			
2	8	4	10	150	221	8	1	5	5
1	1			114	85				2
			2	50	83	2			
1				34	41	1			
1				76	74				
				8	17				
	1			61	159	1			
	1			31	54				
	1			59	106	3	1		
8	10		7	683	970	10	2	20	8
				39	35				
1				11	64	1			
	2			24	50				
				21	10				
				35	128				
			2	33	41	1	2	4	4
2	2			51	103				

序号	开放实验室名称 Names of the open laboratories	获奖研究成果 Awards-winning S&T						
		国家级奖 National awards					院、部 Academy-and-	
		特等 Special class	一等 1st class	二等 2nd class	三等 3rd class	四等 4th class	特等 Special class	一等 1st class
24	固体润滑			2				
25	高性能陶瓷和超微结构*							
26	电分析化学							
27	纤维素化学							
28	计算机化学			1				
29	高分子物理				1			1
30	金属有机化学							1
31	光化学							
	资源环境	1	1	1	1			9
32	大气数值模拟*							1
33	有机地球化学*							
34	资源与环境信息系统*							1
35	冻土工程*							
36	气体地球化学*	1						
37	工程地质力学							
38	黄土与第四纪地质			1				
39	实验海洋生物学				1			
40	土壤圈物质循环							1
41	系统生态							1
42	动力大地测量学							1
43	现代古生物和地层学							
44	矿床地球化学							
45	岩石圈构造演化							1
46	湖泊沉积与环境							1
47	地球动力学高温高压							
48	封丘站							1
49	禹城站							1
50	天山冰川站							

achievements（项）(item)				论文 Theses（篇）(No. of article)		专著 Monographs（种）(title)		专利 Patents（项）(item)	
委奖 ministerial-level awards			其他 Others						
二等 2nd class	三等 3rd class	四等 4th class		国内发表 Published domestically	国际发表 Published interna-tionally	中文 Chinese	外文 Foreign lang-uages	申报 Patent applica-tion	批准 Patents granted
	1		1	37	55			5	2
2	1		2	39	39	3		1	
			1	49	54				
				73	48	1			2
1				26	72				
	3			91	151	1		6	
2	1		1	85	63	3		2	
				69	57			2	
15	15	2	25	457	1262	55	11	7	3
			3	34	48	1	1		
	2		8	20	68				
4			2	28	35	10	2		
2	1			17	17	1			
	1		10	46	58	6			
1	1		1	8	52	6		6	2
				57	39	2			
	1			5	35			1	1
1				8	122	2			
2				2	52	3	1		
	2			19	91	4	1		
1	1		1	62	79	6	4		
	3				20	2			
1				26	86	2			
	2	1		7	30				
				4	5				
				10	62				
				7	27	3			
				16	10	1	1		

序号	开放实验室名称 Names of the open laboratories	获奖研究成果 Awards-winning S&T						
		国家级奖 National awards					院、部 Academy-and-	
		特等 Special class	一等 1st class	二等 2nd class	三等 3rd class	四等 4th class	特等 Special class	一等 1st class
51	东川泥石流站				1			
52	海北站							1
53	内蒙古草原站							
54	长白山站							
55	长春净月潭站		1					
56	红壤站							
57	大亚湾站							
58	沙坡头站							
	生物学			2	3			2
59	生物大分子*							
60	分子生物学*							
61	植物分子遗传*				1			
62	淡水生态与生物技术*							1
63	生物膜与膜生物工程*							
64	计划生育生殖生物学*							
65	真菌、地衣系统学							
66	系统与进化植物学				1			
67	植物化学				1			
68	生命科学			1				
69	低氧生理							
70	植被数量生态学							
71	视觉信息加工							
72	新药研究*			1				
73	植物生物技术							1
74	细胞与分子进化							
	技术科学				6	1		8
75	红外物理*				1			1
76	传感技术联合*				2			1

续上表

achievements（项）(item)				论文 Theses（篇）(No. of article)		专著 Monographs（种）(title)		专利 Patents（项）(item)	
委奖 ministerial-level awards			其他 Others						
二等 2nd class	三等 3rd class	四等 4th class		国内发表 Published domestically	国际发表 Published interna-tionally	中文 Chinese	外文 Foreign lang-uages	申报 Patent applica-tion	批准 Patents granted
				18	21	2			
		1		6	82				
1				14	37				
				4	35				
1	1			8	46	2			
1				21	70	1			
				3	18				
				7	17	1	1		
7	2		4	263	656	6	8	1	
				27	83				
2			1	13	56	1	1		
			2	9	22				
	1			12	14				
				23	46				
1				10	32		1		
				2	26		1		
1				11	84	1	1		
	1			38	61				
				19	40	1	1		
1				20	18				
				15	27	1			
2			1	26	53	1	1	1	
				12	19		2		
				5	31				
				21	44	1			
19	18		25	733	957	12	4	27	14
2	3			79	68	2			
1	2			30	37			9	9

序号	开放实验室名称 Names of the open laboratories	获奖研究成果 Awards-winning S&T						
		国家级奖 National awards					院、部 Academy-and-	
		特等 Special class	一等 1st class	二等 2nd class	三等 3rd class	四等 4th class	特等 Special class	一等 1st class
77	应用光学*							
78	模式识别*							1
79	材料疲劳与断裂*							
80	半导体超晶格*							
81	信息安全*							
82	集成光电子学*				2			1
83	固体原子象							
84	离子束							
85	激光光谱学							
86	北京电子显微镜							
87	北京真空物理							
88	腐蚀科学				1			1
89	CAD							1
90	认知科学							
91	量子光学							
92	机器人学							1
93	快速凝固非平衡合金*							1
94	现代制造的CAD/CAM技术							1
95	激光技术							
96	半导体材料					1		

注：获奖研究成果数包括固定人员及客座人员单独与合作完成的所有获奖研究成果.

Note: The award-winning achievements here includes all those which are completed individually and/or collaboratively by the permenant

续上表

achievements（项）(item)				论文 Theses（篇）(No. of article)		专著 Monographs（种）(title)		专利 Patents（项）(item)	
委奖 ministerial-level awards			其他 Others						
二等 2nd class	三等 3rd class	四等 4th class		国内发表 Published domestically	国际发表 Published interna-tionally	中文 Chinese	外文 Foreign lang-uages	申报 Patent applica-tion	批准 Patents granted
3			9	24	54			1	
1			4	18	45				
1				43	51				
	1		2	37	62				
				12					
1				19	52				
1				57	19				
1				66	50			1	1
	1		2	12	45			2	
				76	44	1	3		
				43	51	1		2	
1	3		2	38	58			9	2
2	1			45	93				
	2		4	25	32	7			
			1	8	22	1	1		
2	1			21	49				1
1	1			25	35			1	1
				7	15				
2	3		1	14	32			2	
				34	43				

scientists and guest researchers.

六、科技企业开发经营活动

BUSINESS ACTIVITIES OF CAS S&T COMPANIES

各类科技开发公司主要统计指标

Major Statistical Indices of Various Types of S&T Companies

	合计 Total	院属公司 (院全资) CAS-run companies (invested in solely by CAS)	院与部门、地方、所合办公司 Companies run jointly by CAS and other sectors and local departments	所办公司 Institute-run companies	所与地方合办公司 Companies run jointly by institutes and local organizations	中外合资公司 Joint venture
公司数（个） Number of companies	404	52	45	236	38	33
年末总人数（人） Total staff at the end of the year (person)	21619	2410	1822	11991	2221	3175
其中：固定合同制职工 Of which: Permanent and contract staff	18293	2163	1519	10371	1900	2340
专业技术人员 Professional and technical staff	11290	1576	892	6624	1370	828
其中：高级 Of which: Senior	1931	269	155	1214	195	98
中级 Middle-level	4076	490	297	2635	408	246
院内编制人数（人） Staff on CAS payroll (person)	9573	1208	506	7134	528	197
经营总额（万元） Total turnover (ten thousand yuan)	255724.3	41548.3	64033.6	80762.6	41338.7	28041.1
其中：产品销售收入 Of which: Income from product sale	81281.8	8459.2	5127.7	24955.9	17975.5	24763.5
技术收入 Technology-related income	29651.1	4055.1	5637.3	17375.8	2276.6	306.3
上缴税金（万元） Total tax (ten thousand yuan)	9248.3	1045.4	1226.2	4071.5	2180.0	725.2
新产品（种） New product (title)	582	63	71	323	47	78

科技开发公司人员文化程度

Educational Background of the Staff in CAS S&T Companies

	总计 Total	研究生 Post-graduates	大学 University graduates	大专 Specialized higher school graduates	中专 Specialized secondary school graduates	其他 Others
职工人数 Number of staff	18293	1007	4851	2717	1859	7859
（%）	100.0	5.5	26.5	14.8	10.2	43.0

科技开发公司研究课题活动

Research Projects Undertaken by CAS S&T Companies

	合计 Total	国家下达 Projects assigned by the State	院下达 Projects assigned by CAS	横向委托 Lateral contract projects	自选 Self-selected projects	其他 Others
课题数（项） Number of projects (item)	871	24	15	413	372	47
投入人力（人·年） Personnel input (man·year)	2562	111	54	1088	1072	237
投入经费（万元） Fund input (ten thousand yuan)	7864.1	558.5	164.9	2770.6	3677.7	692.4

科技开发公司成果与产品获奖情况

Award-Winning Achievements and Products Made by CAS S&T Companies

	获奖总数 Total awards	国际奖 International awards	国家奖 Awards at the State level	省、部、院级奖 Awards at the provincial, ministerial and Academy levels	地、市级奖 Awards at the prefectural and city levels	其他奖 Other awards
成果（项） Achievement (item)	138	22	12	67	20	17
产品（种） Product (title)	73	12	9	32	7	13

科技开发公司规模按人员分组

Size of CAS S&T Companies, by Number of People

	合计 Total	1—10人	11—50人	51—100人	101—200人	201—300人	>300人
单位数 Number of companies	404	67	245	55	26	5	6
(%)	100.0	16.6	60.7	13.6	6.4	1.2	1.5
人数 Number of people	18293	496	5963	3813	3332	1224	3465
(%)	100.0	2.7	32.6	20.8	18.2	6.7	19.0

科技开发公司规模按经营额分组

Size of CAS S&T Companies, by Turnover

单位：万元（ten thousand yuan）

	合 计 Total	<10	10—<50	50—<100	100—<500	500—<1000	1000—<5000	5000—<10000	>10000
单位数 Number of companies	404	36	76	46	147	44	50	2	3
(%)	100.0	8.9	18.8	11.4	36.4	10.9	12.4	0.5	0.7
经营额 Turnover	255724.3	130.4	2032.7	3571.2	35431.6	30540.1	105023.2	13998.3	64996.8
(%)	100.0	0.1	0.8	1.4	13.8	11.9	41.1	5.5	25.4

科技开发公司规模按年创利税额分组

Size of CAS S&T Companies, by Annual Profit Made and Tax Paid

单位：万元（ten thousand yuan）

	合 计 Total	<0	0—<1	1—<5	5—<10	10—<50	50—<100	100—<500	500—<1000	>1000
单位数 Number of companies	404	59	28	46	43	144	42	35	3	4
(%)	100.0	14.6	6.9	11.4	10.6	35.6	10.4	8.7	0.8	1.0
利税额 Total profit and tax	23807.7	−1477.1	9.9	131.9	327.8	3754.1	3017.6	7384.0	1887.1	8772.4
(%)	100.0	−6.2	—	0.6	1.4	15.8	12.7	31.0	7.9	36.8

院管科技开发公司支撑机构

CAS S&T Development Supporting Organizations

公司全称 Company	职工总数 (人) Total staff	高、中级 (人) Senior & middle-level	营业额 (万元) Turnover (ten thousand yuan)	上缴税金基金 (万元) Tax (ten thousand yuan)
东方科学仪器进出口公司 Oriental Scientific Instrument Import and Export Corporation	320	121	38842	427.3
中国新技术发展贸易有限公司 China New-Tech Development and Trade Corporation	25	10	28840.0	121.0
深圳科技工业园总公司 Shenzhen Science and Industry Park Corporation	1788	246	18246.2	1406.1
中国科技财务公司 China Scientific and Technological Finance Corporation	105	32		2276.9
中国科技促进经济发展基金会 China Foundation of S&T for Development	32	15		18.0

注：贸易机构的营业额主要指进出口代理总额.

Note: The turnover here mainly refers to the totel volume of commissioned export and import business.

公司全称 Company	职工总数（人） Total staff (person)	高、中级 Senior & intermediate	经营总额（万元） Total turnover value (ten thousand yuan)
北京联想计算机集团公司（国内部分） Beijing Legend Computer Group Corporation	613	244	26147.8
北京科海高技术（集团）公司 Beijing Kehai High Technology Group Corporation	511	169	21105.0
中国大恒公司 China Daheng Corporation	478	205	15202.1
中国科健有限公司（含深圳安科公司） China Kejian Ltd.	612	130	14517.4
北京希望电脑公司 Beijing Hope Computer Corporation	132	49	6600.3
北京信通集团公司 Beijing Syntone Group Corporation	189	108	5552.8
北京三环新材料高技术公司 Beijing Sanhuan New Materials R&D Incorporation	800	112	3718.2
中国大通电子有限公司 China Datong Electronic Corporation	162	57	3109.3
北京科理高技术公司 Beijing Keli High Technology Corporation	223	106	1814.9
北京远望技术公司 Beijing Outlook Technical Corporation	114	40	1609.0
北京科辐辐射技术公司 Beijing Kefu Radiation Technology Incorporation	114	13	1408.0
北京中科卫星通信技术有限公司 Beijing Satellite Communication Technology Company	34	13	1004.0
北京百泰生物技术公司 China Biotech Technology Corporation	56	30	841.6
武汉波谱公司 Wuhan Spectroscopy Company	36	18	776.0
北京科进技术装备器材公司 Beijing Kejin Technical Equipment and Instruments Corporation	88	18	739.5

公司主要指标

Run S&T Companies

产品销售收入 Income from product sales	商品销售收入 Income from commodity sale	技术收入 Technology-related income	上缴税金基金 (万元) Tax (ten thousand yuan)	产品品种数 (种) Product (title)	新产品 (种) New product (title)
14782.0	10470.3	738.8	1768.9	52	14
827.9	15283.3	4968.0	461.1	60	24
4680.8	9342.5	1144.1	271.5	78	50
11412.1	1970.7	231.1	278.9	66	30
350.0	5050.4	1199.9	220.4	9	9
630.4	3832.3	944.0	133.8	27	13
2924.5	734.5	0.0	192.6	12	5
235.4	2632.8	241.0	57.6	7	0
309.4	1112.9	207.5	101.0	21	3
115.2	971.0	522.8	49.0	16	2
1301.0	107.0	0.0	47.0	2	2
738.4	159.3	106.3	85.7	6	2
619.4	127.1	95.1	14.3	4	1
605.3	123.0	45.9	70.8	2	2
0.0	567.6	70.0	41.4	0	0

公 司 全 称 Company	职工总数（人） Total staff (person)	高、中级 Senior & intermediate	经营总额（万元） Total turnover value (the thousand yuan)
北京群星科技开发公司 Beijing Galaxy Incorporation	23	5	130.1
北京集成电路制版服务中心 Beijing IC Mask-Making Service Center	6	1	115.2
北京凯思软件工程公司 CAS Software Engineering Corporation	24	20	114.8
深圳科深科技咨询开发公司 Shenzhen Keshen S&T Consultation and Development Corporation	15		92.0
北京科能能源与动力研究发展中心 Beijing Academia Energetics R&D Center	52	19	85.3
中国联合新材料开发公司 China Joint Corporation for New Materials Development	23	9	67.0
北京中科建设工程承发包总公司 Beijing Construction Undertaking Corporation	58	29	55.2
北京农村经济科技发展部 Beijing Department of Rural Economy and Technology Development	23		2.9

续上表

产品销售收入 Income from product sales	商品销售收入 Income from commodity sales	技术收入 Technology-related income	上缴税金基金（万元） Tax (ten thousand yuan)	产品品种数（种） Product (title)	新产品（种） New product (title)
0.0	91.1	39.0	2.9	0	0
3.8	78.1	17.8	11.4	1	1
0.0	78.4	33.8	2.3	0	0
44.5			2.9		
54.4	0.0	30.9	4.2	2	2
8.0	0.0	59.0	1.4	3	1
0.0	4.0	51.2	10.5	0	0
			0.1		

七、获奖成果、专利

PATENTS AND AWARD-WINNING ACHIEVEMENTS

获国家自然科学奖科技成果

S&T Achievements Gaining National Natural Science Awards

年份 Year	项目 Item	获奖总项数 Total	一等奖 1st class	二等奖 2nd class	三等奖 3rd class	四等奖 4th class
1956	全国授奖项数 National total	34	3	5	26	
(第一届)	中科院获奖数 Awards won by CAS	23	3	2	18	
1982	全国授奖项数 National total	125	9	40	49	27
(第二届)	中科院获奖数 Awards won by CAS	47	2	23	17	5
1987	全国授奖项数 National total	178	11	39	87	41
(第三届)	中科院获奖数 Awards won by CAS	73	7	17	34	15
1989	全国授奖项数 National total	59	2	19	23	15
(第四届)	中科院获奖数 Awards won by CAS	31	2	11	13	5
1991	全国授奖项数 National total	53	0	10	31	12
(第五届)	中科院获奖数 Awards won by CAS	16	0	5	11	0

注：本表只统计中科院为第一完成单位的获奖项目.

Note: The numbers here only include those awards whose major inventor is CAS.

获国家科技进步奖科技成果

S&T Achievements Gaining National S&T Progress Awards

年份 Year	获奖总项数 Total	特等奖 Special class	一等奖 1st class	二等奖 2nd class	三等奖 3rd class
1985	73	2	8	28	35
1987	36		1	13	22
1988	29		4	11	14
1989	26		1	9	16
1990	17	1	3	5	8
1991	28		1	11	16

注：本表只统计中科院为第一完成单位的获奖项目.

Note: The numbers here only include those awards whose major inventor is CAS.

获国家发明奖科技成果

S&T Achievements Gaining National Invention Awards

年　份 Year	获奖总项数 Total	一等奖 1st class	二等奖 2nd class	三等奖 3rd class	四等奖 4th class
1979	11		3	7	1
1980	19	1	3	14	1
1981	10			7	3
1982	10			4	6
1983	11		2	8	1
1984	15	1	3	8	3
1985	6			4	2
1987	12		1	9	2
1988	12	1	2	6	3
1989	4			3	1
1990	5			4	1
1991	7	1	1	4	1

注：本表只统计中科院为第一完成单位的获奖项目.

Note：The numbers here only include those awards whose major inventor is CAS.

专利情况（按地区分）（1985—1990年）

Patenting Statistics，by Region：1985—1990

单位：件（item）

地区 Region	申请数 Patent applications				授权数 Patents granted			
	合计 Total	发明 Invention	实用新型 Utility model	外观设计 Design	合计 Total	发明 Invention	实用新型 Utility model	外观设计 Design
总计 Total	**1607**	**988**	**619**		**790**	**371**	**419**	
北京地区 Beijing	451	253	198		255	125	130	
上海分院 Shanghai Branch	315	230	85		167	89	78	
沈阳分院 Shenyang Branch	141	111	30		34	15	19	
长春分院 Changchun Branch	160	124	36		72	51	21	
南京分院 Nanjing Branch	23	2	21		19	1	18	
合肥分院 Hefei Branch	93	35	58		42	10	32	
武汉分院 Wuhan Branch	39	17	22		11	2	9	
广州分院 Guangzhou Branch	73	41	32		29	16	13	
成都分院 Chengdu Branch	82	33	49		51	6	45	
昆明分院 Kunming Branch	4	4			1	1		
西安分院 Xi'an Branch	33	15	18		15	5	10	
兰州分院 Lanzhou Branch	67	41	26		30	12	18	
新疆分院 Xinjiang Branch	35	27	8		20	13	7	
其他地区 Other Regions	91	55	36		44	25	19	

专利情况（按学科分）（1985—1990年）

Patenting Statistics，by Field of Study：1985—1990

单位：件（item）

学　科 Field	申请数 Patent applications				授权数 Patents granted			
	合计 Total	发明 Invention	实用新型 Utility model	外观设计 Design	合计 Total	发明 Invention	实用新型 Utility model	外观设计 Design
总　计 Total	**1607**	**988**	**619**		**790**	**371**	**419**	
数学、物理 Mathematics & physics	264	111	153		158	48	110	
化学与化工 Chemistry& chemical engineering	588	494	94		256	191	65	
地学 Earth sciences	68	14	54		41	3	38	
生物学 Biological sciences	112	74	38		40	14	26	
技术科学 Technological sciences	496	262	234		256	105	151	
学校 University and colleges	58	28	30		27	9	18	
其他 Others	21	5	16		12	1	11	

专利情况（按单位分）（1985—1990年）

Patenting Statistics，by Institution：1985—1990

单位：件（item）

科研单位 Institution	申请数 Patent applications 合计 Total	发明 Invention	实用新型 Utility model	外观设计 Design	授权数 Patents granted 合计 Total	发明 Invention	实用新型 Utility model	外观设计 Design
总　计 Total	**1607**	**988**	**619**		**790**	**371**	**419**	
物理研究所 Inst. of Physics	70	33	37		37	12	25	
高能物理研究所 Inst. of High Energy Physics	8	2	6		4	1	3	
声学研究所 Inst. of Acoustics	64	30	34		46	17	29	
力学研究所 Inst. of Mechanics	23	6	17		17	4	13	
化学研究所 Inst. of Chemistry	50	46	4		25	21	4	
化工冶金研究所 Inst. of Chemical Metallurgy	46	40	6		22	16	6	
感光化学研究所 Inst. of Photographic Chemistry	27	20	7		13	7	6	
生态环境研究中心 Research Center for Eco-Environmental Sciences	17	14	3		6	4	2	
地球物理研究所 Inst. of Geophysics	2		2					
地质研究所 Inst. of Geology	11	2	9		3	1	2	
生物物理研究所 Inst. of Biophysics	11	7	4		7	3	4	
微生物研究所 Inst. of Microbiology	4	4						
遗传研究所 Inst. of Genetics	2		2		2		2	
动物研究所 Inst. of Zoology	2	1	1		2	1	1	
植物研究所 Inst. of Botany	1	1						

续上表

科研单位 Institution	申请数 Patent applications 合计 Total	发明 Invention	实用新型 Utility model	外观设计 Design	授权数 Patents granted 合计 Total	发明 Invention	实用新型 Utility model	外观设计 Design
遥感应用研究所 Inst. of Remote Sensing Application	1	1						
电子学研究所 Inst. of Electronics	12	12			9	9		
半导体研究所 Inst. of Semiconductors	25	8	17		17	17		
计算技术研究所 Inst. of Computing Technology	6	5	1		5	4	1	
微电子中心 Microelectronics R&D Center	4	3	1		2	1	1	
自动化研究所 Inst. of Automation	13		13		7		7	
空间科学与应用研究中心 Space Science and Technology Center	5	2	3					
电工研究所 Inst. of Electric Engineering	24	11	13		16	6	10	
工程热物理研究所 Inst. of Engineering Thermophysics	6	3	3		3	1	2	
低温技术实验中心 Cryogenic Laboratory	4		4		4		4	
北京科学仪器研制中心 Beijing Scientific Instrument Development Center	2	2						
北京天文台 Beijing Astronomical Observatory	2		2		2		2	
中国科学技术大学研究生院 Graduate School of the University of Science and Technology of China	9		9		6		6	

续上表

科研单位 Institution	申请数 Patent applications				授权数 Patents granted			
	合计 Total	发明 Invention	实用新型 Utility model	外观设计 Design	合计 Total	发明 Invention	实用新型 Utility model	外观设计 Design
上海原子核研究所 Shanghai Inst. of Nuclear Research	5	3	2		3	1	2	
上海硅酸盐研究所 Shanghai Inst. of Ceramics	75	58	17		38	21	17	
上海有机化学研究所 Shanghai Inst. of Organic Chemistry	53	46	7		24	19	5	
上海生物化学研究所 Shanghai Inst. of Biochemistry	2	2						
上海药物研究所 Shanghai Inst. of Materia Medica	7	6	1		4	3	1	
上海生理研究所 Shanghai Inst. of Physiology	9	4	5		5	2	3	
上海植物生理研究所 Shanghai Inst. of Plant Physiology	4	4						
上海昆虫研究所 Shanghai Inst. of Entomology	2	1	1					
上海冶金研究所 Shanghai Inst. of Metallurgy	64	43	21		42	23	19	
上海技术物理研究所 Shanghai Inst. of Technical Physics	23	12	11		12	1	11	
上海光学精密机械研究所 Shanghai Inst. of Optics and Fine Mechanics	70	50	20		39	19	20	
上海生物工程研究中心 Shanghai Bioengineering Research Center	1	1						

续上表

科研单位 Institution	申请数 Patent applications				授权数 Patents granted			
	合计 Total	发明 Invention	实用新型 Utility model	外观设计 Design	合计 Total	发明 Invention	实用新型 Utility model	外观设计 Design
大连化学物理研究所 Dalian Inst. of Chemical Physics	48	44	4		10	9	1	
沈阳应用生态研究所 Shenyang Inst. of Applied Ecology	15	12	3		4	2	2	
金属研究所 Inst. of Metals Research	52	38	14		11	2	9	
沈阳自动化研究所 Shenyang Inst. of Automation	9	5	4		3		3	
沈阳计算技术研究所 Shenyang Inst. of Computing Technology	1		1		1		1	
金属腐蚀与防护研究所 Inst. of Corrosion and Protection of Metals	14	12	2		4	2	2	
沈阳科学仪器研制中心 Shenyang Research Center for Scientific Equipment	2		2		1		1	
长春物理研究所 Changchun Inst. of Physics	21	11	10		5	1	4	
长春应用化学研究所 Changchun Inst. of Applied Chemistry	92	83	9		44	38	6	
长春光学精密机械研究所 Changchun Inst. of Optics and Fine Mechanics	45	28	17		23	12	11	
长春地理研究所 Changchun Inst. of Geography	2	2						
南京土壤研究所 Nanjing Inst. of Soil Science	11	2	9		9	1	8	

续上表

科研单位 Institution	申请数 Patent applications 合计 Total	发明 Invention	实用新型 Utility model	外观设计 Design	授权数 Patents granted 合计 Total	发明 Invention	实用新型 Utility model	外观设计 Design
南京地质古生物研究所 Nanjing Inst. of Geology and Palaeontology	1		1		1		1	
南京地理与湖泊研究所 Nanjing Inst. of Geography and Limnology	2		2		2		2	
紫金山天文台 Purple Mountain Observatory	2		2		2		2	
南京天文仪器研制中心 Nanjing R&D Center for Astronomical Instruments	7		7		5		5	
安徽光学精密机械研究所 Anhui Inst. of Optics and Fine Mechanics	28	4	24		12	1	11	
等离子体物理研究所 Inst. of Plasma Physics	10	1	9		7		7	
固体物理研究所 Inst. of Solid State Physics	1		1					
合肥智能机械研究所 Hefei Inst. of Intelligent Machines	5	2	3		2		2	
中国科学技术大学 University of Science and Technology of China	49	28	21		21	9	12	
武汉物理研究所 Wuhan Inst. of Physics	9	2	7		6	1	5	
武汉岩土力学研究所 Wuhan Inst. of Rock and Soil Mechanics	12	5	7		3	1	2	
武汉病毒研究所 Wuhan Inst. of Virology	3	1	2					

续上表

科研单位 Institution	申请数 Patent applications				授权数 Patents granted			
	合计 Total	发明 Invention	实用新型 Utility model	外观设计 Design	合计 Total	发明 Invention	实用新型 Utility model	外观设计 Design
水生生物研究所 Inst. of Hydrobiology	5	2	3		1		1	
武汉植物研究所 Wuhan Inst. of Botany	3	3						
中国科学院武汉分院 CAS Wuhan Branch	2		2		1		1	
武汉数学物理研究所 Wuhan Inst. of Mathematical Physics	1		1					
长沙农业现代化研究所 Changsha Inst. of Agricultural Modernization	4	4						
广州化学研究所 Guangzhou Inst. of Chemistry	34	32	2		16	16		
南海海洋研究所 South China Sea Inst. of Oceanology	5	1	4		4		4	
华南植物研究所 South China Inst. of Botany	1	1						
广州能源研究所 Guangzhou Inst. of Energy Conversion	23	7	16					
广州电子研究所 Guangzhou Inst. of Electronic Technology	9		9		8		8	
广州地质新技术研究所 Guangzhou Institute of New Geotechnology	1		1		1		1	
成都有机化学研究所 Chengdu Inst. of Organic Chemistry	27	19	8		11	3	8	
成都生物研究所 Chengdu Inst. of Biology	8	7	1					

续上表

科研单位 Institution	申请数 Patent applications 合计 Total	发明 Invention	实用新型 Utility model	外观设计 Design	授权数 Patents granted 合计 Total	发明 Invention	实用新型 Utility model	外观设计 Design
光电技术研究所 Inst. of Optics and Electronics	29	5	24		26	2	24	
成都计算机应用研究所 Chengdu Inst. of Computer Application	2		2		1		1	
成都科学仪器研制中心 Chengdu R&D Center for Scientific Instruments	5		5		5		5	
中国科学院成都分院 CAS Chengdu Branch	4	2	2		1	1		
成都山地灾害与环境研究所 Chengdu Inst. of Mountain Hazards and Environment	7		7		7		7	
昆明植物研究所 Kunming Inst. of Botany	3	3			1	1		
昆明生态研究所 Kunming Inst. of Ecology	1	1						
西北高原生物研究所 Northwest Inst. of Plateau Biology	2	1	1					
西北水土保持研究所 Northwest Inst. of Soil and Water Conservation	1		1		1		1	
西安光学精密机械研究所 Xi'an Inst. of Optics and Fine Mechanics	27	12	15		13	5	8	
陕西天文台 Shaanxi Observatory	3	2	1		1		1	
兰州化学物理研究所 Lanzhou Inst. of Chemical Physics	34	24	10		12	4	8	
近代物理研究所 Inst. of Modern Physics	7	6	1		4	3	1	

续上表

科研单位 Institution	申请数 Patent applications				授权数 Patents granted			
	合计 Total	发明 Invention	实用新型 Utility model	外观设计 Design	合计 Total	发明 Invention	实用新型 Utility model	外观设计 Design
兰州冰川冻土研究所 Lanzhou Inst. of Glaciology and Geocryology	9	3	6					
兰州沙漠研究所 Lanzhou Inst. of Desert Research	2		2		2		2	
兰州高原大气物理研究所 Lanzhou Inst. of Plateau Atmospheric Physics	2		2		2		2	
兰州地质研究所 Lanzhou Inst. of Geology	2	1	1		2	1	1	
青海盐湖研究所 Qinghai Inst. of Saline Lakes	7	7			4	4		
中国科学院兰州分院 CAS Lanzhou Branch	4		4		4		4	
新疆物理研究所 Xinjiang Inst. of Physics	12	8	4		9	5	4	
新疆化学研究所 Xinjiang Inst. of Chemistry	16	14	2		8	6	2	
新疆生物土壤沙漠研究所 Xinjiang Inst. of Biology, Pedology and Desert Research	2	2						
乌鲁木齐天文工作站 Urumqi Working Station of Astronomy	3	2	1		3	2	1	
中国科学院新疆分院 CAS Xinjiang Branch	2	1	1					
福建物质结构研究所 Fujian Inst. of Research on the Structure of Matter	18	17	1		6	6		
海洋研究所 Inst. of Oceanology	9	1	8		8		8	

续上表

科研单位 Institution	申请数 Patent applications				授权数 Patents granted			
	合计 Total	发明 Invention	实用新型 Utility model	外观设计 Design	合计 Total	发明 Invention	实用新型 Utility model	外观设计 Design
山西煤炭化学研究所 Shanxi Inst. of Coal Chemistry	44	30	14		17	17		
贵阳地球化学研究所 Guiyang Inst. of Geochemistry	1	1						
石家庄农业现代化研究所 Shijiazhuang Inst. of Agricultural Modernization	13	1	12		10		10	
黑龙江农业现代化研究所 Heilongjiang Inst. of Agricultural Modernization	6	5	1		3	2	1	

专利情况（按地区分）（1991年）

Patenting Statistics，by Region：1991

单位：件（item）

地区 Region	申请数 Patent applications 合计 Total	发明 Invention	实用新型 Utility model	外观设计 Design	授权数 Patents granted 合计 Total	发明 Invention	实用新型 Utility model	外观设计 Design
总计 Total	**298**	**190**	**107**	**1**	**168**	**89**	**79**	
北京地区 Beijing	67	35	32		49	22	27	
上海分院 Shanghai Branch	43	36	7		25	18	7	
沈阳分院 Shenyang Branch	57	42	15		13	10	3	
长春分院 Changchun Branch	24	15	8	1	24	14	10	
南京分院 Nanjing Branch	1	1			3	1	2	
合肥分院 Hefei Branch	30	16	14		18	10	8	
武汉分院 Wuhan Branch	7	4	3					
广州分院 Guangzhou Branch	18	11	7		8	1	7	
成都分院 Chengdu Branch	10	3	7		7	1	6	
昆明分院 Kunming Branch								
西安分院 Xi'an Branch	10	4	6		9	8	1	
兰州分院 Lanzhou Branch	15	11	4		7	1	6	
新疆分院 Xinjiang Branch	8	8			3	2	1	
其他地区 Other regions	8	4	4		2	1	1	

专利情况（按学科分）（1991年）

Patenting Statistics, by Field of Study: 1991

单位：件（item）

学科 Field	申请数 Patent applications 合计 Total	发明 Invention	实用新型 Utility model	外观设计 Design	授权数 Patents granted 合计 Total	发明 Invention	实用新型 Utility model	外观设计 Design
总计 Total	**298**	**190**	**107**	**1**	**168**	**89**	**79**	
数学、物理 Mathematics & physics	34	12	21	1	35	13	22	
化学与化工 Chemistry & chemical engineering	115	86	24		57	37	20	
地学 Earth sciences	2	1	1		3	1	2	
生物学 Biological sciences	19	18	1		3	2	1	
技术科学 Technological sciences	107	61	46		54	30	24	
学校 University and colleges	21	7	14		14	5	9	
其他 Others					2	1	1	

专利情况（按单位分）（1991年）

Patenting Statistics，by Institution：1991

单位：件（item）

科研单位 Institution	申请数 Patent applications 合计 Total	发明 Invention	实用新型 Utility model	外观设计 Design	授权数 Patents granted 合计 Total	发明 Invention	实用新型 Utility model	外观设计 Design
总计 Total	**298**	**190**	**107**	**1**	**168**	**89**	**79**	
物理研究所 Inst. of Physics	11	5	6		11	3	8	
高能物理研究所 Inst. of High Energy Physics	1		1					
声学研究所 Inst. of Acoustics	6	2	4		8	3	5	
力学研究所 Inst. of Mechanics	3	1	2		4		4	
化学研究所 Inst. of Chemistry	5	5			4	3	1	
化工冶金研究所 Inst. of Chemical Metallurgy	13	5	8		7	3	4	
感光化学研究所 Inst. of photographic Chemistry	2	2			6	5	1	
生态环境研究中心 Research Center for Eco-Environmental Sciences	1	1						
地球物理研究所 Inst. of Geophysics								
地质研究所 Inst. of Geology					1	1		
生物物理研究所 Inst. of Biophysics	1	1						
微生物研究所 Inst. of Microbiology	2	2						
遗传研究所 Inst. of Genetics								
动物研究所 Inst. of Zoology								
植物研究所 Inst. of Botany								

续上表

科研单位 Institution	申请数 Patent applications 合计 Total	发明 Invention	实用新型 Utility model	外观设计 Design	授权数 Patents granted 合计 Total	发明 Invention	实用新型 Utility model	外观设计 Design
遥感应用研究所 Inst. of Remote Sensing Application								
电子学研究所 Inst. of Electronics	3	2	1		3	3		
半导体研究所 Inst. of Semiconductors	4	1	3					
计算技术研究所 Inst. of Computing Technology								
微电子中心 Microelectronics R&D Center					1		1	
自动化研究所 Inst. of Automation	3	2	1					
空间科学与应用研究中心 Space Science and Technology Center								
电工研究所 Inst. of Electric Engineering	5	5			1	1		
工程热物理研究所 Inst. of Engineering Thermophysics								
低温技术实验中心 Cryogenic Laboratory	3	1	2		1		1	
北京科学仪器研制中心 Beijing Scientific Instruments Development Center								
北京天文台 Beijing Astronomical Observatory								
中国科学技术大学研究生院 Graduate School of the University of Science and Technology of China	4		4		2		2	

续上表

科研单位 Institution	申请数 Patent applications 合计 Total	发明 Invention	实用新型 Utility model	外观设计 Design	授权数 Patents granted 合计 Total	发明 Invention	实用新型 Utility model	外观设计 Design
上海原子核研究所 Shanghai Inst. of Nuclear Research					1	1		
上海硅酸盐研究所 Shanghai Inst. of Ceramics	10	7	3		9	4	5	
上海有机化学研究所 Shanghai Inst. of Organic Chemistry	8	8			2	2		
上海生物化学研究所 Shanghai Inst. of Biochemistry								
上海药物研究所 Shanghai Inst. of Materia Medica	1	1			1	1		
上海生理研究所 Shanghai Inst. of Physiology	2	2						
上海植物生理研究所 Shanghai Inst. of Plant Physiology	1	1						
上海昆虫研究所 Shanghai Inst. of Entomology								
上海冶金研究所 Shanghai Inst. of Metallurgy	4	2	2		5	5		
上海技术物理研究所 Shanghai Inst. of Technical Physics	2	1	1		1		1	
上海光学精密机械研究所 Shanghai Inst. of Optics and Fine Mechanics	15	14	1		6	5	1	
上海生物工程研究中心 Shanghai Bioengineering Research Center								

续上表

科研单位 Institution	申请数 Patent applications 合计 Total	发明 Invention	实用新型 Utility model	外观设计 Design	授权数 Patents granted 合计 Total	发明 Invention	实用新型 Utility model	外观设计 Design
大连化学物理研究所 Dalian Inst. of Chemical Physics	25	21	4		4	4		
沈阳应用生态研究所 Shenyang Inst. of Applied Ecology	6	5	1		1	1		
金属研究所 Inst. of Metals Research	12	7	5		4	3	1	
沈阳自动化研究所 Shenyang Inst. of automation	4	1	3		2	1	1	
沈阳计算技术研究所 Shenyang Inst. of Computing Technology								
金属腐蚀与防护研究所 Shenyang Inst. of Corrosion and Protection of Metals	10	8	2		2	1	1	
沈阳科学仪器研制中心 Shenyang Research Center for Scientific Equipment								
长春物理研究所 Changchun Inst. of Physics	2		1	1	5	1	4	
长春应用化学研究所 Changchun Inst. of Applied Chemistry	13	12	1		13	11	2	
长春光学精密机械研究所 Changchun Inst. of Optics and Fine Mechanics	9	3	6		6	2	4	
长春地理研究所 Changchun Inst. of Geography								
南京土壤研究所 Nanjing Inst. of Soil Science					1		1	

续上表

科研单位 Institution	申请数 Patent applications 合计 Total	发明 Invention	实用新型 Utility model	外观设计 Design	授权数 Patents granted 合计 Total	发明 Invention	实用新型 Utility model	外观设计 Design
南京地质古生物研究所 Nanjing Inst. of Geology and Palaeontology								
南京地理与湖泊研究所 Nanjing Inst. of Geography and Limnology								
紫金山天文台 Purple Mountain Observatory								
南京天文仪器研制中心 Nanjing R&D Center for Astronomical Instruments	1	1			2	1	1	
安徽光学精密机械研究所 Anhui Inst. of Optics and Fine Mechanics	11	9	2		2	1	1	
等离子体物理研究所 Inst. of Plasma Physics	1		1		1	1		
固体物理研究所 Inst. of Solid State Physics					3	3		
合肥智能机械研究所 Hefei Inst. of Intelligent Machines	1		1					
中国科学技术大学 University of Science and Technology of China	17	7	10		12	5	7	
武汉物理研究所 Wuhan Inst. of Physics	2		2					
武汉岩土力学研究所 Wuhan Inst. of Rock and Soil Mechanics	1		1					
武汉病毒研究所 Wuhan Inst. of Virology								

续上表

科研单位 Institution	申请数 Patent applications 合计 Total	发明 Invention	实用新型 Utility model	外观设计 Design	授权数 Patents granted 合计 Total	发明 Invention	实用新型 Utility model	外观设计 Design
武汉水生生物研究所 Wuhan Inst. of Hydrobiology								
武汉植物研究所 Wuhan Inst. of Botany								
中国科学院武汉分院 CAS Wuhan Branch								
武汉数学物理研究所 Wuhan Inst. of Mathematical Physics								
长沙农业现代化研究所 Changsha Inst. of Agricultural Modernization	4	4						
广州化学研究所 Guangzhou Inst. of Chemistry	9	9			1	1		
南海海洋研究所 South China Sea Inst. of Oceanology								
华南植物研究所 South China Inst. of Botany								
广州能源研究所 Guangzhou Inst. of Energy Conversion	4	1	3		7		7	
广州电子研究所 Guangzhou Inst. of Electronic Technology	4	1	3					
广州地质新技术研究所 Guangzhou Inst. of New Geotechnology	1		1					
成都有机化学研究所 Chengdu Inst. of Organic Chemistry	4	3	1		2	1	1	
成都生物研究所 Chengdu Inst. of Biology								

续上表

科研单位 Institution	申请数 Patent applications 合计 Total	发明 Invention	实用新型 Utility model	外观设计 Design	授权数 Patents granted 合计 Total	发明 Invention	实用新型 Utility model	外观设计 Design
光电技术研究所 Inst. of Optics and Electronics	6		6		5		5	
成都计算机应用研究所 Chengdu Inst. of Computer Application								
成都科学仪器研制中心 Chengdu R&D Center for Scientific Instruments								
中国科学院成都分院 CAS Chengdu Branch								
成都山地灾害与环境研究所 Chengdu Inst. of Mountain Hazards and Environment								
昆明植物研究所 Kunming Inst. of Botany								
昆明生态研究所 Kunming Inst. of Ecology								
西北高原生物研究所 Northwest Inst. of Plateau Biology								
西北水土保持研究所 Northwest Inst. of Soil and Water Conservation								
西安光学精密机械研究所 Xi'an Inst. of Optics and Fine Mechanics	10	4	6		9	8	1	
陕西天文台 Shaanxi Observatory								
兰州化学物理研究所 Lanzhou Inst. of Chemical Physics	13	10	3		5	1	4	

续上表

科研单位 Institution	申请数 Patent applications 合计 Total	发明 Invention	实用新型 Utility model	外观设计 Design	授权数 Patents granted 合计 Total	发明 Invention	实用新型 Utility model	外观设计 Design
兰州近代物理研究所 Lanzhou Inst. of Modern Physics	2	1	1		1		1	
兰州冰川冻土研究所 Lanzhou Inst. of Glaciology and Geocryology					1		1	
兰州沙漠研究所 Lanzhou Inst. of Desert Research								
兰州高原大气物理研究所 Lanzhou Inst. of Plateau Atmospheric Physics								
兰州地质研究所 Lanzhou Inst. of Geology								
青海盐湖研究所 Qinghai Inst. of Saline Lakes								
中国科学院兰州分院 CAS Lanzhou Branch								
新疆物理研究所 Xinjiang Inst. of Physics	1	1			1	1		
新疆化学研究所 Xinjiang Inst. of Chemistry	5	5			2	1	1	
新疆生物土壤沙漠研究所 Xinjiang Inst. of Biology, Pedology and Desert Research	2	2						
乌鲁木齐天文工作站 Urumqi Working Station of Astronomy								
中国科学院新疆分院 CAS Xinjiang Branch								
福建物质结构研究所 Fujian Inst. of Research on the Structure of Matter	2	2			1	1		

续上表

科研单位 Institution	申请数 Patent applications 合计 Total	发明 Invention	实用新型 Utility model	外观设计 Design	授权数 Patents granted 合计 Total	发明 Invention	实用新型 Utility model	外观设计 Design
海洋研究所 Inst. of Oceanology	1	1						
山西煤炭化学研究所 Shanxi Inst. of Coal Chemistry	5	1	4		1		1	
贵阳地球化学研究所 Guiyang Inst. of Geochemistry								
石家庄农业现代化研究所 Shijiazhuang Inst. of Agricultural Modernization								
黑龙江农业现代化研究所 Heilongjiang Inst. of Agricultural Modernization								

八、国际交流

INTERNATIONAL COOPERATION

国际合作交流邀请项目（一）（1991年）

Statistics of Foreign Visitors Hosted by CAS（1）：1991

国别与地区 Country and region	批　数 Number of batches			人·次 Person·times		
	合计 Total	院级 At academy level	所级 At institute level	合计 Total	院级 At academy level	所级 At institute level
合计 Total	**989**	**282**	**714**	**2544**	**553**	**1991**
美洲与大洋洲 Americas & Oceania	292	37	255	599	105	494
美国 USA	231	22	209	468	71	397
加拿大 Canada	31	2	29	52	2	50
澳大利亚 Australia	18	8	10	30	8	22
新西兰 New Zealand	9	5	4	30	24	6
巴西 Brazil	2		2	10		10
墨西哥 Mexico	1		1	9		9
欧　洲 Europe	492	168	323	999	243	756
德国 Germany	80	49	31	129	70	59
英国 UK	68	18	50	94	22	72
意大利 Italy	37	15	21	108	32	76
法国 France	45	20	25	85	27	58
芬兰 Finland	8	4	4	10	4	6
瑞典 Sweden	10	5	5	15	5	10

续上表

国别与地区 Country and region	批数 Number of batches			人·次 Person·times		
	合计 Total	院级 At academy level	所级 At institute level	合计 Total	院级 At academy level	所级 At institute level
瑞士 Switzerland	9		9	20		20
挪威 Norway	6		6	8		8
比利时 Belgium	3		3	10		10
荷兰 Holland	14	9	5	43	10	33
西班牙 Spain	6	3	3	12	7	5
奥地利 Austria	13	4	9	20	7	13
爱尔兰 Ireland	1		1	1		1
冰岛 Iceland	1		1	1		1
希腊 Greece	5	2	3	7	2	5
土耳其 Turkey	1		1	1		1
核子中心 CERN	4	4		4	4	
苏联 USSR	153	14	139	397	29	368
捷克 Czechoslovakia	9	4	5	11	4	7
波兰 Poland	7	5	2	8	5	3
匈牙利 Hungary	7	7		7	7	
罗马尼亚 Romania	3	3		6	6	

续上表

国别与地区 Country and region	批　数 Number of batches			人·次 Person·times		
	合计 Total	院级 At academy level	所级 At institute level	合计 Total	院级 At academy level	所级 At institute level
南斯拉夫 Yugoslavia	1	1		1	1	
保加利亚 Bulgaria	1	1		1	1	
亚　洲 Asia	162	77	93	821	205	616
日本 Japan	57	37	20	561	109	452
朝鲜民主主义人民共和国 DPRK	17	12	5	41	13	28
韩国 Republican of Korea	23	13	11	56	23	33
香港 Hong Kong	17	4	13	57	39	18
新加坡 Singapore	18	1	17	25	2	23
泰国 Thailand	8	2	6	23	5	18
印度 India	3	2	1	3	2	1
蒙古 Mongolia	4	3	1	8	7	1
尼泊尔 Nepal	2	3		5	5	
马来西亚 Malaysia	13		4	12		12
菲律宾 the Philippines			2	2		2
以色列 Israel			13	28		28
其他 Others	43		43	125		125

国际合作交流邀请项目（二）（1991年）

Statistics of Foreign Visitors Hosted by CAS (2): 1991

国别与地区 Country and region	按交流形式分类统计（人·次） Person·times, by type of exchange							
	合计 Total	合作 Joint research	讲学 Lecture	考察 Investigation	培训 Training	访问 Visit	会议 Conference	其他 Others
合计 Total	**2544**	**664**	**376**	**346**	**34**	**573**	**404**	**147**
美洲与大洋洲 Americas & Oceania	599	132	99	57	1	188	103	19
美国 USA	468	92	90	28	1	170	78	9
加拿大 Canada	52	25	5	5		7	6	4
澳大利亚 Australia	30	11	2	10			1	6
新西兰 New Zealand	30	4	2	14		10		
巴西 Brazil	10					1	9	
墨西哥 Mexico	9						9	
欧　洲 Europe	999	385	136	89	9	176	159	45
德国 Germany	129	39	40	12		15	12	11
英国 UK	94	40	10	9		24	4	7
意大利 Italy	108	10	11	1	8	19	55	4
法国 France	85	28	23			15	18	1
芬兰 Finland	10		1	3		3	3	
瑞典 Sweden	15	6	2	1		6		

续上表

国别与地区 Country and region	按交流形式分类统计（人·次） Person·times，by type of exchange							
	合计 Total	合作 Joint research	讲学 Lecture	考察 Investigation	培训 Training	访问 Visit	会议 Conference	其他 Others
瑞士 Switzerland	20	10	1			8	1	
挪威 Norway	8	3	1				4	
比利时 Belgium	10	7	1					2
荷兰 Holland	43	7	5	1		5	25	
西班牙 Spain	12	1		7		4		
奥地利 Austria	20	10	8			2		
爱尔兰 Ireland	1	1						
冰岛 Iceland	1						1	
希腊 Greece	7	2		1		4		
土耳其 Turkey	1						1	
核子中心 CERN	4	4						
苏联 USSR	397	211	32	37	1	67	29	20
捷克 Czechoslovakia	11	2		3		2	4	
波兰 Poland	8	2	1	3			2	
匈牙利 Hungary	7	1		4		2		
罗马尼亚 Romania	6			6				

续上表

国别与地区 Country and region	按交流形式分类统计（人·次） Person·times，by type of exchange							
	合计 Total	合作 Joint research	讲学 Lecture	考察 Investigation	培训 Training	访问 Visit	会议 Conference	其他 Others
南斯拉夫 Yugoslavia	1			1				
保加利亚 Bulgaria	1	1						
亚　洲 Asia	821	140	126	191	24	189	76	75
日本 Japan	561	126	108	159	2	93	26	47
朝鲜民主主义人民共和国 DPRK	41	4		16	17	3	1	
韩国 Republican of Korea	56	1		8		20	20	7
香港 Hong Kong	57	3	6	2		41	2	3
新加坡 Singapore	25	1	8			3		13
泰国 Thailand	23	2	1	2	3	6	9	
印度 India	3					3		
蒙古 Mongolia	8			1		5		2
尼泊尔 Nepal	5					5		
马来西亚 Malaysia	12				1		9	2
菲律宾 the Philippines	2	1			1			
以色列 Israel	28	2	3	3		10	9	1
其他 Others	125	7	15	9		20	66	8

国际合作交流邀请项目（三）（1991年）

Statistics of Foreign Visitors Hosted by CAS (3): 1991

国别与地区 Country and region	按学科分类统计（人·次） Person·times, by field						
	合计 Total	数、理、天文 Mathematics physics & astronomy	化学、化工 Chemistry & chemical engineering	地学 Earth sciences	生物学 Biological sciences	技术科学 Technology sciences	其他 Others
合计 Total	**2544**	**421**	**313**	**711**	**448**	**341**	**310**
美洲与大洋洲 Americas & Oceania	599	128	75	105	135	102	54
美国 USA	468	114	70	66	90	86	42
加拿大 Canada	52	4	2	18	11	13	4
澳大利亚 Australia	30	1	3	5	14	1	6
新西兰 New Zealand	30	8		16	2	2	2
巴西 Brazil	10	1			9		
墨西哥 Mexico	9				9		
欧　　洲 Europe	999	221	149	312	128	109	80
德国 Germany	129	25	18	34	26	13	13
英国 UK	94	17	13	27	25	5	7
意大利 Italy	108	25	55	4	11	2	11
法国 France	85	21	24	14	10	8	8
芬兰 Finland	10			4	4	1	1
瑞典 Sweden	15	2		8			5
瑞士 Switzerland	20	5	1	10		3	1

国别与地区 Country and region	按学科分类统计（人·次） Person·times, by field						
	合计 Total	数、理、天文 Mathematics physics & astronomy	化学、化工 Chemistry & chemical engineering	地学 Earth sciences	生物学 Biological sciences	技术科学 Technology sciences	其他 Others
挪威 Norway	8	1		6		1	
比利时 Belgium	10		2	8			
荷兰 Holland	43	7	1	25	5	5	
西班牙 Spain	12	1	1	7	1		2
奥地利 Austria	20	1	2	13	3	1	
爱尔兰 Ireland	1	1					
冰岛 Iceland	1			1			
希腊 Greece	7			2		2	3
土耳其 Turkey	1					1	
核子中心 CERN	4	4					
苏联 USSR	397	103	24	137	39	65	29
捷克 Czechoslovakia	11	3	1	5		2	
波兰 Poland	8	2	2	2	2		
匈牙利 Hungary	7	3	1	1	2		
罗马尼亚 Romania	6		2	4			
南斯拉夫 Yugoslavia	1		1				

续上表

国别与地区 Country and region	按学科分类统计（人·次） Person·times, by field						
	合计 Total	数、理、天文 Mathematics physics & astronomy	化学、化工 Chemistry & chemical engineering	地学 Earth sciences	生物学 Biological sciences	技术科学 Technology sciences	其他 Others
保加利亚 Bulgaria	1		1				
亚　洲 Asia	821	60	87	230	160	118	166
日本 Japan	561	43	52	201	126	57	82
朝鲜民主主义人民共和国 DPRK	41		4	1	3	32	1
韩国 Republican of Korea	56	9	17	1	5	19	5
香港 Hong Kong	57	1	2	4	7	3	40
新加坡 Singapore	25	1	2		1	6	15
泰国 Thailand	23			7	6		10
印度 India	3					3	
蒙古 Mongolia	8	1		3	3		1
尼泊尔 Nepal	5						5
马来西亚 Malaysia	12		9		1		2
菲律宾 the Philippines	2	1			1		0
以色列 Israel	28	4	1	13	8		3
其他 Others	125	12	2	64	25	12	10

国际合作交流派出项目（一）（1991年）

Statistics of CAS Staff Sent Abroad (1): 1991

国别与地区 Country and region	批数 Number of batches			人·次 Person·times		
	合计 Total	院级 At academy level	所级 At institute level	合计 Total	院级 At academy level	所级 At institute level
合计 Total	**2725**	**348**	**2377**	**4459**	**656**	**3807**
美洲与大洋洲 Americas & Oceania	681	26	655	979	90	889
美国 USA	548	5	543	775	34	741
加拿大 Canada	59	2	57	76	2	74
澳大利亚 Australia	48	9	39	63	12	51
新西兰 New Zealand	12	7	5	47	39	8
巴西 Brazil	10	2	8	11	2	9
墨西哥 Mexico	3	1	2	6	1	5
智利 Chile	1		1	1		1
秘鲁 Peru	2	1	1	5	4	1
欧洲 Europe	849	173	676	1374	262	1112
德国 Germany	108	49	59	142	69	73
英国 UK	91	34	57	117	44	73
意大利 Italy	97	17	80	121	22	99
法国 France	90	13	77	122	20	102
荷兰 Holland	40	11	29	47	13	34

续上表

国别与地区 Country and region	批数 Number of batches			人·次 Person·times		
	合计 Total	院级 At academy level	所级 At institute level	合计 Total	院级 At academy level	所级 At institute level
瑞典 Sweden	52	5	47	65	8	57
芬兰 Finland	10	5	5	19	9	10
奥地利 Austria	33	4	29	50	5	45
瑞士 Switzerland	37	1	36	57	6	51
比利时 Belgium	9	1	8	33	1	32
爱尔兰 Ireland	5	1	4	6	1	5
丹麦 Denmark	6		6	11		11
挪威 Norway	5		5	7		7
西班牙 Spain	11		11	14		14
核子中心 CERN	4	4		4	4	
苏联 USSR	206	16	190	491	41	450
匈牙利 Hungary	18	4	14	25	6	19
捷克 Czechoslovakia	13	3	10	20	4	16
波兰 Poland	10	3	7	15	5	10
保加利亚 Bulgaria	2	1	1	3	2	1
罗马尼亚 Romania	2	1	1	5	2	3
亚　洲 Asia	1060	62	999	1876	169	1707

续上表

国别与地区 Country and region	批　数 Number of batches			人·次 Person·times		
	合计 Total	院级 At academy level	所级 At institute level	合计 Total	院级 At academy level	所级 At institute level
日本 Japan	429	34	395	736	89	647
香港 Hong Kong	402		402	705		705
泰国 Thailand	52	1	51	110	3	107
马来西亚 Malaysia	14	1	13	18	1	17
新加坡 Singapore	60		60	107		107
朝鲜民主主义人民共和国 DPRK	18	10	8	56	38	18
韩国 Pepublican of Korea	33	12	21	67	30	37
印度 India	16	1	15	23	1	22
巴基斯坦 Pakistan	4	1	3	5	1	4
菲律宾 the Philippines	8		8	12		12
尼泊尔 Nepal	4		4	4		4
印度尼西亚 Indonesia	7		7	10		10
以色列 Israel	5		5	6		6
蒙古 Mongolia	6	1	5	12	2	10
国际组织 International organizations	87	87		135	135	
其他 Others	48		48	95		95

国际合作交流派出项目（二）（1991年）

Statistics of CAS Staff Sent Abroad (2)：1991

国别与地区 Country and region	按交流形式分类统计（人·次） Person·times，by type of exchange							
	合计 Total	合作 Joint research	讲学 Lecture	考察 Investigation	培训 Training	访问 Visit	会议 Conference	其他 Others
合　计 Total	**4459**	**1436**	**255**	**531**	**192**	**353**	**1405**	**283**
美洲与大洋洲 Americas & Oceania	979	337	21	98	44	67	362	50
美国 USA	775	251	18	77	41	61	283	44
加拿大 Canada	76	31		12	2	5	24	2
澳大利亚 Australia	63	32	3	2		1	25	
新西兰 New Zealand	47	13		6	1		27	
巴西 Brazil	11	8					3	
墨西哥 Mexico	6	1		1				4
智利 Chile	1	1						
秘鲁 Peru	5			5				
欧　洲 Europe	1374	476	57	190	41	140	405	65
德国 Germany	142	73		12	1	16	31	9
英国 UK	117	61	5	6	6	13	24	2
意大利 Italy	121	34	18	1	8	8	48	4
法国 France	122	47	4	10	1	7	53	
荷兰 Holland	47	21		1	5	3	16	1

国别与地区 Country and region	按交流形式分类统计（人·次） Person·times, by type of exchange							
	合计 Total	合作 Joint research	讲学 Lecture	考察 Investigation	培训 Training	访问 Visit	会议 Conference	其他 Others
瑞典 Sweden	65	22	4	2	1	9	25	2
芬兰 Finland	19		2	10		4	3	
奥地利 Austria	50	5				2	42	1
瑞士 Switzerland	57	13	1			7	24	12
比利时 Belgium	33	4					28	1
爱尔兰 Ireland	6	1	1		1		3	
丹麦 Denmark	11	3		3		1	4	
挪威 Norway	7	3	1	1			2	
西班牙 Spain	14	2	1		1	4	5	1
核子中心 CERN	4	4						
苏联 USSR	491	172	19	128	15	54	75	28
匈牙利 Hungary	25	6		4	1	2	11	1
捷克 Czechoslovakia	20	1	1	6		4	8	
波兰 Poland	15	2		4		6	3	
保加利亚 Bulgaria	3	2			1			
罗马尼亚 Romania	5			2				3
亚　洲 Asia	1876	610	170	229	102	144	492	129

续上表

国别与地区 Country and region	按交流形式分类统计（人·次） Person·times，by type of exchange							
	合计 Total	合作 Joint research	讲学 Lecture	考察 Investigation	培训 Training	访问 Visit	会议 Conference	其他 Others
日本 Japan	736	201	40	123	8	59	257	48
香港 Hong Kong	705	350	100	25	80	50	100	
泰国 Thailand	110	12	3	28		7	35	25
马来西亚 Malaysia	18	3		1			12	2
新加坡 Singapore	107	25	1	10	10	12	31	18
朝鲜民主主义共和国 DPRK	56	16	16	21	2			1
韩国 Repbulican of Korea	67	1	6	4		8	25	23
印度 India	23		1	6			16	
巴基斯坦 Pakistan	5					2	1	2
菲律宾 the Philippines	12		2	1	1	4	4	
尼泊尔 Nepal	4				1		3	
印度尼西亚 Indonesia	10			2			4	4
以色列 Israel	6	1		1		2	2	
蒙古 Mongolia	12	1	1	2			2	6
国际组织 International organizations	135	1			4		130	
其他 Others	95	16	7	14	1	2	16	39

国际合作交流派出项目（三）（1991年）

Statistics of CAS Staff Sent Abroad (3)：1991

国别与地区 Country and region	按学科分类统计（人·次） Person·times, by field						
	合计 Total	数、理、天文 Mathematics, physics & astronomy	化学、化工 Chemistry & chemical engineering	地学 Earth sciences	生物学 Biologiacl sciences	技术科学 Technology sciences	其他 Others
合　计 Total	**4459**	**780**	**463**	**817**	**517**	**1294**	**588**
美洲与大洋洲 Americas & Oceania	979	163	105	173	139	310	89
美国 USA	775	128	83	93	118	274	79
加拿大 Canada	76	13	7	16	12	19	9
澳大利亚 Australia	63	11	9	23	6	13	1
新西兰 New Zealand	47		4	40	2	1	
巴西 Brazil	11	5	2	1	1	2	
墨西哥 Mexico	6	5				1	
智利 Chile	1	1					
秘鲁 Peru	5				5		
欧　洲 Europe	1374	303	140	330	181	261	159
德国 Germany	142	25	31	21	22	22	21
英国 UK	117	26	12	30	23	15	11
意大利 Italy	121	64	9	13	9	20	6
法国 France	122	22	11	27	27	31	4
荷兰 Holland	47	17	6	9	4	10	1

续上表

国别与地区 Country and region	按学科分类统计（人·次） Person·times, by field						
	合计 Total	数、理、天文 Mathematics, physics & astronomy	化学、化工 Chemistry & chemical engineering	地学 Earth sciences	生物学 Biociences sciences	技术科学 Technology sciences	其他 Others
瑞典 Sweden	65	16	6	4	17	13	9
芬兰 Finland	19	2		6	1	6	4
奥地利 Austria	50	9	1	28	1	8	3
瑞士 Switzerland	57	9	2	21	5	5	15
比利时 Belgium	33		1	5		2	25
爱尔兰 Ireland	6	2	1		1		2
丹麦 Denmark	11	2	4	3		2	
挪威 Norway	7		1	4	1		1
西班牙 Spain	14	3	2	1	1	5	2
核子中心 CERN	4	4					
苏联 USSR	491	91	47	140	62	106	45
匈牙利 Hungary	25	6	3	5	2	7	2
捷克 Czechoslovakia	20	2		9	2	6	1
波兰 Poland	15	3	1	2	2	3	4
保加利亚 Bulgaria	3		2		1		
罗马尼亚 Romania	5			2			3
亚　洲 Asia	1876	238	200	230	189	708	311

续上表

国别与地区 Country and region	按学科分类统计（人·次） Person·times, by field 合计 Total	数、理、天文 Mathematics, physics & astronomy	化学、化工 Chemistry & chemical engineering	地学 Earth sciences	生物学 Biociences sciences	技术科学 Technology sciences	其他 Others
日本 Japan	736	102	80	152	81	227	94
香港 Hong Kong	705	100	100		50	350	105
泰国 Thailand	110		2	26	19	31	32
马来西亚 Malaysia	18	2	1	7	1	3	4
新加坡 Singapore	107	8	3	10	6	56	24
朝鲜民主主义共和国 DPRK	56	11	8	14	9	12	2
韩国 Republican of Korea	67	8	5	5	9	16	24
印度 India	23	1	1	6	4	6	5
巴基斯坦 Pakistan	5	1		1			3
菲律宾 the Philippines	12	2			3	1	6
尼泊尔 Nepal	4	3		1			
印度尼西亚 Indonesia	10			1		6	3
以色列 Israel	6			1	2		3
蒙古 Mongolia	12			6			6
国际组织 International organizations	135	60	15	42			18
其他 Others	95	16	3	42	8	15	11

九、人才培养

TALENT TRAINING

			合　计 Total	数学、物理 Mathematics & physics
"六五"时期 During the "Sixth Five-Year Plan" period	本　科 Normal courses	录取 Enrolled	3311	1028
		毕业 Graduated	2633	930
	大　专 Short-cycle courses	录取 Enrolled	257	
		毕业 Graduated	246	
	硕　士 Masters	录取 Enrolled	7074	1178
		授予学位 Degrees granted	3007	515
	博　士 Doctors	录取 Enrolled	828	208
		授予学位 Degrees granted	72	34
	出国留学 Those who study abroad	访问学者 Visiting scholars	2232	
		研究生 Graduate students	411	
		已回国 Returned	1609	

综合情况
Talent Training

单位：人

化学与化工 Chemistry & chemical engineering	地学 Earth sciences	生物学 Biological sciences	技术科学 Technological sciences	其他 Others
506	272	197	1308	
321	273	136	973	
	44		213	
	44		202	
1123	827	1251	1588	1107
506	405	448	734	399
186	120	77	140	97
13	7	5	8	5

			合　计 Total	数学、物理 Mathematics & physics
"七五"时期 During the "Seventh Five-Year Plan" period	本　科 Normal courses	录取 Enrolled	3622	823
		毕业 Graduated	3206	845
	大　专 Short-cycle courses	录取 Enrolled	649	
		毕业 Graduated	522	
	硕　士 Masters	录取 Enrolled	8472	1278
		授予学位 Degrees granted	7584	1200
	博　士 Doctors	录取 Enrolled	3170	711
		授予学位 Degrees granted	888	156
	出国留学 Those who study abroad	访问学者 Visiting scholars	1977	
		研究生 Graduate students	1013	
		已回国 Returned	1095	
博士后 (1985—1991) Post-doctoral researchers (1985—1991)		进　站 Total employed	454	146
		出　站 Number of those who have left	194	58

续上表

化学与化工 Chemistry & chemical engineering	地学 Earth sciences	生物学 Biological sciences	技术科学 Technological sciences	其他 Others
558	189	258	1794	
472	244	212	1433	
	61		588	
	61		461	
1332	992	1368	2007	1495
1200	855	1111	1951	1267
685	388	465	588	333
222	119	134	168	89
65	77	76	66	24
40	25	33	31	7

中国科技大学本、专科学生数（1991年）

Undergraduate Student Enrollment in the University of Science and Technology of China：1991

单位：人（person）

	总计 Total	其中 Of which：国家任务 Students enrolled according to state plans	委托培养 Students enrolld by contract	总计中 Of the total：工科 Engineering	理科 Natural sciences	文科 Humanities
毕业生数小计 Graduates	820	670	142	388	373	30
本　科 Normal courses	683	670	13	300	373	10
专　科 Short-cycle courses	137		129	88		20
招生数小计 Students admitted	970	742	198	501	402	
本　科 Normal courses	776	742	30	374	402	
专　科 Short-cycle courses	194		168	127		
在校生数小计 Enrollment	4012	3505	443	2158	1722	30
本　科 Normal courses	3652	3505	134	1900	1722	30
专　科 Short-cycle courses	360		309	258		
预计毕业生数小计 Graduates for the next year	965	739	199	576	340	14
本　科 Normal courses	799	739	58	445	340	14
专　科 Short-cycle courses	166		141	131		

培养研究生情况（1991年）
Statistics of Graduate Student Training：1991

单位：人（person）

招生单位 Institution	录取研究生数 Entrants			毕业研究生数 Graduates			在学研究生数 Enrollment		
	小计 Subtotal	博士 Ph. D.	硕士 M. S.	小计 Subtotal	博士 Ph. D.	硕士 M. S.	小计 Subtotal	博士 Ph. D.	硕士 M. S.
总　计 **Total**	**1862**	**562**	**1300**	**1940**	**326**	**1614**	**5663**	**1409**	**4254**
一、数学、物理 Mathematics & physics	282	116	166	362	73	289	951	324	627
数学研究所 Inst. of Mathematics	8	3	5	19	6	13	47	21	26
应用数学研究所 Inst. of Applied Mathematics	13	9	4	11	3	8	40	21	19
系统科学研究所 Inst. of Systems Science	19	9	10	59	7	52	67	34	33
武汉数学物理研究所 Wuhan Inst. of Mathematical Physics	2		2	6		6	11		11
成都分院数学物理室 Laboratory of Mathematical Physics of Chengdu Branch	1		1	7		7	3		3
力学研究所 Inst. of Mechanics	9	4	5	24	5	19	38	12	26
武汉岩体土力学研究所 Wuhan Inst. of Rock and Soil Mechanics	5	1	4	8	1	7	14	3	11
渗流流体力学研究所 Lanzhou Inst. of Osmotic Mechanics	2	2	0	3	0	3	4	2	2
物理研究所 Inst. of Physics	42	25	17	41	14	27	146	77	69
高能物理研究所 Inst. of High Energy Physics	31	13	18	29	7	22	89	26	63
声学研究所 Inst. of Acoustics	16	5	11	20	3	17	47	8	39
声学研究所东海研究站 Donghai Experimental Station of Inst. of Acoustics	1		1				1		1
低温技术实验中心 Cryogenic Laboratory	4		4	2		2	13		13

续上表

招生单位 Institution	录取研究生数 Entrants			毕业研究生数 Graduates			在学研究生数 Enrollment		
	小计 Subtotal	博士 Ph. D.	硕士 M. S.	小计 Subtotal	博士 Ph. D.	硕士 M. S.	小计 Subtotal	博士 Ph. D.	硕士 M. S.
理论物理研究所 Inst. of Theoretical Physics	17	11	6	7	4	3	35	18	17
长春物理研究所 Changchun Inst. of Physics	15	7	8	15	2	13	43	13	30
上海原子核研究所 Shanghai Inst. of Nuclear Research	12	3	9	18	2	16	34	6	28
等离子体物理研究所 Hefei Inst. of Plasma Physics	26	7	19	36	7	29	101	27	74
固体物理研究所 Inst. of Solid State Physics	14	5	9	10	3	7	37	9	28
武汉物理研究所 Wuhan Inst. of Physics	7	5	2	15	3	12	31	15	16
近代物理研究所 Inst. of Modern Physics	20	2	18	15	4	11	57	4	53
新疆物理研究所 Xinjiang Inst. of Physics	1		1	0		0	1		1
紫金山天文台 Purple Mountain Observatory	3	1	2	0	0	0	14	2	12
上海天文台 Shanghai Observatory	4	1	3	6	1	5	21	8	13
云南天文台 Yunnan Observatory	3	1	2	6	1	5	23	7	16
陕西天文台 Shaanxi Observatory	2	0	2	1	0	1	9	2	7
北京天文台 Beijing Astronomical Observatory	5	2	3	4	0	4	25	9	16
二、化学与化工 Chemistry & chemical engineering	329	113	216	332	96	236	991	296	695
化学研究所 Inst. of Chemistry	37	17	20	47	19	28	97	31	66
广州化学研究所 Guangzhou Inst. of Chemistry	4		4	7		7	19		19
新疆化学研究所 Xinjiang Inst. of Chemistry	2		2	1		1	7		7

续上表

招生单位 Institution	录取研究生数 Entrants			毕业研究生数 Graduates			在学研究生数 Enrollment		
	小计 Subtotal	博士 Ph. D.	硕士 M. S.	小计 Subtotal	博士 Ph. D.	硕士 M. S.	小计 Subtotal	博士 Ph. D.	硕士 M. S.
上海有机化学研究所 Shanghai Inst. of Organic Chemistry	35	15	20	40	15	25	120	51	69
成都有机化学研究所 Chengdu Inst. of Organic Chemistry	8		8	4		4	20		20
长春应用化学研究所 Changchun Inst. of Applied Chemistry	65	25	40	40	8	32	189	71	118
大连化学物理研究所 Dalian Inst. of Chemical Physics	38	8	30	49	22	27	112	28	84
兰州化学物理研究所 Lanzhou Inst. of Chemical Physics	34	15	19	33	11	22	96	37	59
上海硅酸盐研究所 Shanghai Inst. of Ceramics	22	8	14	18	7	11	49	8	41
化工冶金研究所 Inst. of Chemical Metallurgy	16	6	10	21	4	17	51	18	33
生态环境研究中心 Research Center for Eco-Environmental Sciences	18	7	11	26	5	21	58	19	39
山西煤炭化学研究所 Shanxi Inst. of Coal Chemistry	16	3	13	14	1	13	52	9	43
感光化学研究所 Inst. of Photographic Chemistry	19	7	12	18	3	15	59	15	44
福建物质结构研究所 Fujian Inst. of Research on the Structure of Matter	12	2	10	7	1	6	41	9	32
青海盐湖研究所 Qinghai Inst. of Saline Lakes	3		3	7		7	21		21
三、地学 Earth sciences	173	61	112	210	33	177	578	161	417
地质研究所 Inst. of Geology	15	10	5	24	9	15	43	25	18

续上表

招生单位 Institution	录取研究生数 Entrants			毕业研究生数 Graduates			在学研究生数 Enrollment		
	小计 Subtotal	博士 Ph. D.	硕士 M. S.	小计 Subtotal	博士 Ph. D.	硕士 M. S.	小计 Subtotal	博士 Ph. D.	硕士 M. S.
兰州地质研究所 Lanzhou Inst. of Geology	7	2	5	17	0	17	18	5	13
古脊椎动物与古人类研究所 Inst. of Vertebrate Paleontology and Paleoanthropology	1	0	1	4	0	4	6	0	6
南京地质古生物研究所 Naijing Inst. of Geology and Palaeontology	5	1	4	2	1	1	20	5	15
地球物理研究所 Inst. of Geophysics	8	2	6	5	2	3	22	5	17
测量与地球物理研究所 Inst. of Geodesy and Geophysics	4	2	2	7	0	7	17	5	12
大气物理研究所 Inst. of Atmospheric Physics	23	8	15	19	4	15	83	27	56
兰州高原大气物理研究所 Lanzhou Inst. of Plateau Atmospheric Physics	2		2	3		3	16		16
地理研究所 Inst. of Geography	18	8	10	25	5	20	41	15	26
南京地理与湖泊研究所 Nanjing Inst. of Geography and Limnology	4	0	4	7	0	7	20	0	20
长春地理研究所 Changchun Inst. of Geography	9		9	8		8	24		24
成都山地灾害与环境研究所 Chengdu Inst. of Mountain Hazards and Environment	2		2	6		6	11		11
新疆地理研究所 Xinjiang Inst. of Geography	2		2	1		1	11		11
贵阳地球化学研究所 Guiyang Inst. of Geochemistry	23	8	15	25	4	21	63	21	42
长沙大地构造研究所 Changsha Inst. of Geotectonics	4	3	1	2	0	2	15	7	8

续上表

招生单位 Institution	录取研究生数 Entrants			毕业研究生数 Graduates			在学研究生数 Enrollment		
	小计 Subtotal	博士 Ph. D.	硕士 M. S.	小计 Subtotal	博士 Ph. D.	硕士 M. S.	小计 Subtotal	博士 Ph. D.	硕士 M. S.
兰州冰川冻土研究所 Lanzhou Inst. of Glaciology and Geocryology	8	4	4	0	0	0	23	9	14
海洋研究所 Inst. of Oceanology	20	9	11	18	7	11	76	27	49
南海海洋研究所 South China Sea Inst. of Oceanology	2		2	4		4	10		10
遥感应用技术研究所 Inst. of Remote Sensing Application	5		5	6		6	18		18
兰州沙漠研究所 Lanzhou Inst. of Desert Research	4	2	2	10	1	9	21	8	13
自然资源综合考察委员会 Commission for Integrated Surveys of Natural Resources	7	2	5	11	0	11	20	2	18
遥感卫星地面研究站 Remote Sensing Satellite Ground station	0	0	0	2		2	0		0
成都分院土壤研究室 Soil Laboratory of Chengdu Branch				1		1	0		0
西安黄土与第四纪地质室 Xi'an Laboratory of Loess and Quaternary Geology	0	0	0	3		3	0		0
四、生物学 Biological sciences	310	96	214	266	45	221	897	216	681
新疆生物土壤沙漠研究所 Xinjiang Inst. of Biology, Pedology and Desert Research	3		3	3		3	7		7
植物研究所 Inst. of Botany	20	9	11	30	8	22	45	9	36
昆明动物研究所 Kunming Inst. of Zoology	6	2	4	14	1	13	16	6	10

续上表

招生单位 Institution	录取研究生数 Entrants			毕业研究生数 Graduates			在学研究生数 Enrollment		
	小计 Subtotal	博士 Ph. D.	硕士 M. S.	小计 Subtotal	博士 Ph. D.	硕士 M. S.	小计 Subtotal	博士 Ph. D.	硕士 M. S.
动物研究所 Inst. of Zoology	18	6	12	27	10	17	44	13	31
昆明植物研究所 Kunming Inst. of Botany	8	3	5	11	3	8	27	4	23
华南植物研究所 South China Inst. of Botany	5		5	10		10	23		23
武汉植物研究所 Wuhan Inst. of Botany	2		2	7		7	10		10
成都生物研究所 Chengdu Inst. of Biology	5		5	5		5	24		24
上海昆虫研究所 Shanghai Inst. of Entomology	3	1	2	2	0	2	9	2	7
生物物理研究所 Inst. of Biophysics	24	3	21	19	2	17	80	14	66
微生物研究所 Inst. of Microbiology	17	5	12	13	1	12	59	11	48
上海细胞生物学研究所 Shanghai Inst. of Cell Biology	10	4	6	3	2	1	29	11	18
上海生理研究所 Shanghai Inst. of Physiology	14	9	5	4	1	3	38	19	19
上海生物化学研究所 Shanghai Inst. of Biochemistry	37	14	23	8	2	6	97	30	67
上海植物生理研究所 Shanghai Inst. of Plant Physiology	17	7	10	9	5	4	61	25	36
上海脑研究所 Shanghai Inst. of Brain Research	4	1	3	3	1	2	8	1	7
水生生物研究所 Inst. of Hydrobiology	12	3	9	11	2	9	33	9	24
发育生物学研究所 Inst. of Developmental Biology	3	0	3	3	0	3	6	0	6
遗传研究所 Inst. of Genetics	22	9	13	17	1	16	47	14	33
西北高原生物研究所 Northwest Inst. of Plateau Biology	5	2	3	8	0	8	10	2	8

续上表

招生单位 Institution	录取研究生数 Entrants			毕业研究生数 Graduates			在学研究生数 Enrollment		
	小计 Subtotal	博士 Ph. D.	硕士 M. S.	小计 Subtotal	博士 Ph. D.	硕士 M. S.	小计 Subtotal	博士 Ph. D.	硕士 M. S.
上海药物研究所 Shanghai Inst. of Materia Medica	22	6	16	6	3	3	70	17	53
武汉病毒研究所 Wuhan Inst. of Virology	13		13	15		15	38		38
心理研究所 Inst. of Psychology	5	2	3	4	1	3	16	5	11
南京土壤研究所 Nanjing Inst. of Soil Science	7	5	2	10	2	8	22	12	10
沈阳应用生态研究所 Shenyang Inst. of Applied Ecology	18	3	15	16	0	16	52	9	43
昆明生态研究所 Kunming Inst. of Ecology	2		2	3		3	2		2
西北水土保持研究所 Northwest Inst. of Soil and Water Conservation	8	2	6	5	0	5	24	3	21
长沙农业现代化研究所 Changsha Inst. of Agricultural Modernization	0		0				0		0
五、技术科学 Technological sciences	460	120	340	480	59	421	1344	272	1072
计算技术研究所 Inst. of Computing Technology	30	10	20	40	8	32	79	18	61
沈阳计算技术研究所 Shenyang Inst. of Computing Technology	12		12	22		22	37		37
计算中心 Computing Center	19	3	16	20	1	19	61	11	50
工程热物理研究所 Inst. of Engineering Thermophysics	9	2	7	9	1	8	28	9	19
空间科学与应用研究中心 Space Science and Technology Center	11	1	10	12	1	11	32	4	28

续上表

招生单位 Institution	录取研究生数 Entrants			毕业研究生数 Graduates			在学研究生数 Enrollment		
	小计 Subtotal	博士 Ph. D.	硕士 M. S.	小计 Subtotal	博士 Ph. D.	硕士 M. S.	小计 Subtotal	博士 Ph. D.	硕士 M. S.
半导体研究所 Inst. of Semiconductors	16	5	11	21	2	19	56	9	47
电子学研究所 Inst. of Electronics	15	1	14	26	0	26	46	4	42
上海冶金研究所 Shanghai Inst. of Metallurgy	34	14	20	30	5	25	82	24	59
长春光学精密机械研究所 Changchun Inst. of Optics and Fine Mechanics	39	9	30	38	0	38	97	13	84
上海光学精密机械研究所 Shanghai Inst. of Optics and Fine Mechanics	34	15	19	31	15	16	103	40	63
安徽光学精密机械研究所 Anhui Inst. of Optics and Fine Mechanics	25	5	20	21	1	20	74	14	60
西安光学精密机械研究所 Xi'an Inst. of Optics and Fine Mechanics	21	5	16	31	4	27	76	14	62
上海技术物理研究所 Shanghai Inst. of Technical Physics	24	8	16	15	5	10	78	26	52
金属研究所 Inst. of Metals Research	49	17	32	49	10	39	152	49	103
金属腐蚀与防护研究所 Inst. of Corrosion and Protection of Metals	10	3	7	7	0	7	32	3	29
自动化研究所 Inst. of Automation	42	12	30	36	4	32	114	18	96
沈阳自动化研究所 Shenyang Inst. of Automation	14		14	19		19	47		47
电工研究所 Inst. of Electric Engineering	7	2	5	9	0	9	19	3	16
广州能源研究所 Guangzhou Inst. of Energy Conversion	4		4	3		3	10		10
软件研究所 Inst. of Software Research	28	8	20	12	2	10	75	13	62

续上表

招生单位 Institution	录取研究生数 Entrants			毕业研究生数 Graduates			在学研究生数 Enrollment		
	小计 Subtotal	博士 Ph. D.	硕士 M. S.	小计 Subtotal	博士 Ph. D.	硕士 M. S.	小计 Subtotal	博士 Ph. D.	硕士 M. S.
微电子中心 Microelectronic R&D center	0	0	0	0		0	0		0
光电技术研究所 Inst. of Otpical and Electronic	9	0	9	12		12	23		23
电子光学技术研究所 Inst. of Optics and Electronics Technology	3		3	8		8	13		13
成都计算机应用研究所 Chengdu Inst. of Computer Application	5		5	9		9	9		9
六、其他 Others	308	56	252	290	20	270	902	140	762
文献情报中心 Center of Documentation and Information	6	0	6	2		2	12		12
自然科学史研究所 Inst. of History of Natural Sciences	2	1	1	11	1	10	8	2	6
中国科学技术大学研究生院（北京） Graduate School of the University of Science and Technology of China (Beijing)	11	0	11				18	2	16
中国科学技术大学 University of Science and Technology of China	289	55	234	277	19	258	864	136	728

授予硕士、博士学位情况（1991年）

Number of Master's and Doctoral Degrees Granted：1991

单位：人

单位名称 Institution	硕士 Master's degree			博士 Doctor's degree		
	合计 Total	理学 Natural sciences	工学 Engineering	合计 Total	理学 Natural sciences	工学 Engineering
合计 Total	**1614**	**1118**	**496**	**326**	**270**	**56**
一、数学、物理 Mathematics & physics	289	245	44	73	67	6
数学研究所 Inst. of Mathematics	13	10	3	6	4	2
应用数学研究所 Inst. of Applied Mathematics	8	8	0	3	3	0
系统科学研究所 Inst. of System Science	52	42	10	7	7	0
武汉数学物理研究所 Wuhan Inst. of Mathematical Physics	6	6	0	0	0	0
成都分院数学物理室 Laboratory of Mathematical Physics of Chengdu Branch	7	7	0	0	0	0
力学研究所 Inst. of Mechanics	19	18	1	5	4	1
武汉岩体土力学研究所 Wuhan Inst. of Rock and Soil Mechanics	7	0	7	1	0	1
渗流流体力学研究所 Lanzhou Inst. of Osmotic Mechanics	3	0	3	0	0	0
物理研究所 Inst. of Physics	27	27	0	14	14	0
高能物理研究所 Inst. of High Energy Physics	22	22	0	7	7	0
声学研究所 Inst. of Acoustics	17	17	0	3	3	0
低温技术实验中心 Cryogenic Laboratory	2	0	2	0	0	0
理论物理研究所 Inst. of Theoretical Physics	3	3	0	4	4	0

续上表

单位名称 Institution	硕士 Master's degree			博士 Doctor's degree		
	合计 Total	理学 Natural sciences	工学 Engineering	合计 Total	理学 Natural sciences	工学 Engineering
长春物理研究所 Changchun Inst. of Physics	13	13	0	2	2	0
上海原子核研究所 Shanghai Inst. of Nuclear Research	16	16	0	2	2	0
等离子体物理研究所 Hefei Inst. of Plasma Physics	29	14	15	7	5	2
固体物理研究所 Inst. of Solid State Physics	7	7	0	3	3	0
武汉物理研究所 Wuhan Inst. of Physics	12	12	0	3	3	0
近代物理研究所 Inst. of Modern Physics	11	8	3	4	4	0
新疆物理研究所 Xinjiang Inst. of Physics	0	0	0	0	0	0
紫金山天文台 Purple Mountain Observatory	0	0	0	0	0	0
上海天文台 Shanghai Observatory	5	5	0	1	1	0
云南天文台 Yunnan Observatory	5	5	0	1	1	0
陕西天文台 Shaanxi Observatory	1	1	0	0	0	0
北京天文台 Beijing Astronomical Observatory	4	4	0	0	0	0
二、化学与化工 Chemistry & chemical engineering	236	201	35	96	85	11
化学研究所 Inst. of Chemistry	28	28	0	19	19	0
广州化学研究所 Guangzhou Inst. of Chemistry	7	7	0	0	0	0
新疆化学研究所 Xinjiang Inst. of Chemistry	1	1	0	0	0	0
上海有机化学研究所 Shanghai Inst. of Organic Chemistry	25	25	0	15	15	0
成都有机化学研究所 Chengdu Inst. of Organic Chemistry	4	4	0	0	0	0

续上表

单 位 名 称 Institution	硕 士 Master's degree			博 士 Doctor's degree		
	合计 Total	理学 Natural sciences	工学 Engineering	合计 Total	理学 Natural sciences	工学 Engineering
长春应用化学研究所 Changchun Inst. of Applied Chemistry	32	32	0	8	8	0
大连化学物理研究所 Dalian Inst. of Chemical Physics	27	22	5	22	22	0
兰州化学物理研究所 Lanzhou Inst. of Chemical Physics	22	22	0	11	11	0
上海硅酸盐研究所 Shanghai Inst. of Ceramics	11	0	11	7	0	7
化工冶金研究所 Inst. of Chemical Metallurgy	17	0	17	4	0	4
生态环境研究中心 Research Center for Eco-Environmental Sciences	21	21	0	5	5	0
山西煤炭化学研究所 Shanxi Inst. of Coal Chemistry	13	11	2	1	1	0
感光化学研究所 Inst. of Photo graphic Chemistry	15	15	0	3	3	0
福建物质结构研究所 Fujian Inst. of Research on the Structure of Matter	6	6	0	1	1	0
青海盐湖研究所 Qinghai Inst. of Saline Lakes	7	7	0	0	0	0
三、地 学 Earth sciences	177	176	1	33	33	0
地质研究所 Inst. of Geology	15	15	0	9	9	0
兰州地质研究所 Lanzhou Inst. of Geology	17	17	0	0	0	0
古脊椎动物与古人类研究所 Inst. of Vertebrate Paleontology and Paleoanthropology	4	4	0	0	0	0
南京地质古生物研究所 Nanjing Inst. of Geology	1	1	0	1	1	0
地球物理研究所 Inst. of Geophysics and Palaeontology	3	3	0	2	2	0

续上表

单位名称 Institution	硕士 Master's degree 合计 Total	理学 Natural sciences	工学 Engineering	博士 Doctor's degree 合计 Total	理学 Natural sciences	工学 Engineering
测量与地球物理研究所 Inst. of Geodesy and Geophysics	7	6	1	0	0	0
大气物理研究所 Inst. of Atmospheric Physics	15	15	0	4	4	0
兰州高原大气物理研究所 Lanzhou Inst. of Plateau Atmospheric Physics	3	3	0	0	0	0
地理研究所 Inst. of Geography	20	20	0	5	5	0
南京地理与湖泊研究所 Nanjing Inst. of Geography and Limnology	7	7	0	0	0	0
长春地理研究所 Changchun Inst. of Geography	8	8	0	0	0	0
成都山地灾害与环境研究所 Chengdu Inst. of Mountain Hazards and Environment	6	6	0	0	0	0
新疆地理研究所 Xinjiang Inst. of Geography	1	1	0	0	0	0
贵阳地球化学研究所 Guiyang Inst. of Geochemistry	21	21	0	4	4	0
长沙大地构造研究所 Changsha Inst. of Geotectonics	2	2	0	0	0	0
兰州冰川冻土研究所 Lanzhou Inst. of Glaciology and Geocryology	0	0	0	0	0	0
海洋研究所 Inst. of Oceanology	11	11	0	7	7	0
南海海洋研究所 South China Sea Inst. of Oceanology	4	4	0	0	0	0
遥感应用技术研究所 Inst. of Remote Sensing Application	6	6	0	0	0	0
兰州沙漠研究所 Lanzhou Inst. of Desert Research	9	9	0	1	1	0

续上表

单位名称 Institution	硕士 Master's degree			博士 Doctor's degree		
	合计 Total	理学 Natural sciences	工学 Engineering	合计 Total	理学 Natural sciences	工学 Engineering
自然资源综合考察委员会 Commission for Integrated Surveys of Natural Resources	11	11	0	0	0	0
遥感卫星地面研究站 Remote Sensing Satellite Ground Station	2	2	0	0	0	0
成都分院土壤研究室 Soil Laboratory of Chengdu Branch	1	1	0	0	0	0
西安黄土与第四纪地质室 Xi'an Laboratory of Loess and Quaternary Geology	3	3	0	0	0	0
四、生物学 Biological Sciences	221	221	0	45	45	0
新疆生物土壤沙漠研究所 Xinjiang Inst. of Biology, Pedology and Desert Research	3	3	0	0	0	0
植物研究所 Inst. of Botany	22	22	0	8	8	0
昆明动物研究所 Kunming Inst. of Zoology	13	13	0	1	1	0
动物研究所 Inst. of Zoology	17	17	0	10	10	0
昆明植物研究所 Kunming Inst. of Botany	8	8	0	3	3	0
华南植物研究所 South China Inst. of Botany	10	10	0	0	0	0
武汉植物研究所 Wuhan Inst. of Botany	7	7	0	0	0	0
成都生物研究所 Chengdu Inst. of Biology	5	5	0	0	0	0
上海昆虫研究所 Shanghai Inst. of Entomology	2	2	0	0	0	0
生物物理研究所 Inst. of Biophysics	17	17	0	2	2	0
微生物研究所 Inst. of Microbiology	12	12	0	1	1	0

单位名称 Institution	硕士 Master's degree			博士 Doctor's degree		
	合计 Total	理学 Natural sciences	工学 Engineering	合计 Total	理学 Natural sciences	工学 Engineering
上海细胞生物学研究所 Shanghai Inst. of Cell Biology	1	1	0	2	2	0
上海生理研究所 Shanghai Inst. of Physiology	3	3	0	1	1	0
上海生物化学研究所 Shanghai Inst. of Biochemistry	6	6	0	2	2	0
上海植物生理研究所 Shanghai Inst. of Plant Physiology	4	4	0	5	5	0
上海脑研究所 Shanghai Inst. of Brain Research	2	2	0	1	1	0
水生生物研究所 Inst. of Hydrobiology	9	9	0	2	2	0
发育生物学研究所 Inst. of Developmental Biology	3	3	0	0	0	0
遗传研究所 Inst. of Genetics	16	16	0	1	1	0
西北高原生物研究所 Northwest Inst. of Plateau Biology	8	8	0	0	0	0
上海药物研究所 Shanghai Inst. of Materia Medica	3	3	0	3	3	0
武汉病毒研究所 Wuhan Inst. of Virology	15	15	0	0	0	0
心理研究所 Inst. of Psychology	3	3	0	1	1	0
南京土壤研究所 Nanjing Inst. of Soil Science	8	8	0	2	2	0
沈阳应用生态研究所 Shenyang Inst. of Applied Ecology	16	16	0	0	0	0
昆明生态研究所 Kunming Inst. of Ecology	3	3	0	0	0	0
西北水土保持研究所 Northwest Inst. of Soil and Water Conservation	5	5	0	0	0	0
长沙农业现代化研究所 Changsha Inst. of Agricultural Modernization						
五、技术科学 Technological sciences	421	126	295	59	25	34

续上表

单位名称 Institution	硕士 Master's degree			博士 Doctor's degree		
	合计 Total	理学 Natural sciences	工学 Engineering	合计 Total	理学 Natural sciences	工学 Engineering
计算技术研究所 Inst. of Computing Technology	32	0	32	8	0	8
沈阳计算技术研究所 Shenyang Inst. of Computing Technology	22	0	22	0	0	0
计算中心 Computing Center	19	12	7	1	1	0
工程热物理研究所 Inst. of Engineering Thermophysics	8	0	8	1	0	1
空间科学与应用研究中心 Space Science and Technology Center	11	3	8	1	1	0
半导体研究所 Inst. of Semiconductors	19	4	15	2	2	0
电子学研究所 Inst. of Electronics	26	0	26	0	0	0
上海冶金研究所 Shanghai Inst. of Metallurgy	25	16	9	5	1	4
长春光学精密机械研究所 Changchun Inst. of Optics and Fine Mechanics	38	18	20	0	0	0
上海光学精密机械研究所 Shanghai Inst. of Optics and Fine Mechanics	16	10	6	15	11	4
安徽光学精密机械研究所 Anhui Inst. of Optics and Fine Mechanics	20	20	0	1	1	0
西安光学精密机械研究所 Xi'an Inst. of Optics and Fine Mechanics	27	15	12	4	4	0
上海技术物理研究所 Shanghai Inst. of Technical Physics	10	6	4	5	3	2
金属研究所 Inst. of Metals Research	39	0	39	10	0	10

续上表

单位名称 Institution	硕士 Master's degree			博士 Doctor's degree		
	合计 Total	理学 Natural sciences	工学 Engineering	合计 Total	理学 Natural sciences	工学 Engineering
金属腐蚀与防护研究所 Inst. of Corrosion and Protection of Metals	7	0	7	0	0	0
自动化研究所 Inst. of Automation	32	0	32	4	0	4
沈阳自动化研究所 Shenyang Inst. of Automation	19	0	19	0	0	0
电工研究所 Inst. of Electric Engineering	9	0	9	0	0	0
广州能源研究所 Guangzhou Inst. of Energy Conversion	3	0	3	0	0	0
软件研究所 Inst. of Software Research	10	2	8	2	1	1
微电子中心 Microelectronic R&D Center						
光电技术研究所 Inst. of Otpical and Electronic	12	12	0	0	0	0
电子光学技术研究所 Inst. of Optics and Electronics Technology	8	8	0	0	0	0
成都计算机应用研究所 Chengdu Inst. of Computer Application	9	0	9	0	0	0
六、其他 Others	270	149	121	20	15	5
文献情报中心 Center of Documentation and Information	2	2	0	0	0	0
自然科学史研究所 Inst. of History of Natural Sciences	10	10	0	1	1	0
中国科学技术大学 University of Science and Technology of China	258	137	121	19	14	5

博士后流动站情况（1984－1991年）

Post-doctoral Researchers Centers：1984－1991

单位名称 Institution	在站人数 Current total	1984－1991 进站人数 Total employed	1984－1991 出站人数 Those who have left	获国外博士学位人数 Those who received their doctor's degree abroad
总计 Total	**280**	**452**	**172**	**92**
一、数学、物理 Mathematics & physics	87	145	58	31
数学研究所 Inst. of Mathematics	9	18	9	3
应用数学研究所 Inst. of Applied Mathematics	3	5	2	3
系统科学研究所 Inst. of Systems Science	10	16	6	2
力学研究所 Inst. of Mechanics	9	17	8	2
物理研究所 Inst. of Physics	17	25	8	4
高能物理研究所 Inst. of High Energy Physics	12	24	12	4
理论物理研究所 Inst. of Theoretical Physics	17	28	11	9
上海原子核研究所 Shanghai Inst. of Nuclear Research	4	4	0	1
武汉物理研究所 Wuhan Inst. of Physics	1	1	0	0
紫金山天文台 Purple Mountain Observatory	1	1	0	1
北京天文台 Beijing Astronomical Observatory	4	6	2	2
二、化学 Chemistry	40	65	25	15
化学研究所 Inst. of Chemistry	7	13	6	2
上海有机化学研究所 Shanghai Inst. of Organic Chemistry	9	13	4	3
长春应用化学研究所 Changchun Inst. of Applied Chemistry	9	14	5	3
大连化学物理研究所 Dalian Inst. of Chemical Physics	4	7	3	5
兰州化学物理研究所 Lanzhou Inst. of Chemical Physics	1	1	0	1

续上表

单位名称 Institution	在站人数 Current total	1984—1991 进站人数 Total employed	1984—1991 出站人数 Those who have left	获国外博士学位人数 Those who received their doctor's degree abroad
上海硅酸盐研究所 Shanghai Inst. of Ceramics	1	2	1	0
化工冶金研究所 Inst. of Chemical Metallurgy	5	9	4	1
感光化学研究所 Inst. of Photographic Chemistry	2	2	0	0
福建物质结构研究所 Fujian Inst. of Research on the Structure of Matter	2	4	2	0
三、地　学 Earth sciences	52	77	25	13
地质研究所 Inst. of Geology	6	10	4	2
南京地质古生物研究所 Nanjing Inst. of Geology and Palaeontology	4	6	2	2
地球物理研究所 Inst. of Geophysics	8	11	3	1
大气物理研究所 Inst. of Atmospheric Physics	10	11	1	3
地理研究所 Inst. of Geography	7	14	7	3
地球化学研究所 Guiyang Inst. of Geochemistry	13	19	6	1
海洋研究所 Inst. of Oceanology	4	6	2	1
四、生物学 Biological sciences	43	76	33	22
动物研究所 Inst. of Zoology	4	4	0	0
植物研究所 Inst. of Botany	5	9	4	2
生物物理研究所 Inst. of Biophysics	5	8	3	2
微生物研究所 Inst. of Microbiology	3	5	2	0
上海细胞生物学研究所 Shanghai Inst. of Cell Biology	3	6	3	2

续上表

单位名称 Institution	在站人数 Current total	1984—1991 进站人数 Total employed	1984—1991 出站人数 Those who have left	获国外博士学位人数 Those who received their doctor's degree abroad
上海生理研究所 Shanghai Inst. of Physiology	3	6	3	1
上海生物化学研究所 Shanghai Inst. of Biochemistry	6	10	4	0
上海植物生理研究所 Shanghai Inst. of Plant Physiology	1	6	5	3
上海脑研究所 Shanghai Inst. of Brain Research	2	3	1	1
水生生物研究所 Inst. of Hydrobiology	3	7	4	4
遗传研究所 Inst. of Genetics	1	1	0	0
上海药物研究所 Shanghai Inst. of Materia Medica	3	5	2	4
南京土壤研究所 Nanjing Inst. of Soil Science	4	6	2	3
五、技术科学 Technological sciences	41	65	25	8
计算技术研究所 Inst. of Computing Technology	2	3	1	0
计算中心 Computing Center	5	7	2	1
工程热物理研究所 Inst. of Engineering Thermo physics	4	6	2	1
半导体研究所 Inst. of Semiconductors	6	11	5	1
上海冶金研究所 Shanghai Inst. of Metallurgy	1	3	2	0
长春光学精密机械研究所 Changchun Inst. of Optics and Fine Mechanics	4	4	0	0
上海光学精密机械研究所 Shanghai Inst. of Optics and Fine Mechanics	6	8	2	2
西安光学精密机械研究所 Xi'an Inst. of Optics and Fine Mechanics	2	5	3	0
上海技术物理研究所 Shanghai Inst. of Technical Physics	4	7	3	1

续上表

单 位 名 称 Institution	在站人数 Current total	1984—1991 进站人数 Total employed	 出站人数 Those who have left	获国外博士学位人数 Those who received their doctor's degree abroad
金属研究所 Inst. of Metals Research	3	7	4	2
自动化研究所 Inst. of Automation	3	3	0	0
软件研究所 Inst. of Software Research	1	1	0	0
中国科学技术大学 University of Science and Technology of China	17	24	7	3

派往国家和地区 Country & region	当年派出人数 Number of people sent abroad in 1991			年龄 Age group		
	总计 Total	其中 of which：访问学者 Visiting scholars	研究生 Graduate students	30岁以下 Under 30	30—40岁 30—40	40岁以上 Over 40
总计 Total	**326**	**313**	**13**	**136**	**98**	**92**
美国 USA	80	80		27	26	27
加拿大 Canada	30	30		10	8	12
英国 UK	48	45	3	18	16	14
法国 France	18	18		10	4	4
德国 Germany	30	29	1	12	12	6
日本 Japan	47	45	2	27	8	12
澳大利亚 Australia	14	14		9	3	2
奥地利 Austria						
爱尔兰 Ireland						
比利时 Belgium	1	1				1
丹麦 Denmark	3	3			2	1
芬兰 Finland	1	1		1		

人员情况（1991年）

Scholars Sent Abroad：1991

研究课题性质 Field of study			当年回国人数 Number of people returned in 1991		在国外和其他地区人数 Those still studying abroad	
基础 Basic	应用 Applied	其他 Others	访问学者 Visiting scholars	研究生 Graduate students	访问学者 Visiting scholars	研究生 Graduate students
177	**132**	**17**	**104**	**9**	**2080**	**1753**
51	22	7	24	1	890	1241
12	18		5		224	135
25	22	1	15	3	193	88
12	6		1		66	35
11	17	2	20		173	55
25	18	4	11	2	170	40
5	9		4	2	101	58
			1		8	3
					1	
	1		1		30	3
1	2				6	4
		1	1		6	

派往国家和地区 Country & region	当年派出人数 Number of people sent abroad in 1991			年　龄 Age group		
	总计 Total	其中 of which： 访问学者 Visiting scholars	研究生 Graduate students	30岁以下 Under 30	30—40岁 30—40	40岁以上 Over 40
荷兰 Netherlands	7	7		3	2	2
卢森堡 Luxembourg						
挪威 Norway						
瑞典 Sweden	8	8		1	4	3
瑞士 Switzerland	5	5		2	2	1
西班牙 Spain						
希腊 Greece						
意大利 Italy	13	13		5	7	1
新西兰 New Zealand	1	1			1	
泰国 Thailand	1		1	1		
香港地区 Hong Kong	7	4	3	2	3	2
苏联 USSR	10	7	3	6		4
匈牙利 Hungary	1	1		1		
其他 Others	1	1		1		

续上表

研究课题性质 Field of study			当年回国人数 Number of people returned in 1991		在国外和其他地区人数 Those still studying abroad	
基础 Basic	应用 Applied	其他 Others	访问学者 Visiting scholars	研究生 Graduate students	访问学者 Visiting scholars	研究生 Graduate students
2	4	1	5		22	10
					1	
			1		4	3
6	2		2		35	12
5			6		45	15
			1		2	
					2	
9	4		1		32	5
		1	2		8	4
	1		1		4	4
4	3		1		13	11
7	3		1		35	21
1					1	1
1				1	8	5

单 位 Institution	总 计 Total	继续教育 Continued education	
		外语 Foreign language	科技 S&T
合 计 Total	**17736**	**3507**	**4255**
一、院校培训 By university and College	3108		336
管理干部学院 College of Training Managerial Cadres	1300		
职工科技大学 Workers' S&T College	758		123
中国科技大学 University of Science and Technology of China	783		213
成都分院职工大学 Workers' College of Chengdu Branch	129		
职工科技大学中专部 Specialized Secondary School of Chengdu Workers' College	42		
合肥科技学校 Hefei Specialized School of Science and Technology	41		
上海光学精密机械研究所技工学校 Secondary Technical School of Shanghai Inst. of Optics and Fine Mechanics	55		
二、地区培训 By region	14628	3507	3919
北京地区 Beijing	2840	605	875

育情况（1991年）

Training：1991

单位：人·次（person·times）

管理培训 Management training		技术岗位培训 Technical training		学历教育 Schooling education		专业证书 Special course certificates
科技管理 S&T management	经营开发 Business administration	技术工人 Technical training for workers	实验技术 Laboratory techniques	成人高教 Adult higher education	中专技校 Specialized secondary technical school	
4781	**1357**	**1138**	**1631**	**756**	**138**	**173**
1519		70	116	756	138	173
1028				162		110
383			116	73		63
60		70		440		
48				81		
					42	
					41	
					55	
3262	1357	1068	1515			
621	349	206	184			

单　位 Institution	总　计 Total	继续教育 Continued education	
		外语 Foreign language	科技 S&T
沈阳分院 Shengyang Branch	2492	623	420
武汉分院 Wuhan Branch	652	127	193
广州分院 Guangzhou Branch	1054	191	44
长春分院 Changchun Branch	1156	284	601
成都分院 Chengdu Branch	421	155	67
兰州分院 Lanzhou Branch	645	396	100
新疆分院 Xinjiang Branch	384	166	
西安分院 Xi'an Branch	650	163	301
合肥分院 Hefei Branch	1140	171	672
上海分院 Shanghai Branch	1139	413	199
南京分院 Nanjing Branch	526	25	225
昆明分院 Kunming Branch	187		40
其他地区 Other regions	1342	188	182

续上表

管理培训 Management training		技术岗位培训 Technical training		学历教育 Schooling education		专业证书 Special course certificates
科技管理 S&T management	经营开发 Business administration	技术工人 Technical training for workers	实验技术 Laboratory techniques	成人高教 Adult higher education	中专技校 Specialized secondary technical school	
408	289	57	695			
173	112	17	30			
563	197		59			
126		20	125			
70	60	49	20			
72			77			
133	40	45				
	58	67	61			
184	30	13	70			
374		59	94			
188	58	15	15			
147						
203	164	520	85			

十、文献、情报

DOCUMENTATION AND INFORMATION

文献情报系统馆藏图书、期刊情况（1991）

Statistics of Books and Periodicals Collected by CAS Documentation and Information System：1991

单位：册（volume）

	合计 Total	中文 Chinese	西文 Western languages	日文 Japanese	俄文 Russian	其他 Other languages
图书总册数 Total number of books	8100328	3918900	2074369	264764	897059	945236
其中：院中心与地区中心 Of which：collected by LICCAS and CAS regional documentation and information centers	2936383	945630	646648	104473	344798	894834
期刊总册数 Total items of periodicals	18342663	3962311	10804897	1431597	1870949	272909
其中：院中心与地区中心 Of which：collected by LICCAS and CAS regional documentation and information centers	7411260	1398351	4302636	716083	721434	272756

注：1. LICCAS：中国科学院文献情报中心.

LICCAS -The Library and Information Center of the Chinese Academy of Sciences.

2. 中国科学院文献情报系统包括中国科学院文献情报中心、4个地区文献情报中心和研究所级的135个文献情报室.

CAS documentation and information system includes LICCAS，4 regional documentation and information centers and 135 documentation and information services of in the CAS institutes.

文献情报系统馆藏印刷型特种文献情况（1991年）

Statistics of Printed Special Documents Collected by CAS Documentation and Information System：1991

	古籍（册）Ancient books (volume)	学位论文（篇）Theses (article)	会议文献（篇）Conference proceedings (article)	专利文献（件）Patents (item)	照片图纸（张）Photos and blueprints (frame)	科技报告（篇）S&T report (article)	成果资料（件）Achievement documents (item)	标准文献（件）Standard documents (item)	其他（件）Others (item)
总计 Total	811270	14310	369825	382062	2581314	665797	154719	25241	228909
其中：院中心与地区中心 Of which：collected by LIC CAS and CAS regional documentation and information centers	540212	4796	3152	201400	130	441434	5413	0	0

文献情报系统馆藏非印刷型特种文献情况（1991年）

Statistics of Non-printed Special Documents Collected by CAS Documentation and Information System：1991

	录音带（盒）Audio-tapes (cassette)	录像带（盒）Video-tapes (cassette)	电影片（部）Motion pictures (set)	缩微平片（张）Microfiche (sheet)	缩微胶卷（盒）Microfilms (box)	机读磁带（盒）Computer-readable tapes (box)	机读磁盘（张）Computer-readable disks (piece)	光盘（张）Optical disks (piece)	其他（件）Others (item)
总计 Total	22608	2564	321	964399	329380	804	549	24	66938
其中：院中心与地区中心：Of whick：Collected by LICCAS and CAS regional documentation and information centers	2524	1062	0	823112	317793	170	475	21	242

文献情报系统文献服务情况（1991年）
Documentation Services Provided by CAS Documentation and Information System：1991

	文献流通（册·次）Documents circulated（volume·times）	馆际互借（册·次）Inter-library loans（volume·times）	国际交换（册）International document exchange（volume）	文献复制 Document reproduction		
				静电复制（页）Xerox（page）	缩摄胶片（张）Microfiche（sheet）	缩摄胶卷（米）Microfilm（meter）
总　计 Total	2992269	39140	53349	7916021	43848	7161
其中：院中心与地区中心 of which：collected by LAC CAS and CAS regional documentation information centers	709891	4947	11192	2278886	31667	6240

文献情报系统情报加工与服务情况（1991年）
Information Processing and Services Provided by CAS Documentation and Information System：1991

	情报服务 Information services				二次文献加工 Secondary information processing			情报调研报告（篇）Information research report（No. of article）	翻译（万字）Translation（ten thousand characters）
	专题咨询（次）Special subject consultation（times）	手工检索（次）Manual retrieval（times）	机器检索（次）Computerized retrieval（times）	展览（次）Exhibitions（times）	文摘（条）Abstract（item）	工作单（张）Work sheets（sheet）	题录（条）Bibliography（item）		
总　计：Total	2698	84406	125289	113	81915	231115	141868	256	2283
其中：院中心与地区中心 Of which：Collected by LAC CAS and CAS regional documentation and information centers	357	1831	1011	6	19430	52335	8726	28	273

十一、图书出版

PUBLICATION

图书出版学科
Classification of Books

出版单位 Publisher	小计 Subtotal		数学、力学 Mathematics & mechanics		物理 Physics	
	种数 Titles	%	种数 Titles	%	种数 Titles	%
科学出版社 Science Press	525	100	68	13	28	5.3
中国科技大学出版社 The Press of the University of Science and Technology of China	79	100	9	11.4	4	5.1
总计 Total	604	100	77	12.8	32	5.3

图书出版书类
Classification of Books

出版单位 Publisher	小计 Subtotal		专著 Monographs		基础理论 Basic theory		论文集 Collected works		应用技术 Applied technology	
	种数 Titles	%	种数 Titles	%	种数 Titles	%	种数 Titles	%	种数 Titles	%
科学出版社 Science Press	525	100	103	19.6	78	14.9	47	9	80	15.2
中国科技大学出版社 The Press of the University of Science and Technology of China	79	100	13	16.5	39	49.4	4	5	4	5
总计 Total	604	100	116	19.2	117	19.4	51	8.4	84	13.9

分类情况（1991年）

Published，by Field：1991

化学 Chemistry		天文学 Astronomy		地学 Earth sciences		生物学 Biological sciences		技术科学 Technological sciences		综合类 Comprehensive		备注 Remarks
种数 Titles	%	种数 Titles	%	种数 Titles	%	种数 Titles	%	种数 Titles	%	种数 Titles	%	
35	6.7	3	0.6	113	21.5	79	15	115	21.9	84	16	
2	2.5	0	0	2	2.5	8	10.0	13	16.5	41	51.9	
37	6.1	3	0.5	115	19	87	14.4	128	21.2	125	20.7	

分类情况（1991年）

Published，by Type：1991

基本资料 Basic information		工具书 Reference books		科普 Popular science		综述评论 Reviews		其他 Others		备注 Remarks
种数 Titles	%	种数 Titles	%	种数 Titles	%	种数 Titles	%	种数 Titles	%	
40	7.6	29	5.5	27	5.1	4	0.8	117	22.3	其中：外文版35种，译著67种 Of which：35 are in English and 67 are translated books
3	3.8	5	6.3	6	7.6	0	0	5	6.3	其中：外文版1种，译著4种 Of which：one kind is published in English and four are translated books.
43	7.1	34	5.6	33	5.5	4	0.7	122	20.2	其中：外文版36种，译著71种 Of which：36 are published in English and 71 are translated books

科学出版社期刊

Classification of Periodicals

学科 Field	类别 Type 学术 Academic journals	科普 Popular science	检索 Retrieval
综合 Comprehensive	13	1	2
数学 Mathematics	12		
物理学 Physics	9	1	
化学 Chemistry	9		
天文学 Astronomy	3		
地学 Earth Sciences	30	2	
生物学 Biological Sciences	30	1	
技术科学 Technological Sciences	19		
环境科学 Environmental Sciences	5		
其他 Others	3		
总计 Total	133	5	2
	140		

分类情况（1991年）

Published by Science Press：1991

刊期 Frequency					文种 Language		小计 Subtotal
半月刊 Semimonthly	月刊 Monthly	双月刊 Bimonthly	季刊 Quarterly	半年刊 Semiannually	中文版 In Chinese	英文版 In English	
2	5	5	3	1	10	6	16
		1	11		7	5	12
	3	5	2		8	2	10
	2	4	3		7	2	9
			3		3		3
	1	8	23		29	3	32
	1	14	14	2	27	4	31
	4	4	11		16	3	19
		2	3		4	1	5
	1	1	1		3		3
2	17	44	74	3	114	26	
140					140		140

自然科学期刊分类情况（1991年）

Classification of Periodicals in Natural Sciences：1991

	总计 Total	学术 Academic journals	技术 Technological journals	检索 Retrieval journals	科普 Popular science	指导 Instructional journals
一、期刊总数 1. Total number of periodicals	257	222	10	15	6	4
1990年前创刊数 Number of periodicals first published before 1990	241	206	10	15	6	4
1991年创刊数 Number of periodicals first published in 1991	16	16				
二、发行范围 2. Type of distribution						
公开发行 Publicly distributed	252	217	10	15	6	4
内部发行 Internally distributed	5	5				
三、刊期 3. Frequency						
半月刊 Simimonthly	2	2				
月刊 Monthly	27	22	2	1	2	
双月刊 Bimonthly	81	67	3	7	3	1
季刊 Quarterly	141	126	5	7	1	2
半年刊 Semiannually	6	5				1

续上表

	总计 Total	学术 Academic journals	技术 Technological journals	检索 Retrieval journals	科普 Popular science	指导 Instructional journals
四、学科 4. Field						
综合 Comprehensive	14	9		2	1	2
数学 Mathematics	11	10		1		
力学 Mechanics	6	5		1		
物理学 Physics	16	11	3	1	1	
化学 Chemistry	19	19				
天文学 Astronomy	7	4	2	1		
地学 Earth sciences	56	49		5	2	
生物学 Biology	46	44		1	1	
农学 Agriculture	5	5				
环境科学 Environmental sciences	9	9				
技术科学 Technological sciences	53	44	5	3	1	
其他 Others	15	13				2

注：1. 其中英文版期刊35种.

Notes： There are 35 journals published in English.

2. 统计数字不包括各种不定期刊物.

Journals published irregularly are not included.

3. 1991年创办的期刊一览表附后.

For periodicals which started publication in 1991，see the following list.

新创办的自然科学期刊一览表（1991年）

Periodicals in Natural Science Which Started Publication in 1991

刊　名 Title	刊期 Frequency	创办时间 First Published	主办单位 Host institution	主　编 Editor-in-Chief
中国科学院研究生院学报 Journal of the Graduate School of CAS	季刊 Quarterly	1991．1	中国科学技术大学研究生院 Graduate School of USTC	江书定 Jiang Shuding
湖泊科学 Journal of Lake Sciences	季 Quarterly	1991．4	南京地理湖泊研究所 Nanjing Inst. of Geography and Limnology	施雅风 Shi Yafeng
热科学学报（英文版） Journal of Thermal Science (in English)	季 Quarterly	1991．4	工程热物理研究所 Inst. of Engineering Thermolphysics	陈乃兴 Chen Naixing
计算机系统应用 Applications of Computer Systems	季 Quarterly	1991．4	计算中心 Computing Center	苏振泽 Su Zhenze
生物工程进展 Progress in Biotechnology	双月 Bimonthly	1991．4	中国科学院文献情报中心 CAS Documentation and Information Center	焦瑞身 Jiao Ruishen
现代图书情报技术 New Technology of Library and Information Service	季 Quarterly	1991．4	中国科学院文献情报中心 CAS Documentation and Information Center	阎立中 Yan Lizhong
腐蚀科学与防护技术 Corrosion Science and Prottection Technique	季 Quarterly	1991．4	沈阳金属腐蚀与防护研究所 Shenyang Inst. of Metal Corrosion and Protection of Metals	曹楚南 Cao Chunan
产业与环境 Industry and Environment	季 Quarterly	1991．7	生态环境研究中心 Research Center for Eco-environmental Sciences	曲格平 Qu Geping
天气气化学（英文版） Journal of Natural Gas Chemistry (in English)	季 Quarterly	1991．7	成都有机化学研究所 Chengdu Inst. of Organic Chemistry	李广年 Li Guangnian

续上表

刊 名 Title	刊期 Frequency	创办时间 First Published	主办单位 Host institution	主 编 Editor-in-Chief
遥感技术与应用 Remote Sensing Technique and Application	季 Quarterly	1991. 7	兰州文献情报中心 Lanzhou Center for Documentation and Information	刘全根 Liu Quangen
质谱学报 Journal of Chinese Mass Spectrometry Society	季 Quarterly	1991. 11	院科学仪器厂 Beijing Scientific Instruments Development Center	王光辉 Wang Guanghui
地质科学（英文版） Scientia Geologica Sinica (in English)	季 Quarterly	1991. 11	地质研究所 Inst. of Geology	王思敬 Wang Sijin
发育生物学学报（英文版） Acta Development Biology Sinica (in English)	半年 Semiannually	1991. 11	发育生物学研究所 Inst. of Developmental Biology	严绍颐 Yan Shaoyi
中国激光（英文版） Chinese Journal of Lasers (in English)	双月 Bimonthly	1991. 11	上海光学精密机械研究所 Shanghai Inst. of Optics and Fine Mechanics	汤星里 Tang Xingli
地球物理学进展 Progress in Geophysics	季 Quarterly	1991. 11	地球物理研究所 Inst. of Geophysics	刘光鼎 Liu Guangding
生命科学 Life Science	季 Quarterly	1991. 7	上海文献情报中心 Shanghai Center for Documentation and Information	池志强 Chi Zhiqiang

附录　主要指标解释

一、机构

独立机构：我院独立事业单位是经国务院或国家主管部门批准成立的。有关人、财、物等计划单位。具有法人地位。

二、人员

1. 职工总数

指由本机构直接组织安排工作并支付工资的年末在册各类人员总数。包括固定职工、国家有编制的合同制职工。不包括离退休人员和停薪留职人员。

2. 专业技术干部

指具有中专以上学历或初级以上技术职称（务）以及从工作实践中提拔（以工代干）的专业技术人员，还包括已取得专业技术职称，从事科技管理工作的人员和从事与技术管理工作较为密切的党政领导工作的干部。

3. 从事科技活动人员

指职工总数中的科技管理人员、课题活动人员和科技服务人员。

(1) 科技管理人员：指院、所领导及业务、人事管理人员。包括：直接从事科技计划管理、课题管理、成果管理、专利管理、科技统计、科技档案管理、科技外事工作、人事管理、教育培训、财务等活动的人员。

(2) 课题活动人员：指编制在研究室或课题组的人员。

(3) 科技服务人员：指从事图书、情报、测试、试验、咨询、物资器材供应等工作的人员以及实验室、试验工厂（车间）、试验农场的人员。不包括司机、门卫、食堂人员、医务人员、清洁工、幼儿园、托儿所工作人员等。

4. 科学家工程师

指具有大学毕业及大学毕业以上学历的和其他具有高、中级技术职称（务）的人员。

5. 其他科技人员

指具有大、中专毕业学历的和其他具有初级技术职称（务）的人员。

6. 专业技术职称（务）

指本机构职工总数中专业技术干部的专业技术职称（务）情况（未实行专业技术职

务聘任制的单位，按原技术职称填报），分高、中、初三级。

高级：指研究员、副研究员；教授、副教授；高级工程师；高级农艺师；正、副主任医（药、护、技）师；高级实验师；高级统计师；高级经济师；高级会计师；正、副编审；正、副译审；高级（主任）记者；正、副研究馆员等。

中级：指助理研究员；讲师；工程师；农艺师；主治医（药、护、技）师；实验师；统计师；经济师；会计师；编辑；翻译；记者；馆员等。

初级：指研究实习员；助教；助理工程师、技术员；助理农艺师、农业技术员；医（药、护、技）师、医（药、护、技）士；助理实验师、实验员；助理统计师、统计员；助理经济师；助理会计师、会计员；助理编辑、见习编辑；助理翻译；助理记者；助理馆员、管理员等。

7. 学位和学历

指由人事部门或干部部门根据国家有关规定，填报的本机构职工总数中人员的学位和学历情况（均指获得的最高学位和最高学历）。

三、经费

1. 经费收入

事业费拨款：指财政部、国家科委拨科学事业费。财政部拨科学事业费为专项经费，如：大型科研装置运行费等；国家科委拨科学事业费为经常费及专项经费。

三项费用拨款：指财政部及其他部委拨科技三项费用，科技三项费用指新产品试制费、中间试验费、重大科研补助费。

科学基金拨款：指国家自然科学基金委员会拨自然科学基金。

“863”项目拨款：指国家科委、科工委“863”办公室拨“国家高技术研究与发展计划”项目经费。

其他收入：包括委托单位拨科研费、拨入专项资金（如地方拨副食补贴等）以及技术性及其他毛收入。

2. 经费支出

人员费用支出：含①事业费开支的工资、补助工资、职工福利费、主要副食品补贴、离退休人员费、人民助学金；②自有资金开支的医药费补贴、物价补贴、书报费、洗 理费、奖金、奖金税等。

公用费用支出：含①事业费开支的公务费、差额补助费、行政设备费、行政及其他修缮费、其他行政费；②拨入专项资金支出；③其他毛收入中开支的成本；④收入中应交国家流转税、所得税、能源交通重点建设基金、预算调节基金等；⑤自有资金开支的集体福利设备、设施等。

科研费用支出：含①事业费开支的仪器设备费、专业图书费、专业设备费、研究材料费、科研业务费、实验用房改造费、研究生费（不含人民助学金）、外事费；②科学基金支出、科技三项费用支出、“863”项目支出、委托单位拨科研费支出；③技术性毛收入中开支的成本；④自有资金开支的科研设备费、自选课题费、补充科研项目费等。

3. 经常费收入

政府拨款获得收入：指由各级政府部门直接拨款或企事业单位利用政府资金委托本机构从事科学技术活动所获得的收入，包括科学事业费、科技专项费、科学技术基金和政府其他拨款。

科学事业费指为维持本机构的正常运转由中央或地方财政通过预算的形式（即预算科目中的“科学事业费”）拨给本机构的经费。

科技专项费指本机构为了开展科学研究项目、新产品试制项目、中间试验项目、科技成果示范性推广项目，向各级部门通过签订课题合同或其它开式申请并获得的科技专项费。包括课题专项、设备专项和其它专项。不论偿还形式如何，均应按当年实际获得的经费额填报。

*科学技术基金*包括自然科学基金和科技发展基金。

自然科学基金指从国家自然科学基金会和地方各级的科学基金会获得的科学研究项目经费。

*科技发展基金*指从国务院各部门和地方各级有关部门所获得的科技发展基金、技术发展基金等。

政府其它拨款：指除上述各项以外的政府基金。

横向技术性收入：指本机构从事科学技术活动所获得非政府的资金，如：企事业单位和社会团体利用自有资金委托本机构开展科学技术活动所提供的资金，包括技术开发收入、技术转让收入、咨询及服务收入和中试产品收入等项。（试行《科学研究单位会计制度》的机构，横向技术性收入按会计科目中“合同预收款”科目的横向课题的毛收入填写。）

技术开发收入指本机构承接社会各方面委托的有关新技术、新产品、新工艺和新材料及其系统的研究开发任务而获得的收入。

技术转让收入指本机构通过专利权转让、专利申请权转让、专利实施许可、非专利技术的转让所获得的收入。

咨询及服务收入指本机构利用本单位人力、物力和数据系统为用户提供技术情报、技术资料、技术咨询、测试分析，引进技术消化吸收和其他类型的技术性服务所获得的收入。

中试产品收入指本机构进行中间试验期间试制的产品经出售或转让所获得的收入。

非技术性收入：包括生产收入和其它收入。

生产收入指本机构及附属工厂、车间、农场等进行批量生产的定型产品经出售所获得的收入。

其它收入指本机构除生产收入以外获得的其它非技术性收入，如单位内部招待所、礼堂、车队、出版等对外服务所获得的收入。

银行贷款：指本机构从银行获得的各类贷款。不论贷款的偿还形式、期限和数额如何，均按当年获得的贷款额填报。不包括基本建设贷款。

其它：指除上述各项以外的收入，包括：国内外社会和个人赞助、捐赠，以及借款等。

4. 经常费支出

劳务费：指本机构以货币和实物形式直接或间接支付给本机构人员的全部费用。包括工资总额、有关劳动保险和职工福利方面的各项费用；有关离休、退休、退职人员待遇的各项支出；劳动保护的各项支出；稿费、讲课费及其它专门工作报酬；出差伙食补助费、误餐补助、调动工作的旅费和安家费；奖金税、抚恤金、计划生育和独生子女补贴等。研究生的上述费用也记入此项。

固定资产购建支出：指本机构使用非基建投资购建固定资产的实际支出额，固定资产指长期使用而不改变原有的实物形态的主要物资设备。如科研仪器设备、图书资料、实验材料和标本以及其它设备和家俱、房屋和建筑物。

科研业务费：指本机构用于科学研究与技术开发活动的全部实际消耗性支出。例如：用于研究与开发的原材料费、水电能源费、差旅费、加工试验费、设备使用费、计算机机时费、资料印刷费等。培训研究生的消耗性支出也一并统计，但不包括劳务费和固定资产购建支出。

管理费：指本机构为组织、管理科学技术活动的全部实际消耗性支出。包括院所管理费和研究室管理费，例如：公务费、差旅费、修缮费、职工教育及工会经费、办公费、外事经费、管理设备使用费、动力及取暖费等。不包括劳务费、固定资产购建支出。

其他支出：包括归还科技专项费、归还贷款支出、税金、能源、交通基金、预算外调节基金、上级提成、转入建行自筹基建资金、社会赞助与摊派等支出。

四、基本建设

1. 基本建设投资实际完成额

指本机构在报告期内完成的用货币表示的基本建设工作量。

2. 自筹

指在当年基本建设投资实际完成额中自筹投资的部分，自筹部分应包括拨改贷后须由机构自身偿还的贷款。

3. 科研仪器设备

指本机构在基本建设投资的实际完成额中购置的科研仪器设备总值。非科研设备购置不计入此项。

4. 科研土建工程

指本机构在基本建设投资的实际完成额中完成的科研土建工作量（如科研楼、试验用房等）。非科研土建工程（如住房等）不计入此项。

五、固定资产

1. 固定资产

指单价在50元和200元以上（一般设备单价50元以上，专用设备单价200元以上），耐用时间在一年以上，在使用过程中保持其原有实物形态的资产。单价虽不满50元和200元，但耐用时间在一年以上的大批同类资产，也视同固定资产。固定资产大体可分为以下几类：①房屋和建筑物：包括办公、科研用房、宿舍、仓库等各种建筑物及附属设施；②专用设备：包括各种仪器、电器、机械设备、医疗器械、文体设备等；③图书资料：包括单位图书馆（室）、资料室藏书和保存期限在十年以上的各种重要资料；④其它：包括一般设备（办公与事务用的家俱设备、被服装具、一般文体设备）、交通运输工具、文物和陈列品、牲畜等，以及不属于前三类的其它固定资产。

2. 固定资产原值总额

指本机构获得全部固定资产时所支付的货币总额。固定资产的计价原则是：①新建、购入和调入的固定资产分别按造价、购价和调拨价计价。购入和调入固定资产的运杂费，不计入固定资产价值，直接在经费支出中列支；②自制的固定资产，按所开支的工料费计价；③接受馈赠和其它无价的固定资产，不能查明原价的，可以估计；④新生的牲畜估计，以后根据成长情况及市场情况定期调整；⑤调出、变卖和报废的固定资产都按帐面原值注销。

3. 科研房屋建筑

指可直接用于科技活动的各种建筑设施。包括实验楼、实验室、实验性工厂（车间）、农场的有关建筑设施、学术报告场所、科技管理的办公建筑、科技器材物资仓库。不包括食堂、职工宿舍等福利性建筑。若以上各种建筑设施不是用于单一目的，则按各自实际使用比例统计。

4. 科研仪器设备

指由从事科技活动的人员直接使用的科研仪器设备。不包括与基建配套的各种动力、机械设备、辅助设备，也不包括一般运输工具（科学考察用交通运输工具除外）和专用于生产的仪器设备。若科研与生产共用的仪器设备，则按其使用目的，统计在主要一方。

六、科技活动

1. 课题活动分类

基础研究：指为获得新知识而进行的独创性研究。其目的是揭示观察到的现象和事实的基本原理和规律，而不以任何特定的实际应用为目的。

应用研究：指为获得新的科学技术知识而进行的独创性研究。它主要针对某一特定的实际应用目的。应用研究通常是为了确定基础研究成果或知识的可能的用途，或是为达到某一具体的、预定的实际目的确定新的方法（原理性）或途径。

● 区分基础研究与应用研究的主要标志：具有特定的实际应用目的的研究属于后者。

试验发展：利用从研究或实际经验获得的知识，为生产新的材料、产品和装置，建立新的工艺和系统，以及对已生产或建立的上述各项进行实质性的改进，而进行的系统性工作。

●区分科学研究（基础研究和应用研究）与试验发展的主要标志：前者主要是为了增加科学技术知识、后者则是为了开辟新的应用（如新材料或新技术）。

●区分科学研究与试验发展及其它有关活动的主要标志：具有创新成份的活动归于前者。

研究与试验发展成果应用：为解决 R&D 活动阶段产生的新产品、新装置、新工艺、新技术、新方法、新系统和服务等能投入生产或在实际中运用所存在的技术问题而进行的系统性活动。它不具有创新成分。此类活动包括为达到生产目的而进行的定型设计和试制以及为扩大新产品生产规模和新方法、新技术、新工艺等的应用领域而进行的适应性试验。

●研究与试验发展、研究与试验发展成果应用和工业生产活动三者之间的界限大致如下划分：

（1）新产品的研制　　实质性的新产品，即完全新的新产品或对现有产品的性能进行重大改进的设计、制造和试验，是研究与试验发展活动。对引进（或购买）现成的技术成果（如专利、技术决窍、图纸和样机等）进行复制或直接应用而形成新产品的过程，不是研究与试验发展活动，而是研究与试验发展成果应用活动。

（2）新工艺、新方法的研制　　对新工艺、新方法的研制或对现有工艺、生产过程进行技术上实质性的改进，是研究与试验发展。采用国内已有的生产工艺或生产过程，而在技术上没有实质性的改进，只是对采用的生产工艺或生产过程作适应性的试验，不属于研究与试验发展，而是研究与试验发展成果应用活动。

（3）中间试验　　新产品、新工艺、新生产过程直接用于生产前，往往要进行中间试验，以解决一系列的技术问题，情况比较复杂，对其是否属于研究与试验发展应视具体情况而定。

如果进行中间试验的直接目的是为了从技术上进一步改进产品、工艺或生产过程或为此目的进行试验以获得经验和收集数据，是研究与试验发展；如果是为了进行产品的定型设计，获取生产所需的技术参数，那末就不是研究与试验发展，而是研究与试验发展成果应用活动。

（4）试生产　　试生产是在完成了生产前的各项技术准备后，在正式生产前的“试验性”生产。试生产的直接目的不是对产品或生产过程在技术方面作进一步的改进，而是为了使生产能顺利地进行，因而既不属于研究与试验发展，也不属于研究与试验发展成果应用活动。

（5）质量控制与检验测试　　生产过程的质量控制及材料、设备、产品的常规检验、测试，不属于研究与试验发展，也不属于研究与试验发展成果应用活动，原型检验测试和非商业性的试验工厂（中试车间）中的检验测试，属于研究与试验发展。

（6）市场研究　　既不是研究与试验发展，也不是研究与发展成果应用活动。

科技服务：与科学研究与试验发展有关，并有助于科学技术知识的产生、传播和应用的活动。包括：为扩大科技成果的使用范围，而进行的示范性推广工作；为用户提供科技情报和文献服务的系统性工作；为用户提供可行性报告、技术方案、建议及进行技术论证等技术咨询工作；自然、生物现象的日常观测、监测，资源的考察和勘探；有关社会、人文、经济现象的通用资料的收集，如统计、市场调查等，以及这些资料的常规分析与整理；为社会和公众提供的测试、标准化、计量、计算、质量控制和专利服务，不

包括工商企业为进行正常生产而开展的上述活动。

生产性活动：由于具备特殊的工艺设备条件，或掌握某种技术专长或决窍，所进行的小量非常规生产。

2. 技术领域分类

信息技术：指研制计算机硬件、软件、外部设备、通信网络设备的活动，以及利用计算机硬件、软件及数字传递网对信息进行文字、图形、特征识别、信息采集、信息处理和传递的活动。

生物技术：包括基因工程、细胞工程、酶工程和发酵工程，指为了生物技术本身的发展，就有关原理、技术、特种工艺、测试、仪器而进行的活动，以及利用生物技术为农、林、牧、渔、医药卫生、化学、食品、轻工等部门提供生物技术新产品而开展的活动。无特定目标或虽有特定目标但不是为促进生物技术发展而开展的有关生命科学的研究不包括在此分类内。

新材料：指新近发展或正在研制的具有优异性能或特定功能的材料，如新型无机非金属材料、新型有机合成材料、新型金属和合金材料。包括为发展新材料就有关原理、技术、新产品、特种工艺、测试而进行的活动。

能源技术：包括能源问题一般理论，地区性能源综合开发与利用，石油、天然气、煤炭、可再生能源的开发与利用，新能源（太阳能、生物能、核能、海洋能等）的研制开发与利用，节能新技术，能源转换和储存新技术等活动。

激光技术：激光器和激光调制技术的研制，及为了激光在工业、农业、医学、国防等领域内的应用而进行的活动。

自动化技术：指在控制系统、自动化技术应用、自动化元件、仪表与装置，人工智能自动化、机器人等领域中的活动。

航天技术：有关运载火箭及人造卫星本体的研究及有关为了跟踪、通讯而使用的地面设备的研究而进行的活动。不包括天文学及气象观察。

其它技术领域：属于技术领域，但不能归入上述七类领域的其它技术活动。

非技术领域：不属于技术领域的课题。

3. 社会-经济目标

01 陆地、海洋和大气的开发与评价：主要涉及对地壳与地幔、海洋和大气层的开发和评价。它不包括以农业为目的的土壤研究和以渔业为目的的海洋学的研究与发展活动，也不包括有关原料、燃料、能源资源的经济开发方面的研究与发展活动。对气象学、地质学和水文学等方面的基础调查不应包括在此类中，而包括在11“知识的全面发展”类中。

02 民用宇宙空间：包括所有关于空间的民用研究与发展活动（为军事目的进行的各项计划应包括在以下13“国防”项下）。其中包括关于运载火箭和宇宙飞船及其动力装置和控制地面设施（发射基地、导航、遥测和遥控指令）方面的研究与发展活动以及人造卫星和星际探测器、同温层探测气球、探空火箭等方面的研究与发展活动。运用宇宙火箭进行通讯、气象、航行、地球资源调查等也应规定在这一有关目标中。

03 农业、林业和渔业的发展：主要涉及两个类别的研究与发展活动，第一类中包括食品的生产、储存、分配方面的研究与发展活动；例如家畜的生产和品种的改进，兽医、农作物的生产和作物学以及农业机械和农业化学方面的研究与发展活动，食品和饮料加工、储存和分配，渔业及其有关的技术。第二类系非食品的农产品和林业的发展，例如：有关毛、皮、烟草、棉花和其它纤维材料等方面，以及林业和有关技术方面的研究与发展活动。

04 促进工业的发展：这一主要目的涉及促进发展和改进制造工业、非燃料采矿工业及建筑业的各种研究与发展活动。包括有关纺织品、服装、皮革、木材和造纸产品、化学产品（包括石油化工产品）、橡胶和塑料、基本金属、金属成品、包括运输车辆在内的机械和设备、非金属产品、燃料以外的采矿业等生产方面的研究与发展活动。不包括为其它目标（如发展农业和食品生产、运输和通讯、宇宙空间探索、城市和农村规划及国防）服务的研究与发展活动。

05 能源的生产、储存和分配：包括与各种形式的能源（包括核能）的生产、供应、储存和分配有关的研究与发展活动；它包括固体燃料的开采及其有关的技术，石油和天然气生产以及非常规能源（太阳、风）和小能源。

06 交通、通讯事业的发展：涉及交通系统及通讯网和通讯系统，包括陆地、空间、水上交通、无线电和电视，电话和包括卫星在内的其它通讯方面的研究与发展活动，但不包括发动机、电动机和车辆、轮船、飞机等其它交通工具，这些均包括在04“促进工业的发展”的目标中。

07 教育事业的发展：这一主要目标包括正规教育及校外、在职教育和其它形式的成人教育、培训以及技术设备与教学方法（如程序教学、电视及其它视听技术）方面的研究与发展活动。

08 卫生事业的发展：涉及到所有与保护和改善人类健康直接有关的研究与发展活动。它包括医疗护理（包括外科和产科）、疾病预防、营养和食品卫生方面的研究与发展活动，环境对人体健康的影响等方面的研究与发展活动。

09 社会发展和社会—经济服务：包括政治组织、法律和秩序、社会治安、文化、休息和娱乐、对消费者的保护、对劳动条件的改善、劳动关系、人力和移居、国际关系（包括维护和平）、国际法院、条约及其它社会服务。它还包括经济组织、货币和银行、保险等方面的研究与发展活动。也包括象民用住宅、清洁卫生服务及其它同改善人类居住环境有关的社会服务等城乡规划方面的研究与发展活动。

10 环境保护：主要目标涉及环境“保护”的各个方面——保持空气、水和土壤的纯净、噪音控制、环境模型和统计等。不包括环境对人体健康的影响（应列入08“卫生事业的发展”目标中）和环境对人类居住的影响（应列入09“社会发展和社会—经济服务”目标中），也不包括目的在于通过某些特殊经济活动防止污染的研究与发展活动（这些活动应与相应的活动列在一起）。

11 知识的全面发展：包括各种具有相当普遍目的的研究与发展活动，这些活动不能归入其它任何一个主要目标，而只是促进社会科学和自然科学知识的全面发展。包括科学院和大学及其研究机构根据其广泛的工作内容所进行的基础研究和应用研究。还包括科学技术活动本身的管理、政策和规划等方面的研究与发展活动。

12 其它民用目标：此项包括不属于上述任何题目而根据某一特殊目的所进行的所有其它民用研究与发展活动。例如，情报系统的改进，计算机科学（硬件和软件），但不包括数据收集方面的开支。还有为批发与零售贸易、餐厅及旅馆业等服务的研究与发展活动。

13　国防：这一主要目标包括为军事目的所进行的研究与发展活动。军事机构用于民用研究的开支应尽量分配给与其有关的各主要民用目标。

4. 技术合同、科技论著、成果

成交金额：指报告期内所签合同的成交金额。如果是按技术实施后新增销售额或利润的一定比例提成等方式计算技术转让费，则填写当年的预计提成金额数。按不同的受让方类型进行分类加总填报。

科技论文：指以书面发表的，最原始的研究与开发成果报道。科技论文应该是：(1)首次或最初发表的研究与开发成果；(2) 作者的试验应该能被同行重复并验证；(3) 发表后科技界能引用。

国外及台港澳发表：包括在各种国际性学术会议、讨论会、讲座上以外文发表的论文，以及编入国际会议文集的论文和国外及台港澳学术刊物上发表的论文。

科技著作：指经过正式出版部门编印出版的论述科学技术问题的理论性文集或专著。

国家级奖励：指国家自然科学奖、国家发明奖、国家科技进步奖、国家星火奖。

部级奖励：指以国务院各部门名义颁发的重大科技成果奖和科技进步奖等。

省级奖励：指以省、自治区、直辖市政府（科委）名义颁发的重大科技成果奖和科技进步奖等。

地（市）级奖励：指以地（市、州）政府（科委）和省属各部门名义颁发的重大科技成果奖和科技进步奖等。

七、开放实验室

1. 固定人员：

指由实验室主任聘任，并有一定任期的相对稳定的研究人员，技术人员和管理人员。开放实验室的固定人员可以由室主任连聘连任。

2. 客座人员：

指通过课题申请并获准来开放实验室从事研究工作的所内外工作人员。开放实验室的客座人员没有固定任期，在课题获准进行期内属于开放实验室的人员，享受固定人员同等待遇，课题结束之后，必须离室，因此客座人员是流动的。

3. 学委会审批课题

经学术委员会审议批准，用开放经费支持的课题。固定客座合作课题指由开放实验室固定、客座人员合作共同承担的学委会审批课题。

八、科技企业开发、经营活动

年末总人数：包括固定合同制职工，聘用人员和临时工。

院内编制人数：包括院内事业编制和企业编制人数。

经营总额：包括产品销售额，商品销售额、技术收入和营业外收入。

利润总额：指税前利润，包括产品销售利润，商品销售利润，其他销售利润，加营业外收入减营业外支出。

上缴税金：指按照税法规定的范围和标准，根据营业额缴纳的产品税、营业税、根据营业税缴纳的地方附加税，以及从利润中向国家缴纳的所得税等全部税款。

产品销售收入：是企业对外销售产品的价值总量，包括成品和半成品。

技术收入：指技术作为独立存在的知识形态商品进入技术市场，经过技术贸易实现价值的活动。包括技术成果转让、技术承包、技术咨询、技术服务、出售中试产品以及接受外单位委托的科研收入等。

固定资产净值：指企业中可以较长期使用而不改变实物形态的资产。即使用年限在一年以上，以单位价值在规定标准以上的资产。有些劳动资料单位价值虽然低于规定标准，但为企业的主要劳动资料，也应列入固定资产；而有些劳动资料单位价值虽然超过规定标准，但更换频繁，容易损坏则可以不列入固定资产。已提折旧费的填报折旧后的余额，未提折旧费的填报原值。

APPENDIX: EXPLANATORY NOTES ON KEY INDICATORS

1. Organizations

Independent institutions: CAS independent institutions are established on the approval of the State Council or the State authoritative departments, with their manpower, financial and materials resources separately arranged and planned. These institutions enjoy corporate status.

2. Personnel

(1) **Total staff**

Total staff refers to persons who are on the year-end payroll, working directly under the management of an institute or unit and receiving remuneration for their work. It includes permanent staff, contract personnel and invited personnel. The retired and those who retain their posts with pay temporarily suspended are not included.

(2) **Professional and technical personnel**

This heading can be defined as personnel who are of specialized secondary school or higher educational level or hold junior technical titles (or posts), as well as those who are technicians of work origin. Also included are those who have professional and technical titles and are now engaged in scientific and technological management, or engaged in Party and administrative work closely related to technical management.

(3) **S&T activity personnel**

S&T activity personnel comprises the following people:

S&T management personnel refers to leaders at various levels in the Academy and institutes and those who are engaged in S&T and personnel management, including those who participate directly in such activities as S&T planning, project management, research achievement management, patent management, S&T statistics, management of S&T archives, S&T international cooperation, personnel management, education and training, and finance.

Project activity personnel refers to permanent staff whose payroll is in the laboratory or project research group.

S&T service personnel refers to those engaging in library work, information, measurement, testing, consultation, material and equipment supply as well as those working in laboratories, pilot factories (workshops) and farms. They should not include car drivers, janitors, and persons working in mess halls, medical houses, nurseries and kindergartens.

(4) **Scientists and engineers**

This heading can be defined as persons who are of higher educational level or have senior or intermediate academic titles.

(5) **Other S&T personnel**

This heading refers to persons who are of specialized higher school or specialized secondary school educational level or have junior academic (or technical) titles.

(6) **Professional and academic (or technical) titles (or posts)**

This heading reflects the basic status of the professional and academic (or technical) titles of the S&T personnel among the total staff in a particular institution:

Senior: research fellow and associate research fellow, professor and associate professor, senior engineer, senior agronomist, chief (and associate chief) physician (pharmacist, nurse and technician), senior laboratorian, senior statistician, senior economist, senior accountant, senior editor, associate senior editor, translation editor and associate translation editor, senior journalist, senior librarian and associate librarian, and so on.

Intermediate: research associate, lecturer, engineer, agronomist, physician (pharmacist, nurse and technician) in charge, laboratorian, statistician, economist, accountant, editor, translator, journalist, librarian, and so on.

Junior: research assistant, teaching assistant, assistant engineer, technician, assistant agronomist, agrotechnician, physician (pharmacist, nurse and technician), assistant laboratorian, laboratory technician, assistant physician (pharmacist, nurse and technician), assistant statistician, statistical clerk, assistant economist, assistant accountant, accounting clerk, assistant editor, assistant translator, assistant journalist, library assistant, library clerk, and so on.

(7) **Academic degrees and qualifications**

This heading reflects the basic status of academic degrees and qualifications of the staff in a particular institution or unit, compiled by the personnel department according to relevant state regulations, and only the highest academic degrees and qualifications are recorded.

3. Funds

(1) **Financial income**

Operating funds: This refers to the operating funds for scientific research allocated by the Ministry of Finance and the State Science and Technology Commission. Operating funds for scientific research provided by the Ministry of Finance is considered as special funds, such as the operation funds for large scientific facilities; the operating funds for scientific research from the State Science and Technology Commission are in the category of running expenses and special funds.

Three sums of spending: This refers to the three sums of scientific and technological funds provided by the Ministry of Finance and other relevant state departments: spending for new product development, allowances for pilot experiments and subsidies for major research projects.

Scientific foundation funds: This refers to the foundation funds for natural science study allocated by the National Natural Science Foundation.

"863" project funds: This refers to funds provided by the "863" Project Office of the State Science and Technology Commission and the State Commission of Science, Technology and Industry for National Defence for projects included in the "National High-tech R&D Plan".

Other incomes: These include 1) commission funds for research provided by the contracting institutions; 2) specially allocated funds such as non-staple food subsidies provided by the local government; and 3) technology-related income and other gross incomes.

(2) **Expenditures**

Personnel expenditure: This includes 1) spending from the operating funds such as salary, allowances, welfare expenditure, maior non-staple food subsidies, pension for the retired and People's grant-in-aid and 2) expenditures from self-owned funds, including medical care allowance, inflation subsidies, bonus and bonus tax , and other miscellaneous subsidies.

Public expenditure: This includes 1) spending from the operating funds such as official business spending, difference subsidy, office equipment expenses, administrative and other maintenance and repair charges on buildings, and other administrative expenses; 2) expenses from allocated special funds; 3) costs covered by other gross income; 4) expenses covered by the income, including circulation tax, income tax, funds for key energy and transportation projects, budgetary regulation funds, etc. ; and 5) expenses on collective welfare facilities paid from self-owned funds.

Scientific research expenditure: This includes 1) expenses paid from the operating funds such as costs for instruments and equipment spending on specialized books, research equipment and materials, scientific research funds, laboratory building reconstruction expenses, expenses on graduate student training (excluding People's grant-in-aid), spending on international exchange and cooperation; 2) spending from scientific foundation funds, three sums of S&T spending, "863"project spending, expenditure from commission research funds; 3) expenses from technology-related gross income, and 4) research equipment spending from self-owned funds, spending for carrying out self-selected projects, additional research project funds, etc.

(3) **Current intramural income**

Income from government funds: This heading refers to funds directly allocated by government departments at all levels or income obtained by a particular institution through conducting S&T activities entrusted by enterprises and institutions using government funds. It consists of the following:

Scientific research funds refer to budgetary funds received by a particular institution from the central or local government financial departments for the purpose of maintaining the smooth operation of that institution.

S&T special funds refer to special S&T funds obtained by a particular institution through signing research contracts or other forms for the purpose of carrying out scientific research projects, development of new products, pilot experiments, and demonstration and popularization of S&T results, including special projects funds, expenditure on purchasing equipment and other special funds.

S&T funds include natural science funds and S&T development funds.

Natural science funds refer to scientific research project funds provided by the National Natural Science Foundation and other science foundations at all levels.

S&T development funds refer to S&T development funds and technical development funds received by a particular institution from various departments under the State Council and local governments.

Other government funds refer to government funds except the above mentioned items.

Lateral tie technology-related income: This heading refers to non-government funds received by a particular institution through its S&T activities, such as incomes provided by enterprises and institutions with their own resources for commissioned S&T research. It consists of the following:

Technology development income refers to incomes received by a particular institution from commissioned R&D on new technologies, products, processes, materials and systems.

Technology transfer income refers to income received by a particular institution from transfer of its patents, patent application rights, patent licenses and non-patented technologies.

Consultation and service income refers to income received by a particular institution from technical services such as providing technical information and data, consultation, testing and analysis, assimilation and absorption of imported technologies and so on, by drawing on its manpower, resources, data and information systems.

Income from pilot products refers to income received by a particular institution from the sale or transfer of its products manufactured during the pilot experimental period.

Non-technology-related income: This heading consists of the following two items:

Productive income refers to income received by a particular institution from the sale of batch processed products manufactured by that institution and its subsidiary factories, workshops or farms.

Other incomes includes non-technical incomes received by a particular institution, such as income from services provided by the guest house, auditorium, cars and trucks and publishing facilities. It excludes productive income.

Bank loans: This heading refers to various kinds of loans obtained by a particular institution from the bank. The total monetary volume of loans obtained in the reference year will be recorded no matter what the form, time and volume of the repayment will be. Loans for capital construction are not included.

Others: This refers to incomes other than the above mentioned items, including funds received from both at home and abroad such as social and individual endowments and donations as well as borrowed money.

4. **Current intramural expenditures**

Labor costs: This refers to the total expenditure of funds paid directly or indirectly by a particular institution to its staff in cash or in kind, including total wages, expenditures on labour insurance and welfare services, retired personnel, labour protection, author's remuneration, teaching subsidy and other special working remunerations, food allowance for business trips, travel and family allowance for job transfer, bonus tax, pension funds for disabled or for family of the deceased, subsidy for family planning and so on. The above-mentioned expenses for graduate students are also included.

Expenditure on purchasing fixed assets: This heading refers to the exact expenditure of non-capital investment spent by a particular institution on purchasing fixed assets. Fixed assets cover major equipment and instrumentation which can be used over a long period without changing their original material forms (or appearance), such as scientific research equipment and installations, books and library materials, laboratory materials and specimens as well as other facilities, furniture, office space and buildings.

Scientific research operating expenses: It refers to all actual payment made for the performance of S&T activities by a particular institution. It should include costs of raw materials for research and development, charges for water, electricity and energy, travel, expenses directly associated with processing and experiments, and costs of equipment utilization, computer time, printing of materials, etc. Expenditures for graduate student training are also included, but labour costs and expenditure for fixed assets are excluded.

Overhead: This refers to all actual expenditures spent by a particular institution related to organizing and managing its S&T activities, including overheads paid by the Academy, institutes and laboratories on official business, travel, renovation, and staff training as well as trade union funds, administrative expenses, funds for international cooperative activities, and expenses for administrative facilities, power and heating systems. It excludes labour costs and expenses for fixed assets.

Other expenditures: This includes the repayment of S&T special funds, loans, tax, energy and transportation funds, extra-budgetary funds, overheads charged by superior organizations, self-raised capital construction funds saved in the Construction Bank, and expenses for donation and apportionment.

4. Capital construction

(1) **Actual expenditure in capital investment**

This refers to the amount of capital construction work completed by a particular institution in the reference year, which is expressed in monetory terms.

(2) **Self-raised funds**

This refers to the funds raised by a particular institution in the actual expenditure in capital investment. It includes loans which should be paid back by the institution itself after the reform of the S&T appropriation system.

(3) **Expenditure on scientific research equipment**

This refers to the total expenditure on scientific research equipment in the actual capital expenditure. Expenditures on non-research equipment is not included in this category.

(4) **Research construction project**

This refers to the actual amount of work completed by a particular institution on research facilities (such as research and experiment buildings) in the actual expenditure of capital investment. Construction project not for research purpose (such as living quarters) is not included.

5. Fixed assets

(1) **Fixed assets**

This refers to assets whose unit prices are above 50 yuan (for general equipment) or 200 yuan (for specialized equipment) and which can be used for at least a year without changing their original material forms. Assets of the same kind in large quantity whose unit prices are less than 50 yuan(for general equipment) or 200 yuan (for specialized equipment) but which can last over a year should be considered as fixed assets. Fixed assets are generally composed of the following categories: 1. houses and buildings, including various kinds of buildings and attached facilities such as office buildings, research space, living quarters and warehouses; 2. specialized equipment, including various kinds of instruments, electrical, mechanical and medical equipment, recreation and sports facilities and so on; 3. books and literature materials, including library collections of books and all kinds of important materials that are worth preserving for ten years and longer; 4. others, including general equipment (office furniture, bedding and clothing, and general recreation and sports facilities), transportation tools and communication facilities, cultural relics and exhibits, livestock as well as other fixed assets that do not fall into the above-mentioned categories.

(2) **Total original value of fixed assets**

This refers to the total payment made by a particular institution for obtaining all of the fixed assets. The principle for calculating the price of the fixed assets is as follows: 1. newly manufactured, purchased or transferred fixed assets are appraised in accordance with the manufacture (or building) costs, purchasing expenditures or the actual costs when the transfer is made. Transportation and other miscellaneous expenses paid for the purchase and allocation are excluded from the value of fixed assets. They are included directly in the total expenditure: 2. self-made fixed assets are calculated according to the actual labour and material costs; 3. fixed assets received through donation or fixed assets whose original prices are unknown can be appraised according to estimation; 4. the value of newborn livestock should be regularly adjusted according to their growth and the market; 5. fixed assets that are transferred to other institutions, sold off or scrapped are written off according to the original book value.

(3) **Buildings for scientific research activities**

This refers to various kinds of buildings and facilities which can be used directly for scientific and technical activities, including research and experiment buildings, factories (or workshops), farm buildings and other facilities, and warehouses for scientific and technical instruments and equipment, but excluding welfare facilities such as dining-rooms and living quarters for staff and workers.

If the above-mentioned buildings and facilities are used not only for scientific and technical activities, they should be appraised separately according to the actual proportion for each purpose.

(4) **Scientific research instrumentation and equipment**

This refers to instrumentation and equipment directly used for scientific research purposes by the S&T activity personnel. They do not include corollary equipment for capital construction such as power systems, mechanical equipment and supplementary equipment. General transportation tools (except those for scientific surveys) and equipment used solely for productive purpose are also excluded from this category. Instrumentation and equipment which serve scientific research as well as production should be included in the category for which they are mainly used.

6. S&T activities

(1) **Classification by project activity**

Basic research: Basic research can be defined as any original research undertaken to acquire new knowledge. Its purpose is to explore the underlying foundations and laws of observed phenomena and facts, without any particular practical application in view.

Applied research: Applied research is defined as any original research undertaken in order to acquire new scientific and technological knowledge. It is, however, directed primarily towards a specific practical aim or objective. Applied research is usually undertaken to determine the possible application of the results or knowledge of basic research, or to determine new methods or ways of achieving some specific and predetermined practical aim.

* The main criterion for distinguishing basic research from applied research is that the latter has specific practical application in view.

Experimental development: Experimental development can be defined as any systematic work, drawing on existing knowledge gained from research and/or practical experience, that is directed to producing new materials, products and devices, to installing new processes and systems, and to improving substantially those already produced or installed.

* The main criterion for distinguishing scientific research (basic or applied) from experimental development is that whereas the former is primarily directed towards the increase of S&T

knowledge, the latter is directed towards the introduction of new application (e. g. new materials or technologies).

* The main criterion for distinguishing scientific research from experimental development is that the former involves creative activities.

Application of research and experimental development results:

Application of research and experimental development results can be defined as any systemic work that is directed to the technical issues in the production and practical use of new products and devices and the installation of new processes, techniques, methods, systems and services which are generated from research and development results. This kind of activity does not involve creation and innovation. It includes finalized design, pilot development and manufacture for production purposes as well as adaptability testing directed to expanding the production scale of new products and the introduction of new applications of new methods, technologies and processes.

* The main criterion for distinguishing research and experimental development, application of research and experimental development results, and industrial activities is basically the following:

1). Development of new products Activities directed towards the development of new products, that is, completely new products, substantial improvement of the design, development and experiment on the properties of existing products, should be defined as research and experimental development, while the process of producing new products through copy or direct use of imported (or purchased) technical results (such as patents, technical knowhow, blueprints and prototypes) should not be mentioned as research and experimental development. It falls into the category of application of research and experimental development results.

2). Development of new processes and methods The development of new processes and methods and the substantial technical improvement of existing technologies and production processes are part of research and experimental development. Activities involved in adopting existing domestic production techniques or processes without making substantial improvements (or when only adaptability testing is conducted) cannot be considered as research and experimental development. They are the application of research and experimental development results.

3) Pilot experiment Before new products, technologies and production processes can be used in production, pilot experiments are usually carried out in order to solve a series of technical issues. These experiments are complex in nature and whether they are considered as research and experimental development or not can only be judged according to concrete conditions.

If the immediate aim of the pilot experiment is further technical improvement of the product, technology or production process, or acquisition of experience and data for that purpose, the activity should be regarded as research and experimental development. If, on the contrary, the immediate aim is to make finalized design for a product and to obtain technical data needed for the production, the activity should not be regarded as research and experimental development. It is part of the application of research and experimental development results.

4) Trial production Trial production can be defined as "experimental" production conducted after various technical preparations are completed but before full-scale production is start-

ed. Since the immediate aim of trial production is not to make further technical improvement of the product or the production process concerned but to get the production process working smoothly, it is neither research and experimental development, nor application of research and experimental development results.

5) Quality control, checking and testing   Quality control of production processes and routine checking and testing of materials, devices and products are neither research and experimental development nor application of research and experimental development results. However, the testing of prototypes and testing conducted in a non-commercial pilot plant (workshop) should be regarded as research and experimental development.

6) Market study   This is excluded from research and experimental development and application of research and experimental development results.

Scientific and technical services: Scientific and technical services can be defined as any activities concerned with scientific research and experimental development and contributing to the generation, dissemination and application of scientific and technological knowledge. They include the following: demonstration and popularization activities to introduce the applications of scientific and technological results; systematic work on scientific and technological information and documentation services; technical consultation such as feasibility studies, technical plans, proposals and technical investigations; routine observation and monitoring of natural and biological phenomena, surveying and exploration of resources, and the gathering of general information on social, human and economic phenomena (such as population censuses and market studies); as well as the routine analysis and compilation of the adove-mentioned information; testing, standardization, metrology, computation, quality control and patent services (excluding the above-mentioned activities carried out by industries for normal production).

Productive activities: This heading refers to small-scale non-conventional production undertaken because of possessing special processing equipment and facilities or technical specialties and knowhow.

(2) **Classification by technology**

Information technology: This covers the development of computer hardware, software, peripheral equipment, communication network facilities, as well as activities using computer hardware, software and digital transmission network for word processing, pattern recognition, and information acquisition, processing and transmission.

Biotechnology: This includes genetic engineering, cell engineering, enzyme engineering and fermentation engineering. It refers to activities directed towards the principles, technologies, special processes, testing and devices for the development of biotechnology as well as activities conducted to develop new biotechnological products used in agriculture, forestry, animal husbandry, medicine and public health, chemistry, food, and light industry. Life science research that has no specific aim, or that has a specific aim but is not directed to the development of biotechnology, is excluded from this category.

New materials: This refers to materials of fine performance or special functions which are newly developed or being developed, such as new inorganic non-metallic materials, organic synthetic materials, new metals and new alloy materials. Activities directed towards the principle, technologies, new products, special processes and testing techniques for the development of new materials are also included.

Energy technology: This covers the study of general theory of energy resource issues, comprehensive development and utilization of regional energy resources, exploitation and utilization of petroleum, natural gas, coal and renewable energy sources, development, exploitation and utilization of new energy sources (solar energy, bioenergy, nuclear energy, ocean energy, etc.), energy-saving technology, and new technology for energy conversion and storage.

Laser technology: This includes the development of laser devices and laser modulation technology as well as activities for laser application in industry, agriculture, medical science, national defense and other fields.

Automation technology: This technology refers to activities in the fields of control systems, application of automation technology, automatic components, instruments and devices, automation of artificial intelligence, robotics, and so on.

Space technology: This includes research on launch vehicles and the main body of man-made satellites as well as activities concerning research and development of ground equipment for satellite tracking and communication. It excludes astronomy and meteorological observations.

Other technological fields: This group includes technological activities which are not included in the above-mentioned items.

Non-technological fields: This refers to projects which are not included in the category of technology.

(3) **Classification by major socio-economic aims**

(i) Exploration and assessment of the earth, the seas and the atmosphere   This mainly covers activities related to the exploration and assessment of the earth's crust and mantle, the seas and the atmosphere. It does not include studies on soils for agricultural purposes, R&D activities on oceanography serving the fishing industry nor R&D concerning the economic exploitation of raw materials, fuel and energy. Fundamental investigation in meteorology, geology, hydrology, etc. should be excluded from this group, but included under (xi) "General advancement of knowledge".

(ii) Civil space   This heading covers all civil R&D concerning space (programs undertaken for military purposes should be included under (xiii) "Defense"below). It includes, among others, R&D on launch vehicles and spacecraft and their propulsion and control, ground facilities (launch bases, guidance, telemeasure and telecommand), satellites, interplanetary probes, stratospheric balloons, and sounding rocket. The use of space vehicles for communication, meteorology, navigation, earth resources surveying, etc. should be assigned to the appropriate objective,

(iii) Development of agriculture, forestry and fishing   This heading covers two categories of R&D activities, the first related to aspects of food products, and the second concerned with non-food agricultural products and forestry. Under the first are R&D on the production, storage and distribution of food, e. g. livestock production and improvement of species, veterinary medicine, crop production and agronomy, R&D on agricultural machinery and agricultural chemicals, R&D on the processing of food and beverages, their storage and distribution, fisheries and their related technologies. The second category, development of non-food agricultural products and forestry, covers all R&D activities on non-food agricultural products such as wool, skin, tobacco, cotton and other fibres, and on forestry and related technology.

(iv) Promotion of industrial development   This major aim relates to all R&D activities contributing to the development and improvement of the manufacturing and non-fuel mining industries and construction. It includes the production of textiles, wearing apparel and leather, wood and paper products, chemicals (including petro-chemicals), rubber and plastics, basic metals, fabricated metal products, machinery and equipment (including transport vehicles), non-metallic products, mining other than fuels. It does not include industrial R&D performed in support of other objectives such as development of agriculture and food production, transport and communications, exploration of space, urban and rural planning and defense.

(v) Production, conservation and distribution of energy   This heading covers all R&D activities relating to the production, supply, conservation and distribution of all forms of energy (including nuclear). It includes the mining of solid fuels and related technology, petroleum and gas production as well as non-conventional energy sources (solar, wind) and small energy sources.

(vi) Development of transport and communication   This group relates to the transportation systems and networks and systems of communication, covering land, air and water transport, radio and television, telephone and other communications including satellites. It excludes engines, motors and means of transportation such as vehicles, ships and planes which are included in the aim "Promotion of industrial development".

(vii) Development of education services   This major aim includes R&D activities concerning formal education and out-of-school, in-service and other forms of adult education and training as well as new technical devices and teaching methods such as programed instruction, television and other audio-visual techniques.

(viii) Development of health services   This heading concerns all R&D activities directed to the protection and improvement of human health. It includes R&D on medical care (including surgery and obstetrics), disease prevention, nutrition and food hygiene, and on the impact on health of the environment.

(ix) Social development and socio-economic services   This heading includes political organization, law and order, social security, culture, recreation and leisure, consumer protection, the improvement of working conditions, labour relations, manpower and migration, international relations including the maintenance of peace, international courts, treaties and other social services. Also included are R&D activities on economic organization, money and banking, insurance, etc. This aim also includes R&D activities concerning urban and rural planning such as domestic housing, sanitary services and other community services involved in the improvement of human settlements.

(x) Protection of the environment   This major aim covers all aspects of the "protection" of the environment-the maintenance of the purity of the atmosphere, water and soil, the control of noise, environmental models and statistics. It excludes R&D on the environmental impact on health which should be included under (viii) above and the environmental impact on human settlements which should be included under (ix) above. Also excluded is R&D designed to prevent pollution by specific economic activities, which should be included with the relevant activities.

(xi) General advancement of knowledge   This heading includes all R&D of very general orientation which cannot be classified in any other major aims but contributes to the general advancement of knowledge in the social as well as natural sciences. It consists of fundamental and applied research which the Academy's institutes and universities undertake in the context of their broad vocation. It also includes R&D on the administration, policy and planning of research itself.

(xii) Other civil aims   This item includes all other civil R&D undertaken with a specific aim which does not fall under any of the above headings. It would include, for example, the improvement of information systems, computer science (hardware and software) but exclude expenditure on the gathering of data. Another example would be R&D in favor of the wholesale and retail trade, restaurants and hotels.

(xiii) Defense   This major aim includes R&D undertaken for military purposes. Sums spent on civil research by military institutions should, as far as possible, be distributed among the major civil objectives to which they may relate.

(4) **Technical contracts, S&T works and achievements**

Total volume of business can be defined as the actual volume of business contracts signed during the reference year.

S&T papers can be defined as papers or reports of original R&D results published in writing. The experiments described in the papers should be published for the first time, repeatable and verifiable, with results which can be cited by the S&T community.

Papers published in foreign countries, Taiwan, Hong Kong and Macao: This heading includes papers published in foreign languages at international academic conferences, symposia and workshops as well as those published in foreign academic journals and academic journals in Taiwan, Hong Kong and Macao.

S&T works: This refers to collected works and monographs on S&T issues published by authorized publishing agencies.

National awards: This refers to the National Natural Science Awards, National Invention Awards, National Science and Technology Progress Awards and National Sparks Awards.

Ministerial - level awards: This refers to major S&T achievement awards and S&T progress awards granted by the ministries and departments under the State Council.

Provincial- level awards: This refers to major S&T achievement awards and S&T progress awards granted by the governments (or the science and technology commissions) of various provinces, autonomous regions and municipalities directly under the Central Government.

Prefectural-or city-level awards: This refers to major S&T achievement awards and S&T progress awards granted by the governments (or the science and technology commissions) of various prefectures and cities, or by the departments under the provinces.

7. Open laboratories

(1) **Permanent staff**

This refers to research, technical and managerial personnel who are invited or engaged by the directors of the open laboratories to serve for certain terms.

(2) **Guest researchers**

This refers to scientists both inside and outside the institutes who conduct research activities at the open laboratories after their research applications have been approved. Guest researchers do not serve for fixed terms. They are on the staff of the open laboratories within the allowed period for pursuing their research subjects and enjoy the same treatment as the permanent staff does, but must leave the laboratories upon completion of their research.

(3) **Projects approved by the academic committees**

This refers to research projects which are approved by the academic committees and funded by the open laboratory's research funds. Jointly conducted projects refer to those research projects which are approved by the academic committees and are jointly conducted by the permanent staff and guest researchers of the open laboratories.

8. Development and business activities of CAS S&T Companies

(1) Total staff at the end of 1991: This includes permanent and contract staff, invited/engaged staff and temporary staff.

(2) Staff on the CAS payroll: This includes staff both on the institution payroll and enterprise payroll.

(3) Total turnover: This includes product sales, commodity sales, technology-related income and income from non-business activities,

(4) Total profit: This refers to the profit made before paying taxes, including profit made from product and commodity sales and other sales, as well as non-business income (after the deduction of expenses for non-business activities).

(5) Tax turned over to the State: This refers to the total taxes turned over to the State according to the Tax Act. It includes product tax and business tax paid on the basis of total turnover, local surtax and income tax paid from profit.

(6) Income from product sales: This refers to the total value of products (including finished products and intermediates) sold by the enterprises.

(7) Technology-related income: This refers to the activities in which a technology enters into

the market as an independent intellectual commodity and realizes its value through technology trade.

It includes income obtained from technological transfers, technological contracting , consultancy and service, sales of pilot-products as well as income from contract research projects.

(8) Net value of fixed assets: This refers to the assets possessed by the enterprises, which can be used over a relatively long period of time without changing their material forms; namely, assets that have a life time of over one year and that have a unit value above the set monetary limitation. Those assets which have a unit value below the set monetary limitation but are the primary instruments of labor should also be considered as fixed assets. Instruments of labor that have a unit value above the set monetary limitation but are frequently replaced or easily damaged may not be included in the category of fixed assets. For those fixed assets whose depreciation charges have been collected, only the remaining value shall be counted, otherwise, the original value of the fixed assets must be counted.